G.M. Di Nunzio • E. Di Buccio

Basi di Dati

Manuale per la Progettazione Concettuale, Logica ed SQL
v 3.0

Società Editrice
ESCULAPIO

ISBN 978-88-9385-048-3

Società Editrice Esculapio s.r.l.
Via Terracini, 30 – 40131 Bologna
www.editrice-esculapio.com – info@editrice-esculapio.it

Ristampa 2019

Impaginazione: Giancarla Panigali, Carlotta Lenzi e Laura Tondelli

Società Editrice
ESCULAPIO

Indice

Sommario

Questo manuale si rivolge agli studenti he seguono un insegnamento di Basi di Dati nei Corsi di Laurea di Ingegneria Informatica e di altri Corsi di Laurea che hanno come obiettivo quello di fornire:

- un compendio della progettazione concettuale delle basi di dati e dell'utilizzo del modello Entity-Relationship (ER);
- un compendio della progettazione logica delle basi di dati, dell'utilizzo del modello relazionale e dell'algebra relazionale;
- i concetti di base della progettazione fisica di una base di dati, dell'implementazione e manipolazione di una base di dati relazionale attraverso il linguaggio SQL.

Il manuale nasce dall'esperienza di insegnamento di Basi di Dati al Corso di Laurea Triennale di Ingegneria Informatica del Dipartimento di Ingegneria dell'Informazione dell'Università di Padova. In particolare, la prima parte del manuale è dedicata al riepilogo dei concetti fondamentali degli schemi ER, degli schemi relazionali e del linguaggio SQL, mentre la seconda parte del manuale mostra la soluzione dettagliata di dieci esercizi d'esame, partendo dalla progettazione concettuale fino alla realizzazione di interrogazioni in algebra relazionale.

È importante ricordare che questo libro è pensato come supporto al libro di testo ufficiale scelto dal docente del corso di Basi di Dati dal momento che sono assenti parti molto importanti quali, ad esempio, la raccolta dell'analisi dei requisiti, la definizione dei tipi di utente, l'analisi dei volumi e delle operazioni, la normalizzazione degli schemi relazionali e lo studio delle transazioni e dei trigger in SQL.

A questo proposito, in questo manuale faremo riferimento a tre libri molto importanti nell'area delle basi di dati:

- C. Batini, G. De Petra, M. Lenzerini, G. Santucci: *La progettazione concettuale dei dati*;
- P. Atzeni, S. Ceri, P. Fraternali, S. Paraboschi, R. Torlone: *Basi di dati*;
- R. A. Elmasri, S. B. Navathe: *Sistemi di basi di dati (Fondamenti).*

Gli argomenti presentati in questo manuale sono organizzati in ordine di difficoltà crescente in maniera da permettere una spiegazione dei costrutti dei vari modelli in modo agevole. Il libro è diviso in sei capitoli:

- Nel primo capitolo diamo delle definizioni basilari come ad esempio la definizione di 'dato' e di 'informazione' fino ad arrivare alla definizione di 'modello concettuale' e 'progettazione concettuale'.

- Nel secondo capitolo presentiamo il modello concettuale ER ed i suoi costrutti principali attraverso una serie di esempi di difficoltà crescente.
- Nel terzo capitolo presentiamo il modello relazionale e le regole di trasformazione di uno schema ER in uno schema relazionale attraverso una serie di esempi di difficoltà crescente.
- Nel quarto capitolo definiamo le operazioni dell'algebra relazionale per la manipolazione dei dati di una base di dati relazionale.
- Nel quinto capitolo affrontiamo la progettazione fisica delle basi di dati e l'utilizzo del linguaggio SQL per l'implementazione e l'interrogazione di basi di dati relazionali con esercizi e codice a disposizione.
- Nel sesto capitolo affrontiamo dieci esercizi d'esame in maniera dettagliata con esempi di soluzioni e discussione di errori comuni presi da dei veri compiti d'esame.

Ringraziamenti

Questo manuale è il risultato di moltissime discussioni e confronti che abbiamo avuto la fortuna di avere in questi anni con tutti i componenti del gruppo di ricerca di Sistemi di gestione delle informazioni (Information Management Systems IMS[1]) del Dipartimento di Ingegneria dell'Informazione dell'Università di Padova. Un particolare ringraziamento va alla prof. Maristella Agosti per averci trasmesso la passione per la didattica e averci dato degli ottimi suggerimenti sui metodi di insegnamento.

Riconoscimenti

L'immagine originale che fa sfondo della copertina del libro è stata ispirata dal wallpaper "*Halt and Catch Fire*" pubblicata sul sito Alpha Coders.[2]

Il font della quarta di copertina è stato pubblicato sul sito www.dafont.com da Devin D. Cook con il nome "*Commodore 64*".[3]

[1] `http://ims.dei.unipd.it`
[2] `https://wall.alphacoders.com/big.php?i=599226`
[3] `http://www.dafont.com/it/commodore-64.font`

1

Introduzione

In questo capitolo presentiamo i concetti generali delle basi di dati che ci permetteranno di introdurre nei capitoli successivi le definizioni del modello Entità-Associazione e quelle del modello logico. È importante ricordare che l'obiettivo principale di questo volume è quello di fornire una guida alla risoluzione dei problemi di progettazione, pertanto tralasceremo alcuni importanti aspetti delle basi di dati, e più in generale dei sistemi informativi, come ad esempio la definizione di tipi di utente e la raccolta e analisi dei requisiti. Invitiamo pertanto gli studenti ad approfondire questi argomenti sul libro di testo del corso (e/o sui tre libri suggeriti nel sommario).

1.1 Dati, informazioni, basi di dati

Per comprendere bene gli obiettivi della progettazione concettuale di una base di dati, dobbiamo iniziare con alcune semplici nozioni quali: i dati, le informazioni e i modelli di dati. La prima domanda che vogliamo porre è: visto che gli oggetti principali di una base di dati sono, appunto, i dati, quale è la definizione di "dato"?

Un dato è una rappresentazione originaria, non interpretata, di un evento o di un fenomeno effettuata attraverso dei simboli, o di un'altra forma di rappresentazione espressiva, legati ad un supporto. Ad esempio, la sequenza di caratteri

11 30 23.9 1014 9 SE

rappresenta dei dati riguardanti alcune misurazioni di un fenomeno in un particolare istante di tempo. Questi dati sono stati codificati attraverso una sequenza di simboli (in questo caso alfanumerici) e sono stati 'memorizzati' su un supporto, la pagina di questo libro. Il fatto che un dato sia una rappresentazione non interpretata di un evento non ci permette di dare un significato alla sequenza di simboli che stiamo osservando (oppure potremmo dare una infinità di significati a questa particolare sequenza, senza sapere quale tra tutte le interpretazioni è quella corretta). Per questo motivo abbiamo bisogno di 'una' particolare chiave di lettura dei dati, che chiameremo informazione.

L'informazione è un insieme di dati che sono stati sottoposti ad un processo di interpretazione che li ha resi significativi per il destinatario in un certo particolare contesto. Facendo riferimento all'esempio precedente, è sufficiente aggiungere qualche simbolo per contestualizzare i dati e renderli almeno parzialmente comprensibili:

ore	min	C°	hPa	km/h	dir
11	30	23.9	1014	9	SE

Aggiungendo una riga con una descrizione di ciascun valore abbiamo creato il contesto corretto per ciascuna sequenza di simboli e abbiamo pertanto fornito un'interpretazione di questi dati. Ora possiamo dire con ragionevole certezza che la sequenza fa riferimento alla temperatura misurata in un certo luogo ad una certa ora.[1] È importante far notare che gli ultimi due elementi, 'km/h' e 'dir', hanno senso in questo contesto se interpretati come velocità e direzione del vento. Questi due aspetti, il contesto e la coerenza fra i dati, sono fondamentali nelle basi di dati. Infatti, se avessimo avuto come interpretazione del primo dato (ore) il numero di giocatori di una squadra di calcio e come interpretazione del secondo dato (min) il valore in gradi di $\pi/6$ radianti, la stessa sequenza di simboli risulterebbe un insieme di dati non coerenti privi di un contesto significativo. Avendo chiarito il senso di 'dato' e di 'informazione', siamo ora in grado di dare una definizione di 'base di dati'.

Una base di dati rappresenta un aspetto del mondo reale (spesso chiamato mini-mondo) che è di interesse per qualche specifico scopo, ed è un insieme di dati coerenti e con un significato preciso per un particolare insieme di utenti. Il primo punto ci ricorda che non esiste una base di dati 'universale' ma che una base di dati fa sempre riferimento ad un particolare problema che, per quanto complesso, deve essere limitato e che deve avere uno scopo ben preciso (per quale motivo stiamo progettando la base di dati?), spesso si parla di "mini-mondo" di interesse. Di conseguenza, i dati modellati e contenuti nel database devono essere coerenti e correlati. Per fare un esempio, in una base di dati con dei dati relativi alla temperatura e alla pressione atmosferica come nel caso precedente sarebbe piuttosto insolito avere anche dei dati sulle vendite e acquisti fatti su negozi elettronici (Amazon o Ebay) e/o transazioni bancarie. È altrettanto vero però che se lo scopo della base di dati fosse quello di studiare la correlazione tra le giornate di pioggia con l'umore degli utenti di eBay e la loro predisposizione all'acquisto di articoli, l'insieme di dati ambientali-transazioni sarebbe del tutto coerente con gli obiettivi della base di dati. Anche l'insieme di utenti che accedono alla base di dati è limitato ed è ben definito nella fase iniziale di progettazione (chi utilizzerà la base di dati?). Suggeriamo al lettore di approfondire quest'ultima parte sui libri di testo.

[1] Questa è l'interpretazione più probabile dal momento che nessuno ci ha fornito la vera interpretazione. Oltretutto, inconsciamente il nostro cervello ha fatto una serie di deduzioni per stabilire che si tratta di una condizione meteorologica di un istante di tempo, come ad esempio mettere in comune la descrizione della prima riga con il valore corrispondente della seconda riga e dare alla sequenza 'hPa' il significato di hectopascal.

Il software che gestisce una base di dati si chiama *Database Management System* (DBMS) (o sistema di gestione di una base di dati). Un DBMS è un insieme di programmi che permette:

- la creazione di una base di dati,
- la manipolazione e l'interrogazione dei dati presenti in essa,
- la condivisione dei dati, garantendo affidabilità, efficienza e privatezza.

Per una trattazione completa sui vantaggi dell'utilizzo di un DBMS invitiamo gli studenti a far riferimento ai libri di testo consigliati nel sommario.

In questo manuale, vogliamo sottolineare un aspetto estremamente importante dell'approccio dei DBMS, ed in particolare dei database relazionali: il controllo della ridondanza, un concetto molto importante che verrà ripreso successivamente nella fase di modellazione concettuale.

La ridondanza di un dato in un DBMS è la memorizzazione dello stesso dato più volte in punti diversi della base di dati.[2] Ad esempio, supponiamo di avere un database relazionale con due tabelle che memorizzano i dati meteorologici di una certa località:

ore	min	C°	hPa
11	30	23.9	1014
11	45	24.1	1016

ore	min	C°	km/h	dir
11	30	23.9	9	SE
11	45	24.1	8	SE

Come si può osservare, il dato della temperatura viene ripetuto sia nella prima che nella seconda tabella. Questa duplicazione ha due effetti collaterali importanti: si spreca spazio e si rischia un'inconsistenza dei dati. Il primo potrebbe essere un problema marginale visto il costo dei dispositivi di memoria secondaria, il secondo invece è molto più serio. Si immagini la seguente situazione:

ore	min	C°	hPa
11	30	**23.9**	1014
11	45	**24.1**	1016

ore	min	C°	km/h	dir
11	30	**21.8**	9	SE
11	45	**23.9**	8	SE

In questo caso, se il dispositivo della rilevazione della temperatura è esattamente lo stesso (in caso contrario potrebbero esserci realmente due valori diversi a seconda della posizione e/o la taratura dei termometri), quale tra i due valori della temperatura è corretto (per ogni ora)? Siamo di fronte al problema di inconsistenza dei dati.

Sebbene la replicazione di un dato sia potenzialmente un problema, studieremo come l'introduzione di ridondanza dei dati, se progettata e usata correttamente, può essere una soluzione per la risposta efficiente ad alcune interrogazioni. Si parla in questo caso di ridondanza controllata, e cioè il caso di una replica di dati inserita appositamente da chi progetta la base di dati. Affronteremo questo problema in maniera dettagliata nei capitoli successivi.

[2] Il termine 'punti' è piuttosto generico. In un database relazionale 'due punti diversi' possono essere interpretati come 'due tabelle distinte'.

1.2 Modelli di dati

Uno dei vantaggi dell'approccio metodologico alle basi dati è quello di fornire a chi progetta il database una rappresentazione ad alto livello che permette di definire il problema del mini-mondo in maniera dettagliata senza aver bisogno di scendere nei particolari della rappresentazione dei dati (livello logico) o dell'implementazione del database (livello fisico). Dopo aver dato una definizione di dato e di basi di dati ed aver fatto alcuni accenni ai problemi della consistenza dei dati, in questa sezione vogliamo affrontare il seguente problema: quali sono gli strumenti appropriati per la progettazione di una base di dati?

Per poter progettare una base di dati abbiamo bisogno di una metodologia appropriata che permetta di descrivere in maniera non ambigua i requisiti che sono stati raccolti.[3] In effetti, l'assenza di un'adeguata metodologia di progettazione è una delle cause primarie della scarsa efficienza e dell'inconsistenza delle basi di dati. Per questo motivo è necessario un modello di dati e un modello concettuale per rappresentare una base di dati.

Un 'modello di dati' è un tipo di astrazione dei dati che permette di definire le proprietà degli oggetti (di interesse per la base di dati) e le relazioni fra questi oggetti. A seconda del livello di astrazione che si vuole utilizzare per la descrizione dei dati, esistono vari modelli. Per il livello concettuale ci sarà un modello concettuale, per il livello logico un modello logico e per il livello fisico un modello fisico. In questo manuale ci interessa descrivere il livello più alto di astrazione: il livello concettuale, completamente svincolato sia dalla struttura dei dati, il modello logico, che dalla implementazione, il modello fisico.

Il modello concettuale, e cioè il linguaggio per rappresentare i requisiti del database, che utilizzeremo in questo libro è il modello Entità-Associazione, o modello ER (dall'inglese *Entity-Relationship* model). In questo modello esistono tre costrutti di base fondamentali per rappresentare la realtà di interesse: l'*entità* che rappresenta un concetto o un oggetto del mondo reale, l'*associazione* (tra due o più entità) che rappresenta una relazione o un legame tra due o più concetti, e l'*attributo* che rappresenta una proprietà di un'entità e/o di un'associazione. Dedicheremo il Capitolo 2 alla descrizione dei costrutti di base e avanzati del modello ER.

Il modello logico, è un modello di dati che tiene conto delle strutture proprie dell'implementazione di un certo tipo di database rimanendo allo stesso tempo ad un livello più astratto ed indipendente dai dati. Nel passato, si sono sviluppati vari modelli logici, come ad esempio i modelli gerarchici, quelli reticolari, e quelli relazionali. In questo manuale ci concentreremo sul modello logico dei database relazionali, chiamato appunto modello relazionale. Il modello relazionale si basa sul concetto di relazione, intesa come prodotto cartesiano di domini (o tipi di dato), e l'idea principale è quella di descrivere un database come un insieme di predicati che descrivono dei vincoli sui possibili valori e le possibili combinazioni di un insieme finito di variabili (o attributi). Il Capitolo 3 descrive i costrutti di base e avanzati del modello logico mentre il Capitolo 4 descrive l'algebra relazionale, il linguaggio formale per interrogare un database relazionale.

[3]Fare riferimento ai testi suggeriti per la fase della raccolta di l'analisi dei requisiti di un DBMS.

Nel Capitolo 5 presentiamo il problema della realizzazione di una base di dati relazionale. In particolare, presenteremo il linguaggio SQL e il suo utilizzo per la creazione dello schema di una base di dati e per la manipolazione dei dati contenuti in essa.

1.3 Progettazione di una base di dati

I DBMS sono dei software complessi che permettono la gestione di grandi moli di dati strutturati e collegati secondo un particolare modello logico (ad esempio, il modello relazionale per i database relazionali). Il modello logico è di fondamentale importanza poiché permette di definire una struttura per la manipolazione e interrogazione dei dati e, almeno in parte, definisce quale sarà la struttura fisica dell'implementazione del database. Tuttavia, la progettazione del livello logico di un database richiede delle conoscenze tecniche abbastanza specifiche (per il modello relazionale, i concetti di relazione matematica e algebra relazionale) e solitamente non è (o non dovrebbe essere) il passo iniziale della progettazione di un database.[4] In realtà, l'analisi delle necessità informative espresse dai committenti del database che dobbiamo progettare e implementare viene rappresentata da un livello più alto e più astratto: il livello concettuale.

La progettazione concettuale permette di rappresentare in maniera formale, non ambigua e indipendente dalla particolare realizzazione i requisiti del minimondo che vogliamo rappresentare con il database. Il modello concettuale diventa quindi il linguaggio ad alto livello, che non richiede delle conoscenze specifiche particolari riguardanti possibili implementazioni, tra committente e progettista per la descrizione dei requisiti. I vantaggi della progettazione concettuale sono essenzialmente due:

- Migliorare la comunicazione tra utenti finali e progettisti informatici. Questa migliore comunicazione la si ottiene poiché uno schema concettuale ha un modello grafico di rappresentazione dei requisiti che è di facile comprensione e permette la verifica della corrispondenza dei requisiti espressi dal committente.

- Avere una rappresentazione del database indipendente dalla particolare scelta della struttura dei dati.

Per concludere questo capitolo introduttivo, riprendiamo la trattazione presentata da Batini e altri nel libro *La progettazione concettuale dei dati* per dare una visione d'insieme dei passi da seguire nella progettazione di una base di dati. In sintesi, possiamo dire che la realizzazione di una base di dati può essere vista come un processo di trasformazione di specifiche dei requisiti di utente in

[4] La riorganizzazione dei Corsi di Laurea degli anni passati ha portato ad una riduzione del numero di crediti e di ore per i corsi di basi di dati rispetto al passato. Di conseguenza, molti libri di testo, e con essi gli insegnamenti, hanno riorganizzato la struttura degli argomenti presentando il modello logico prima di quello concettuale. A mio parere, quest'ordine inverso degli argomenti confonde lo studente e non permette un apprendimento corretto del modello concettuale. Per questo motivo, consiglio sempre di partire dal modello concettuale e poi studiare il modello logico.

specifiche finali di progetto, che tenga conto di un insieme di vincoli realizzativi. I passi principali di questa trasformazione sono:

- Analisi dei requisiti: l'obiettivo di questa fase è quello di raccogliere ed analizzare i requisiti relativi ai fabbisogni informativi degli utenti. I requisiti descrivono sia i dati sia le operazioni che si prevedono di eseguire su di essi.

- Progettazione concettuale: l'obiettivo è tradurre i requisiti in una descrizione formale e indipendente dalle scelte relative alla realizzazione fisica. Tale descrizione è chiamata schema concettuale.

- Progettazione logica: l'obiettivo è quello di tradurre lo schema concettuale nelle struttura logica scelta per la realizzazione del DBMS. la traduzione ha l'obiettivo primario di pervenire a quella rappresentazione dei dati che, rispondenti ai requisiti, assicuri la maggiore efficienza rispetto alle esecuzioni delle operazioni.

- Progettazione fisica: è la fase di implementazione dello schema logico che dipende dal particolare DBMS.

2

Modello Entità-Associazione

Il modello Entità-Associazione, o modello ER (dall'inglese *Entity-Relationship* model), è un modello concettuale che viene spesso utilizzato per la progettazione delle applicazioni di basi di dati relazionali ed è stato ideato da P.P. Chen nel 1976.[1] Tale modello propone un insieme di costrutti che permettono di descrivere il mini-mondo di interesse attraverso uno schema chiamato diagramma ER, o schema ER, che permette di verificare se tutti gli elementi dell'analisi dei requisiti sono stati presi in considerazione. I costrutti base del modello ER sono tre: entità, associazioni, e attributi. Il costrutto entità rappresenta un insieme di oggetti della realtà di interesse che hanno proprietà comuni, gli attributi. Il costrutto associazione rappresenta un legame logico, tra più entità. Un'associazione è pertanto un insieme di possibili combinazioni delle entità coinvolte ed essa stessa può avere degli attributi.

In questo capitolo presentiamo i costrutti principali del modello ER cercando, quando possibile, di affiancare alla visione diagrammatica (chiamata anche rappresentazione intensionale) la visione insiemistica (chiamata anche rappresentazione estensionale) per cercare di chiarire al meglio la funzione delle associazioni tra entità e le partecipazioni delle entità alle associazioni (argomento spesso ostico per gli studenti).

2.1 Entità e attributi dell'entità

Il costrutto entità è l'elemento base del modello ER e rappresenta una classe di oggetti del mini-mondo di interesse. Tali oggetti possono avere una corrispondenza fisica (come ad esempio un articolo acquistato su eBay o un giocatore di una

[1] Peter Pin-Shan Chen. 1976. *The entity-relationship model — toward a unified view of data*. ACM Transactions on Database Systems (TOIS) 1, 1 (March 1976), 9 - 36.
`http://doi.acm.org/10.1145/320434.320440`

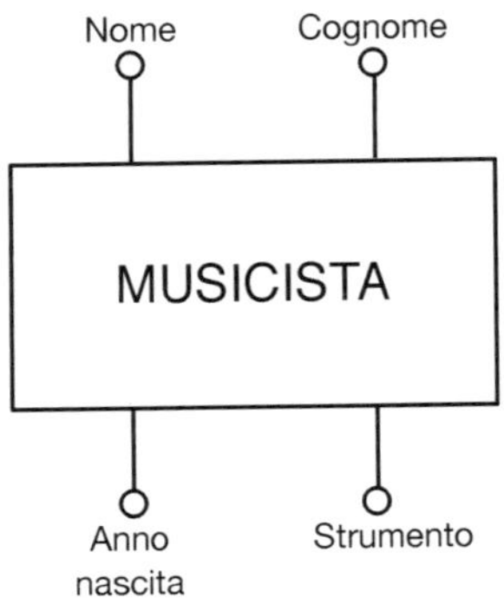

Figura 2.1: Entità MUSICISTA con attributi.

squadra di calcio) oppure concettuale e/o giuridica (la transazione di un acquisto eBay o un'associazione sportiva di una squadra di calcio).

Nei diagrammi ER, l'entità viene rappresentata con un rettangolo all'interno del quale viene scritto il nome della classe degli oggetti che si vuole rappresentare. Ogni entità ha delle proprietà, chiamate attributi, che la contraddistinguono. Nei diagrammi ER un attributo (semplice) si indica con un segmento attaccato al rettangolo ed un pallino all'estremo del segmento con di fianco il nome dell'attributo. In Figura 2.1 viene mostrata l'entità MUSICISTA che rappresenta la classe delle persone che suonano uno strumento con gli attributi 'Nome', 'Cognome', 'Anno nascita' e 'Strumento'.

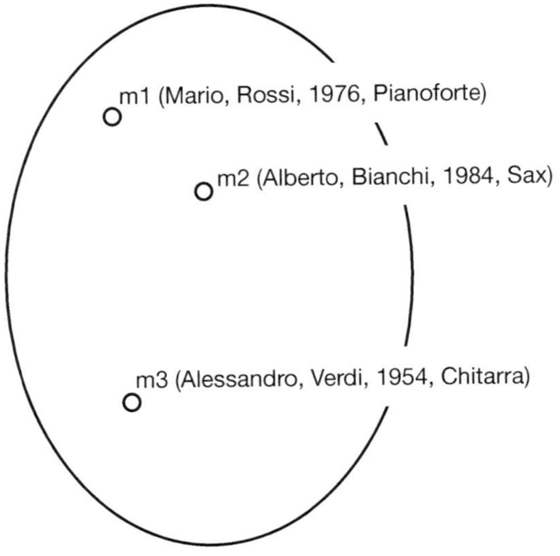

Figura 2.2: Rappresentazione estensionale dell'entità MUSICISTA.

Alla rappresentazione diagrammatica, chiamata anche 'rappresentazione intensionale', può essere affiancata anche la rappresentazione insiemistica, o estensionale. In Figura 2.2 viene mostrata questo secondo tipo di rappresentazione in cui ogni punto rappresenta un elemento dell'insieme degli oggetti di interesse, che per comodità abbiamo identificato con un codice 'm1', 'm2' e 'm3', e di fianco ad ogni punto i valori degli attributi di quell'elemento nell'ordine: 'Nome', 'Cognome', 'Anno nascita', 'Strumento'. Gli elementi dell'insieme entità sono anche chiamate istanze dell'entità.

2.1.1 Attributi di un'entità

Gli attributi dell'entità MUSICISTA della Figura 2.1 sono tutti attributi semplici. Un attributo semplice ha un dominio di dati (ad esempio numeri interi o caratteri) e può assumere un unico valore. Un attributo composto è costituito da più attributi atomici raggruppati, come ad esempio l'indirizzo di residenza formato da via, numero e città. Un esempio di attributo composto, e la sua rappresentazione grafica, per l'entità MUSICISTA viene mostrato in Figura 2.3.

Gli esempi di attributi semplici e composti mostrati in precedenza sono implicitamente degli attributi a valore singolo obbligatorio, e cioè attributi che per un'entità devono essere presenti e possono avere un solo valore. In alcuni casi, un attributo può assumere più valori per l'entità che lo possiede. Nel caso in esempio, un musicista può conoscere più di uno strumento musicale. Questo tipo di attributo viene chiamato attributo multivalore e in un diagramma ER viene indicato con il simbolo dell'attributo semplice affiancato da una coppia di numeri: il primo rappresenta il numero minimo di valori che può avere quell'attributo, il secondo il numero massimo. Questi due numeri sono la cardinalità minima e massima dell'insieme dei valori che quell'attributo può assumere. La Figura 2.4 mostra la modifica dell'attributo 'Strumento' dell'entità MUSICISTA che passa da attributo semplice a multivalore con cardinalità $(1, n)$. Con questa modifica, possiamo rappresentare anche i musicisti che conoscono più di uno strumento; il valore della cardinaltà massima pari ad n viene utilizzato per indicare un numero diverso da uno che non conosciamo (di solito si utilizza la lettera n o m per il valore della cardinalità massima quando questa non è nota). In tutti quei casi in cui la cardinali massima è nota, si sostituisce ad n il valore richiesto dall'analisi dei requisiti (ad esempio, se il numero di strumenti massimo fosse pare a 10, la cardinalità dell'attributo 'Strumento' sarebbe $(1, 10)$). Sempre in Figura 2.4 abbiamo aggiunto anche la cardinalità $(1, 1)$ degli attributi semplici a valore singolo. È importante ricordare che, in mancanza di un'indicazione esplicita della cardinalità, un attributo viene considerato automaticamente come obbligatorio (cardinalità minima uno) e a valore singolo (cardinalità massima uno).

Infine, c'è il caso di attributi che non sono presenti oppure non sono applicabili o sono sconosciuti per alcune istanze dell'entità. In questi casi si parla di attributo opzionale e si utilizza una cardinalità minima pari a zero come mostrato in Figura 2.5. Spesso nei libri di testo questa situazione viene denominata come un attributo con valori 'nulli'. In questo manuale abbiamo preferito non introdurre il

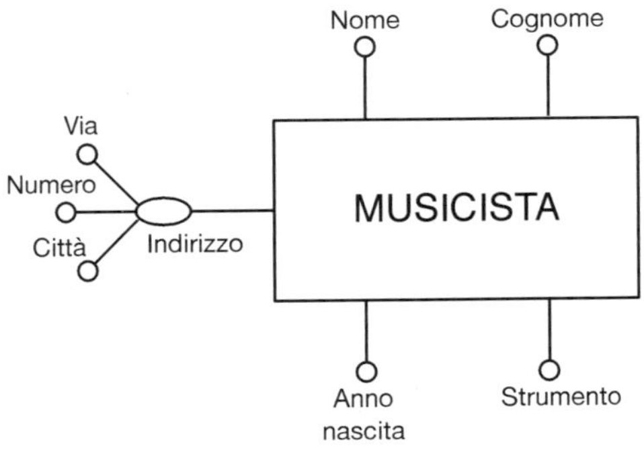

Figura 2.3: Entità MUSICISTA con attributo composto 'Indirizzo'.

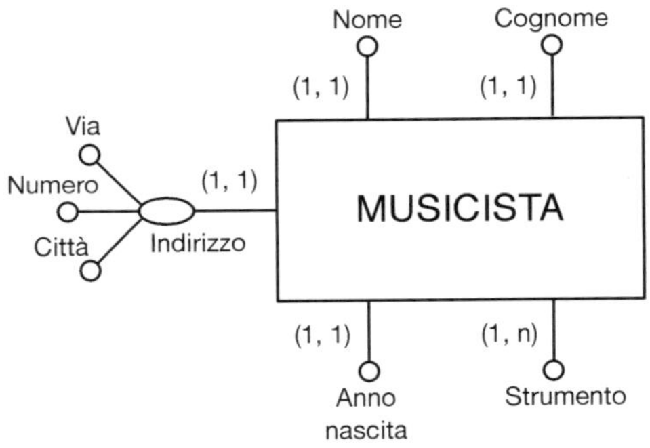

Figura 2.4: Attributo multivalore 'Strumento'.

problema dei valori nulli a livello concettuale e parlare solo di cardinalità minima pari a zero e di valori opzionali di un attributo. Si faccia riferimento ai capitoli successivi e ai testi indicati per una trattazione più completa del problema dei valori nulli e della logica a tre valori.

Riassumendo, gli attributi di un'entità possono essere:

- semplici o composti,
- a valore singolo o multivalore (cardinalità massima uguale ad 1 o maggiore di 1),
- obbligatori o opzionali (cardinalità minima strettamente maggiore di 0 o uguale 0).

Per concludere questa sezione, vogliamo mostrare l'esempio della rappresentazione estensionale dell'ultima definizione dell'entità MUSICISTA che abbiamo

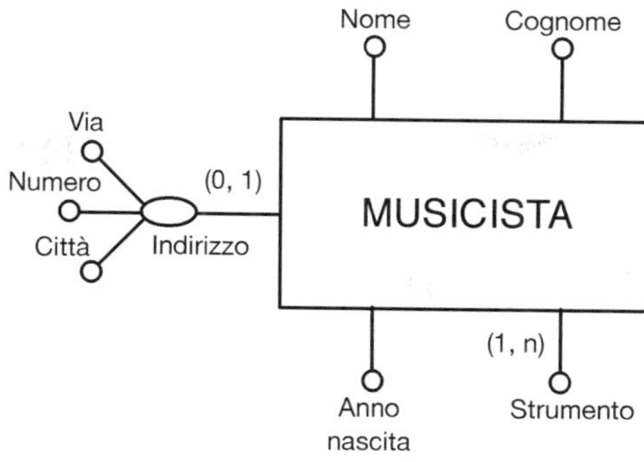

Figura 2.5: Entità con attributo opzionale 'Indirizzo'.

mostrato in Figura 2.5. La Figura 2.6 presenta l'insieme degli elementi dell'entità MUSICISTA e i valori degli attributi di ciascun elemento. In particolare, i valori di un attributo composto vengono indicati come sequenza ordinata di valori tra parentesi quadre. Ad esempio, l'elemento 'm1' ha come valori di 'Indirizzo' la sequenza [Via Garibaldi, 12, Padova] (dove il primo elemento rappresenta la via, il secondo il numero civico, il terzo la città). I valori di un attributo multivalore vengono indicati come lista di elementi dello stesso tipo. Per l'elemento 'm1', l'attributo 'Strumento' ha come valori la lista {Pianoforte, Chitarra}. Infine, l'elemento 'm2' mostra un esempio di assenza di valore per l'attributo 'Indirizzo', indicata in figura con la parola chiave *null* (come già anticipato, non ci soffermeremo a questo livello sull'importanza del valore nullo, consideriamolo al momento come valore particolare che rappresenta l'assenza di valore per un attributo opzionale).

Figura 2.6: Rappresentazione estensionale dell'entità MUSICISTA mostrata in Figura 2.5.

2.1.2 Identificatore di un'entità

In questa sezione affrontiamo uno dei concetti più importanti delle basi di dati, quello della scelta dell'identificatore di un'entità. La domanda che dobbiamo porci è la seguente: dal momento che un'entità rappresenta un insieme di elementi (con proprietà comuni), come facciamo a distinguere un elemento da un altro? L'obiettivo è trovare un attributo, o un insieme di attributi, chiamato attributo identificativo che ci permetta di distinguere univocamente ogni elemento dell'entità. Per poter meglio comprendere il problema, proviamo a ragionare su alcuni dati, come ad esempio quelli della tabella seguente che rappresentano in formato tabellare gli elementi dell'insieme entità MUSICISTA della Figura 2.2

Nome	Cognome	Anno nascita	Strumento
Mario	Rossi	1976	Pianoforte
Alberto	Bianchi	1984	Sax
Alessandro	Verdi	1954	Chitarra

In questo caso molto semplice, è immediato vedere che tutti gli elementi dell'insieme sono distinti fra loro e qualsiasi attributo se preso singolarmente o in combinazione può individuare senza ambiguità ogni elemento dell'insieme.[2] Proviamo ora ad aggiungere altri dati e attributi e vedere cosa può accadere:

Nome	Cognome	Anno nascita	Strumento
Mario	Rossi	1976	Pianoforte
Alberto	Bianchi	1984	Sax
Alessandro	Verdi	1954	Chitarra
Mario	Gialli	1980	Sax
Giorgio	Bianchi	1976	Pianoforte

Con questo nuovo insieme di dati, non è possibile prendere un singolo attributo come identificatore dell'entità poiché esiste un valore ripetuto almeno una volta per ciascuna attributo. Ad esempio, se prendiamo 'Cognome', abbiamo il valore 'Bianchi' che è presente sia nell'elemento Mario Bianchi che nell'elemento Giorgio Bianchi. Lo stesso accade per qualsiasi altra scelta di un singolo attributo. In questi casi, si può provare a cercare una combinazione di attributi che identifichi gli elementi dell'insieme in maniera univoca; ad esempio, la combinazione (Nome, Cognome) potrebbe risolvere la questione per questo particolare insieme di dati. Complichiamo leggermente il problema aggiungendo altri elementi:

[2]Vogliamo far notare che se un attributo riesce ad identificare gli elementi di un'entità, qualsiasi combinazione di attributi che contengono quell'attributo è anch'essa un identificatore di quell'entità.

Nome	Cognome	Anno nascita	Strumento
Mario	Rossi	1976	Pianoforte
Alberto	Bianchi	1984	Sax
Alessandro	Verdi	1954	Chitarra
Mario	Gialli	1980	Sax
Giorgio	Bianchi	1976	Pianoforte
Alessandro	Verdi	1950	Chitarra
Mario	Rossi	1976	Sax

In quest'ultima tabella, anche la combinazione (Nome, Cognome) non è sufficiente per distinguere in maniera univoca una riga da un'altra; ci sono due omonimi Mario Rossi e Alessandro Verdi. A questo punto dovrebbe essere chiaro che la ricerca di una particolare combinazione di attributi in alcuni casi non è efficace per poter identificare un elemento di un'entità, ad esempio (Nome, Cognome, Anno nascita) avrebbe lo stesso problema.

A valle di questi esempi, cerchiamo ora di dare una metodologia generale per affrontare la questione dell'identificatore di un'entità:

- Poiché un'entità è un insieme di elementi, tutti gli elementi che fanno parte dell'entità sono distinti fra loro (altrimenti sarebbe un multi-insieme). In teoria l'identificatore formato da tutti gli attributi dell'entità dovrebbe riuscire a distinguere tutti gli elementi dell'insieme. Nella pratica, vogliamo trovare un sottoinsieme (possibilmente minimo) di attributi che identificano gli elementi.

- La scelta del sottoinsieme di attributi che identificano gli elementi di un'entità deve essere indipendente dal particolare campione di dati che abbiamo a disposizione ma deve valere per "tutte" le possibili estensioni dell'entità, cioè per tutti i possibili insiemi di elementi di quell'entità.

Se non riusciamo a trovare una combinazione adatta di attributi di un'entità per formare un identificatore (compreso l'insieme di tutti gli attributi) è probabile che si debbano rivedere i requisiti che descrivono quell'oggetto del mini-mondo.

Negli esempi mostrati nelle tabelle precedenti si tratta di un difetto nell'analisi dei requisiti. Infatti, un'entità di tipo persona (come un musicista) ha sempre un identificatore che è dato dal codice fiscale. In Figura 2.7 viene mostrata la rappresentazione diagrammatica dell'identificatore codice fiscale 'CF' per l'entità MUSICISTA. L'attributo semplice che identifica l'identità viene colorato con un pallino nero.

In alternativa al codice fiscale, che potrebbe non essere noto nel caso di un database di musicisti internazionali o di secoli passati, si può sempre aggiungere un attributo fittizio per poter distinguere un elemento da un altro (simile al codice 'm1' della rappresentazione estensionale in Figura 2.6). Tuttavia, bisogna fare molta attenzione ad introdurre un identificatore artificiale per evitare inconsistenza fra dati. Supponiamo di aver introdotto un codice artificiale per distinguere i musicisti e di avere due elementi identificati con il valore 'm1' ed 'm2' con esattamente gli stessi valori su tutti gli altri attributi. Si tratta di due elementi distinti oppure è un errore nell'inserimento dei dati?

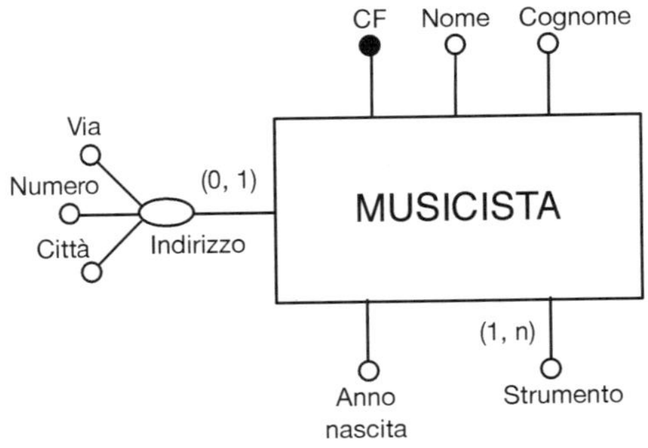

Figura 2.7: L'attributo identificativo di un'entità, se è un attributo unico, viene raffigurato con un pallino nero.

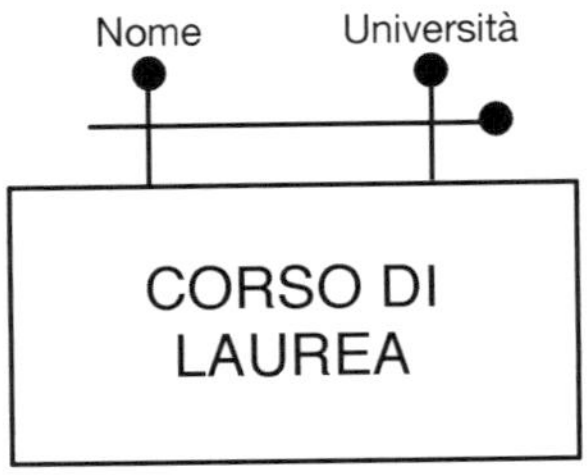

Figura 2.8: Entità CORSO DI LAUREA identificata dalla coppia di attributi 'Nome' e 'Università'.

In alcuni casi, l'identificatore dell'entità potrebbe essere un attributo composto, e cioè una combinazione di attributi dell'entità. Un esempio di questo tipo viene mostrato in Figura 2.8. Un database dei Corsi di Laurea delle Università italiane ha un'entità CORSO DI LAUREA che è identificata dalla coppia 'Nome' del corso e 'Università'. In questo caso siamo certi che la coppia identificherà ogni singolo corso poiché ipotizziamo che non possano esistere per la stessa università due corsi con lo stesso nome.[3] Un identificatore composto viene rappresentato con un segmento (con pallino nero) che taglia tutti gli attributi che fanno parte della chiave (anch'essi con un pallino nero).

Un'entità deve avere almeno un identificatore, ma potrebbe averne anche più di uno. Ad esempio, supponiamo di voler memorizzare le informazioni delle attività di tutti i computer presenti su una Local Area Network, l'entità COMPUTER che ci interessa potrebbe avere due identificatori: l'indirizzo IP e l'indirizzo MAC della scheda di rete, come mostrato in Figura 2.9. Bisogna fare attenzione alla

[3]La questione nella realtà è molto più complessa come nel caso di un insegnamento di Basi di Dati presente sia nel corso di Laurea Triennale che in quello Magistrale o nel caso di insegnamenti che prevedono una suddivisione in canali.

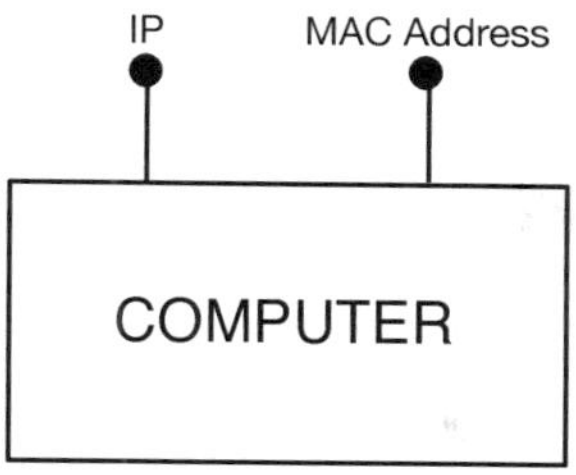

Figura 2.9: Entità COMPUTER con due identificatori distinti: 'IP' e 'MAC Address'.

differenza tra la Figura 2.8 e la Figura 2.9: nel primo caso, il segmento che taglia i due attributi sta ad indicare che è la coppia di attributi a formare l'dentificatore, nel secondo caso invece ci sono due identificatori indipendenti l'uno dall'altro.

È molto importante ricordare che un identificatore (semplice o composto) non può essere né un attributo opzionale né multivalore poiché in nessuno dei due casi sarebbe possibile identificare univocamente ciascun elemento dell'insieme considerato: nel primo caso, assenza di valore, mancherebbe il valore che identifica l'elemento, nel secondo caso, due o più elementi con lo stesso identificatore, il valore non sarebbe unico.

2.2 Associazioni

Il costrutto associazione è il terzo elemento fondamentale degli schemi ER ed è quello che mette in relazione due o più entità. Per rendere più chiara la funzione di questo costrutto, torniamo all'esempio del musicista che suona vari strumenti (mostrato in Figura 2.7). Il musicista ha un attributo multivalore 'Strumento' che rappresenta il nome dello strumento che il musicista sa suonare. Se nell'analisi dei requisiti del database ci fosse anche la necessità di modellare l'entità strumento, ad esempio con un nome e un tipo (a fiato, a percussione, ecc.), ci ritroveremmo con un attributo dell'entità MUSICISTA che 'fa riferimento' ad un'atra entità, l'entità STRUMENTO. Questa situazione viene descritta dal diagramma ER in Figura 2.10.

Il costrutto associazione ci permette di esplicitare questo legame e la sua rappresentazione diagrammatica è un rombo con all'interno il nome dell'associazione e almeno due (o più) segmenti che connettono le entità coinvolte.[4] In Figura 2.11, viene mostrato l'esempio corretto del musicista che suona degli strumenti musicali. Come si può vedere, l'attributo 'Strumento' non è più presente nell'entità MUSICISTA poiché ora è l'associazione con l'entità STRUMENTO che ci permette di sapere quali strumenti suona quella persona.

Dal punto di vista insiemistico, un'associazione può essere vista come relazione sulle entità coinvolte, e cioè come sottoinsieme del prodotto cartesiano

[4]Vedremo in seguito che il numero di segmenti dipende dal significato dell'associazione e dal numero di entità coinvolte

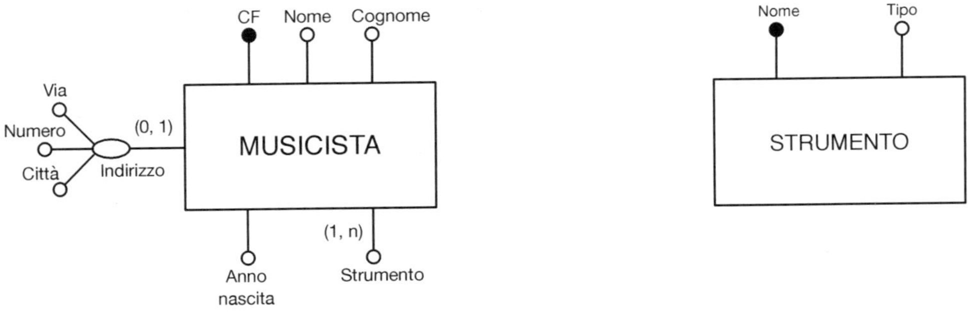

Figura 2.10: Modellazione di uno STRUMENTO musicale.

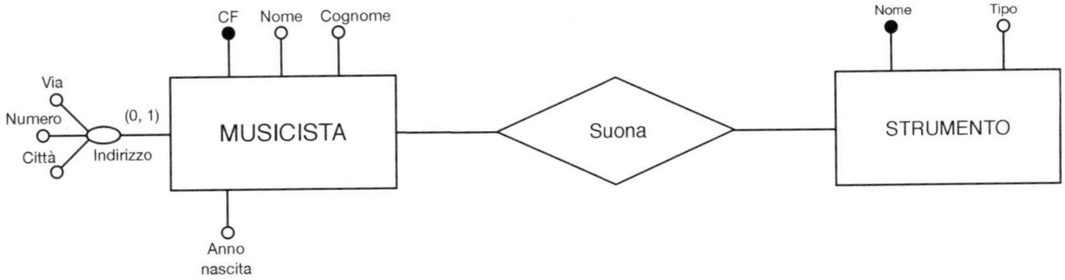

Figura 2.11: Associazione Suona che collega le due entità MUSICISTA e STRUMENTO.

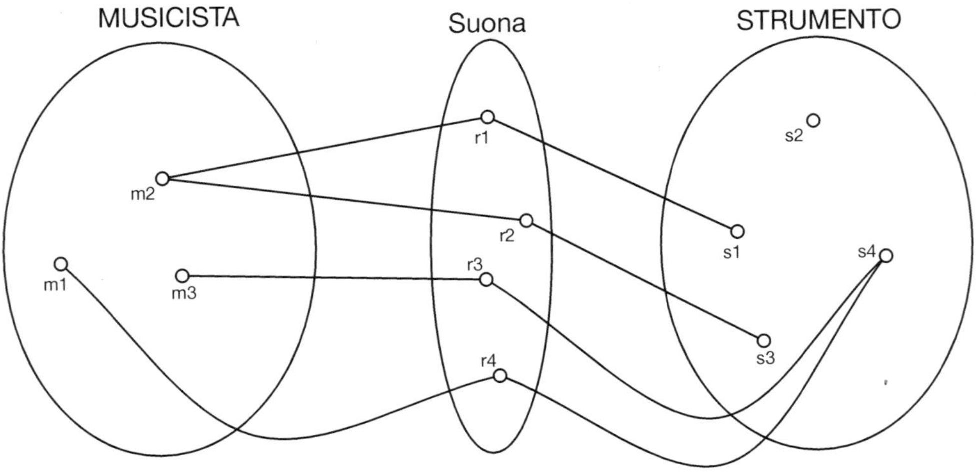

Figura 2.12: Rappresentazione estensionale dell'associazione Suona.

degli elementi delle entità. In Figura 2.12, viene mostrata questa interpretazione in cui Suona è l'insieme delle associazioni tra le due entità MUSICISTA e STRUMENTO. Ogni elemento di Suona

$$\text{Suona} = \{r_1 = (m_2, s_1), r_2 = (m_2, s_3), r_3 = (m_3, s_4), r_4 = (m_1, s_4)\} \tag{2.1}$$

è un elemento del prodotto cartesiano tra l'insieme musicista e strumento. Bisogna fare molta attenzione a questo punto molto importante perché da questa considerazione ne segue che anche un'associazione, al pari di un'entità, non può avere elementi uguali. Ad esempio, non possiamo avere in Suona contemporaneamente $r_i = (m_1, s_1)$ e $r_j = (m_1, s_1)$.

2.2.1 Cardinalità delle associazioni

Dato un elemento di un'entità che partecipa ad un'associazione, nei diagrammi ER si utilizza una coppia di numeri per indicare il numero minimo e il numero massimo di elementi delle altre entità coinvolte dall'associazione che possono essere in relazione quel elemento. I valori delle cardinalità sono numeri interi non negativi e, se occorre, possono essere utilizzati dei valori incogniti per indicare un numero positivo generico, ad esempio n o m. In Figura 2.13 vengono mostrate delle cardinalità sull'associazione Suona che rappresentano un particolare mini-mondo: un MUSICISTA deve saper suonare almeno uno strumento (è ragionevole pensare che una cardinalità minima pari a zero non abbia senso per un musicista), mentre uno STRUMENTO può essere suonato da più persone o non essere suonato da alcun musicista. Quest'ultima condizione ci permette di fare una considerazione importante sull'analisi dei requisiti. In questo caso, abbiamo ipotizzato che nel mini-mondo di nostro interesse siano presenti alcuni strumenti di cui abbiamo le informazioni ma che è possibile che nessuno sappia suonarli, magari sono strumenti molto rari o antichi. Sarebbe perfettamente lecito avere un altro mini-mondo in cui questa ipotesi non vale e tutti gli strumenti devono essere suonati da almeno un musicista. Un'altra considerazione importante riguarda l'utilizzo dei valori n o m come possibili cardinalità. In generale, n utilizzato come cardinali massima (o minima) è un valore incognito diverso per ogni ramo dell'associazione, e cioé il numero massimo n di strumenti suonati da un musicista non deve necessariamente essere uguale al numero n di musicisti che suonano uno strumento. La situazione invece cambia quando n viene utilizzato come cardinalità minima e massima dello stesso ramo, ad esempio (n, n) o (m, m). In questo caso, vogliamo dire che la cardinalità minima e massima è la stessa ma non nota.

La cardinalità minima della partecipazione di un'entità ad un'associazione permette di definire i vincoli di partecipazione. In particolare, se la cardinalità minima è pari a zero, si dice che la partecipazione dell'entità all'associazione è parziale. Se invece la cardinalità minima è maggiore o uguale uno, la partecipazione è totale. La scelta della cardinalità minima a livello concettuale è molto im-

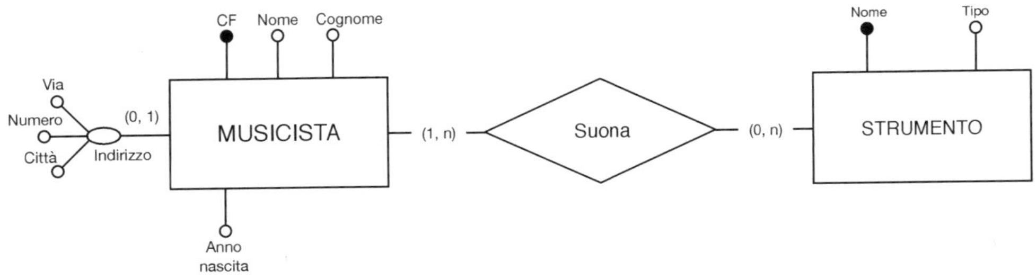

Figura 2.13: Cardinalità della partecipazione delle due entità MUSICISTA e STRUMENTO all'associazione Suona.

portante perché definisce una condizione sull'esistenza degli elementi dell'entità: se la cardinalità minima è pari a uno, ogni istanza dell'insieme entità deve essere in relazione con almeno un elemento dell'altra entità. Un elemento dell'entità esiste (nel database) solo se partecipa all'associazione. La Figura 2.12 vista in precedenza, che è una possibile rappresentazione estensionale del diagramma in Figura 2.13, mostra come tutti gli elementi dell'insieme musicista abbiano almeno un collegamento con un elemento dell'entità strumento. Dall'altra parte invece, possono esistere degli strumenti che non sono collegati ad alcun musicista (ad esempio l'elemento s2 in Figura 2.12) perché la partecipazione dell'entità è parziale.

2.2.2 Attributi delle associazioni

Un'associazione può avere attributi esattamente come un'entità e in questo caso si parla di una proprietà che non è prerogativa di una delle entità coinvolte bensì è propria della relazione tra le entità. Ad esempio, l'anno in cui un musicista inizia a studiare uno strumento è un attributo che non può essere assegnato né al musicista (perché può aver iniziato a suonare strumenti in anni diversi) né allo strumento (che ha vari musicisti che possono aver iniziato a suonarlo in anni diversi). Questo è un esempio di attributo che deve essere aggiunto all'associazione Suona, come mostrato in Figura 2.14.

Dal punto di vista insiemistico la situazione non cambia rispetto ad un'associazione senza attributi. Se facciamo riferimento all'esempio mostrato in Figura 2.14, non è possibile avere lo stesso musicista che inizia a studiare lo stesso strumento in anni diversi. Bisogna fare molta attenzione a questo punto, questo è uno degli errori più comuni che fanno gli studenti durante i primi passi della progettazione concettuale. Possiamo considerare gli attributi delle associazioni come delle 'etichette' sugli elementi dell'insieme dell'associazione che non vanno a modificare il significato di relazione come sottoinsieme di elementi del prodotto cartesiano.[5]

[5]Un'interpretazione formale sicuramente più elegante rispetto a quella intuitiva delle "etichette" descrive gli attributi come funzioni che associano ad ogni elemento dell'insieme un valore appartenente al dominio dell'attributo.

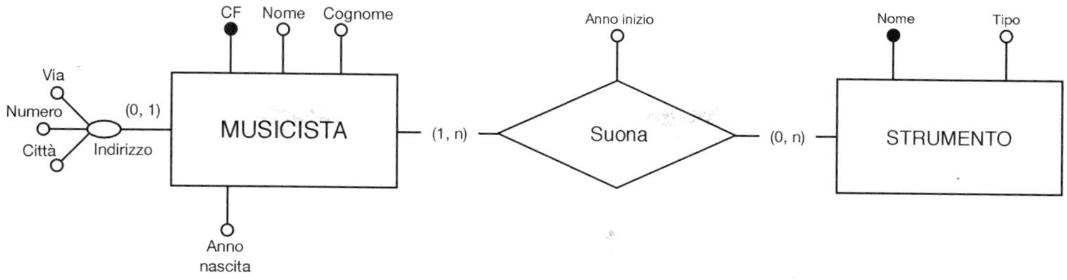

Figura 2.14: Esempio di un attributo su un'associazione.

2.2.3 Associazioni ricorsive

L'associazione tra due entità, chiamata associazione binaria, è la più semplice ed intuitiva tra le varie associazioni possibili e gli esempi visti finora sono tutti di questo tipo. Tra le associazioni binarie ce n'è una particolare chiamata associazione ricorsiva che coinvolge la stessa entità. Ad esempio, se volessimo esprimere il fatto che un musicista ha suonato insieme ad un altro musicista, magari in qualche concerto, è possibile rappresentare questo requisito attraverso il diagramma ER di Figura 2.15.

L'associazione ricorsiva non ha nulla di diverso da un'associazione binaria e valgono tutte le regole di cardinalità e di attributi visti precedentemente. L'unica difficoltà è quella di interpretare correttamente il verso di lettura dell'associazione. Nell'esempio precedente, l'associazione è 'simmetrica' nel senso che se un musicista suona con un altro musicista è vero anche il contrario. Inoltre, un musicista può suonare con vari colleghi, e questi colleghi possono essere stati accompagnati da altri musicisti in passato. Solitamente, è preferibile dare un verso di lettura delle associazioni ricorsive dando un nome a ciascun ramo del-

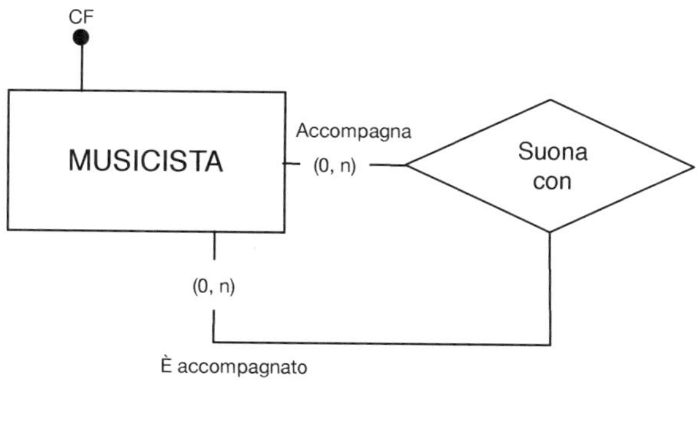

Figura 2.15: Esempio di un'associazione ricorsiva su MUSICISTA.

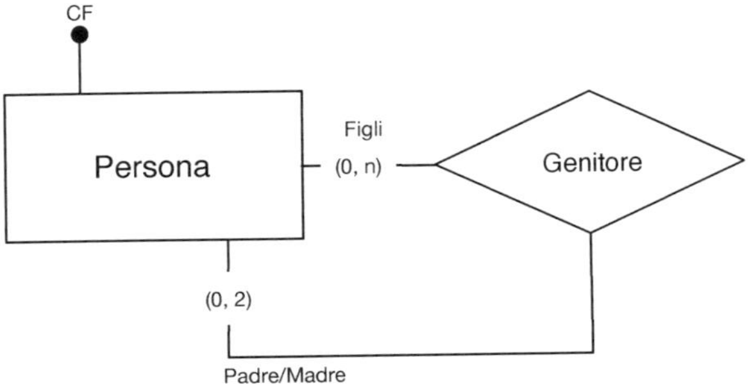

Figura 2.16: Esempio di un'associazione ricorsiva non simmetrica.

l'associazione. Nella Figura 2.15, un ramo dell'associazione Suona con si chiama 'Accompagna' e l'altro 'È accompagnato'.

Facciamo un altro esempio, questa volta con un'associazione ricorsiva 'asimmetrica'. In Figura 2.16, l'associazione Genitore lega una persona ad un'altra secondo la relazione padre/madre - figlio, ed è una relazione non simmetrica: se una persona è il padre di un'altra persona, quest'ultima è il figlio della prima; inoltre, un genitore può avere più figli, mentre un figlio ha al massimo due genitori. Ecco perché da un lato dell'associazione abbiamo una cardinalità $(0, n)$ mentre dall'altro è $(0, 2)$ (la prima cardinalità minima indica la situazione in cui una persona non ha figli, l'altra cardinalità minima copre situazioni del tipo figlio senza genitori oppure non si conoscono i genitori).

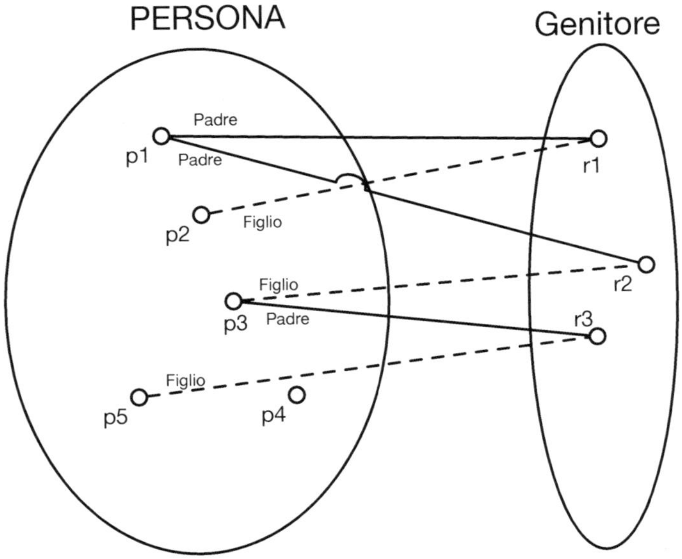

Figura 2.17: Esempio di rappresentazione estensionale dell'associazione ricorsiva Genitore. Le linee continue rappresentano il ramo Padre/Madre della Figura 2.16, le linee tratteggiate il ramo Figli.

Dal punto di vista insiemistico, un'associazione ricorsiva R è un sottoinsieme di $R \subseteq E_1 \times E_1$, come mostrato in Figura 2.17. Ad esempio, l'elemento $p1$ ha due figli, $p2$ e $p3$. L'elemento $p3$ è a sua volta padre di $p5$. Come richiesto dalle cardinalità dell'associazione, è possibile che ci siano elementi senza figli, $p2$, $p4$ e $p5$, ed elementi senza genitore, $p1$ e $p4$.

2.2.4 Associazioni n-arie

Quando un'associazione ha più di due entità connesse prende il nome di associazione n-aria. Molto spesso si incontrano associazioni ternarie (tre entità), meno frequentemente le quaternarie (quattro entità), molto raramente associazioni con più di quattro entità coinvolte.[6] Tornando all'esempio del musicista che suona uno o più strumenti, possiamo immaginare un database di musicisti che partecipano a delle registrazioni di brani musicali e che, per ciascun musicista, ci sia bisogno di sapere quale strumento ha suonato per quel brano. Il problema ha tre entità: il MUSICISTA, lo STRUMENTO che suona, e il BRANO in cui ha partecipato. Le tre entità possono essere associate da un'associazione ternaria, come mostrato in Figura 2.18

Aggiungendo l'entità BRANO con gli attributi 'ID' e 'Titolo' è possibile dare una descrizione più dettagliata dell'attività musicale di un musicista.[7] Da sottolineare il fatto che il database che stiamo progettando con questa associazione ternaria è ben diverso dal precedente sebbene possa sembrare quasi uguale visto che ci sono due entità identica a prima. In questo caso, stiamo modellando un mini-mondo di musicisti che registrano dei brani musicali, non il mini-mondo dei musicisti che hanno studiato degli strumenti. Se volessimo modellare entrambe le informazioni, registrazioni di brani e studio di strumenti, sarebbe necessario tenere entrambe le associazioni, come mostrato in Figura 2.19. Quest'ultimo esempio è importante perché mostra come le stesse entità possono essere collegate fra loro da più associazioni se il significato di queste associazioni è diverso. In questi casi bisogna fare molta attenzione alla cardinalità della partecipazione ad ogni associazione: non è detto che un musicista debba per forza registrare un brano (la sua partecipazione a Registra è opzionale), così come è possibile che uno strumento venga studiato da qualcuno ma non venga suonato in nessun brano (anche la partecipazione di STRUMENTO è opzionale rispetto all'associazione ternaria). Inoltre, supponiamo che un musicista sappia suonare uno strumento, quel musicista può partecipare alla registrazione di un brano suonando uno strumento che non conosce? Ovviamente no nella realtà, ma il diagramma ER non

[6] Ad oggi, non mi è mai capitato di vedere un'associazione con più di cinque entità. Se vi capita di disegnarla ad un compito d'esame è probabile che abbiate sbagliato qualcosa!

[7] Notare come il semplice attributo 'Titolo' non possa garantire l'identificazione degli elementi del BRANO. La soluzione più semplice in questo caso è l'aggiunta di un identificatore fittizio 'ID'.

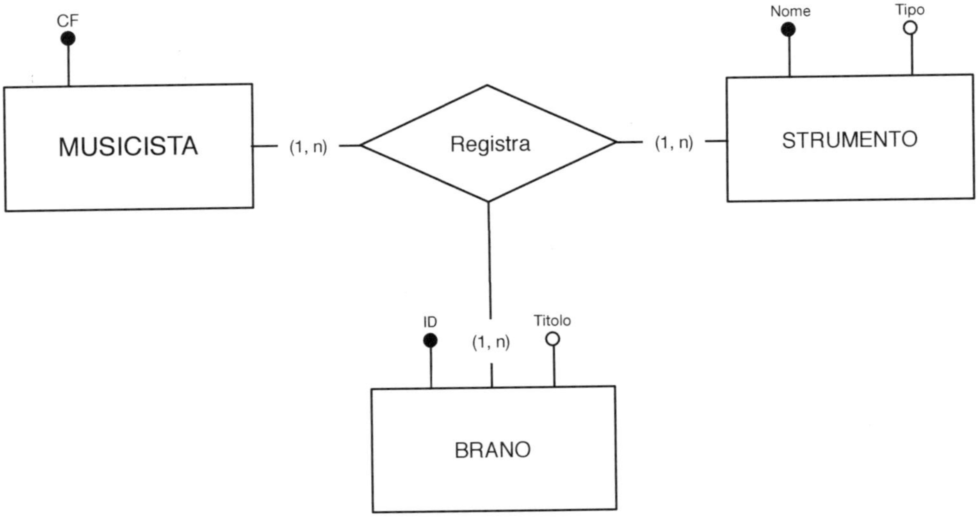

Figura 2.18: Esempio di un'associazione ternaria Registra.

permette di esprimere correttamente questa condizione. In questi casi la soluzione migliore è quella di aggiungere della documentazione supplementare allo schema ER sotto forma di regole di vincolo (suggeriamo di approfondire questo argomento sui libri di testo).

La scelta delle cardinalità è identica a quella mostrata nei casi delle associazioni binarie; tuttavia, abbiamo riscontrato una difficoltà maggiore da parte degli studenti nel decidere cardinalità minima e massima di una ternaria (o n-aria). Per questo motivo, consigliamo di procedere in questo modo:

- ci si 'posiziona' dalla parte di un'entità e si fa la seguente domanda: dato un elemento di questa entità, quante sono le 'coppie' (o le n-uple) di elementi delle altre due (o più) entità che posso avere per questa associazione?
- ripetere l'operazione per tutte le altre entità coinvolte.

Nel caso mostrato in Figura 2.18, si procede nel modo seguente:

- dato un elemento dell'entità musicista, quante coppie brano-strumento posso avere? La risposta è almeno uno se penso che ogni musicista debba suonare almeno uno strumento in un brano, zero se immagino musicisti che non registrano brani. Al massimo n coppie visto che non posso sapere in anticipo il numero esatto di brani-strumenti della carriera di un musicista.
- dato un elemento dell'entità strumento, quante coppie musicista-brano posso avere? Almeno una se penso che per ogni strumento ci deve essere almeno un musicista che lo ha suonato in un brano, almeno n se penso che uno strumento deve essere suonato in vari brani da vari musicisti (o anche dallo stesso musicista in brani diversi, o anche uno stesso brano ma musicisti

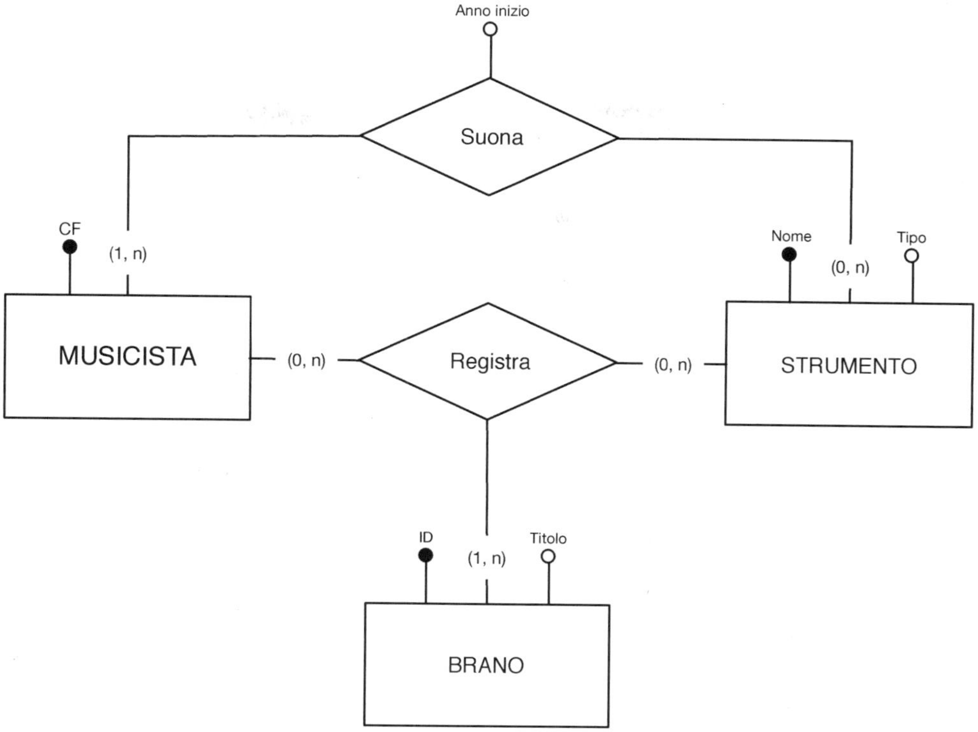

Figura 2.19: Associazione ternaria Registra insieme alla binaria Suona.

diversi), zero se penso che possono esserci strumenti che non vengono mai suonati in brani. Al massimo m (per distinguere questo numero dal minimo n) se non so in generale quante volte potrà essere suonato quello strumento nei brani registrati.

- dato un elemento dell'entità brano, quante coppie musicista-strumento posso avere? Almeno n se un brano deve avere sempre più di una coppia musicista - strumento, zero se immagino un brano senza musicisti e strumenti. Al massimo m poiché non so in anticipo quante potranno essere le coppie musicista-strumento.

Questo esempio serve anche a far riflettere sulla necessità di avere un'analisi dei requisiti completa per poter scegliere l'alternativa, in termini di cardinalità, che meglio rappresenta il mini-mondo di interesse

Dal punto di vista estensionale, un'associazione ternaria è un sottoinsieme degli elementi del prodotto cartesiano delle tre entità coinvolte $R \subseteq E_1 \times E_2 \times E_3$. Un esempio di rappresentazione estensionale dello schema in Figura 2.18 viene mostrata in Figura 2.20. Ogni elemento di ciascuna entità deve essere presente nell'insieme Registra, ed ogni elemento può partecipare più di una volta.

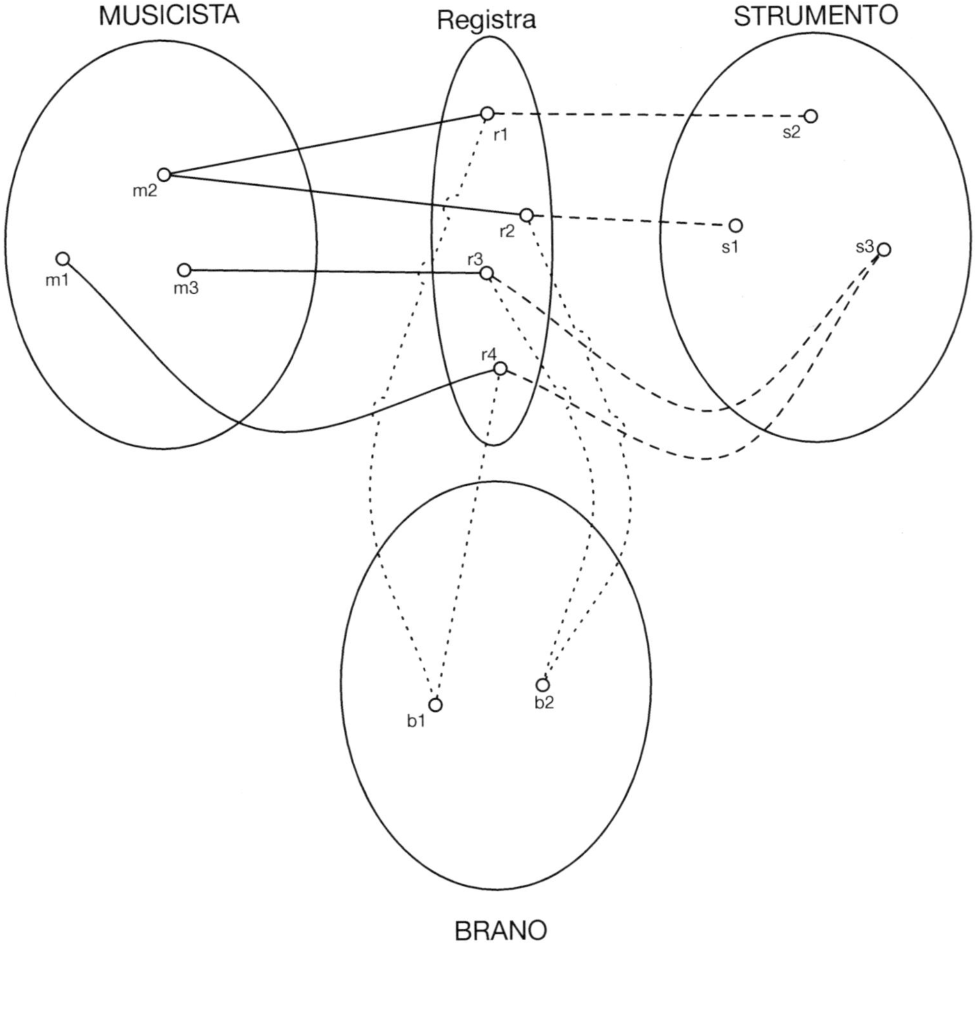

Figura 2.20: Rappresentazione estensionale dell'associazione ternaria di Figura 2.18. I diversi stili delle linee rappresentano i tre rami dell'associazione Registra.

Trasformare un'associazione n-aria in associazioni binarie

Quando una delle entità di una associazione n-aria partecipa con cardinalità massima pari ad uno è possibile fare delle considerazioni riguardo la possibilità di trasformare l'associazione n-aria in varie associazioni binarie. Quest'operazione, sebbene a volte non sia necessaria ai fini della implementazione finale, è importante per rendere più chiare le relazioni tra le varie entità dal punto di vista del modello concettuale. Questa verifica permette di analizzare la qualità dello schema ER ed individuare in anticipo delle anomalie di ridondanza dei dati che vengono trattate dalla teoria della normalizzazione degli schemi relazionali (suggeriamo di approfondire questa parte sui libri di testo).

Prendiamo ad esempio lo schema ER in Figura 2.21 che rappresenta lo schema di una base di dati di impiegati che lavorano in progetti in qualche sede. In questo caso, un impiegato lavora solo per una coppia progetto-sede. Il problema, apparentemente semplice, nasconde in realtà varie situazioni molto diverse tra loro che non sono immediatamente evidenti con questo schema. Ad esempio:

1. è il progetto che ha una sede sola (e in un progetto possono esserci più impiegati)?

2. è la sede che ha un progetto solo (e in una sede possono esserci più impiegati)?

3. è l'impiegato che lavora solo in una sede e ha un solo progetto sul quale lavorare?

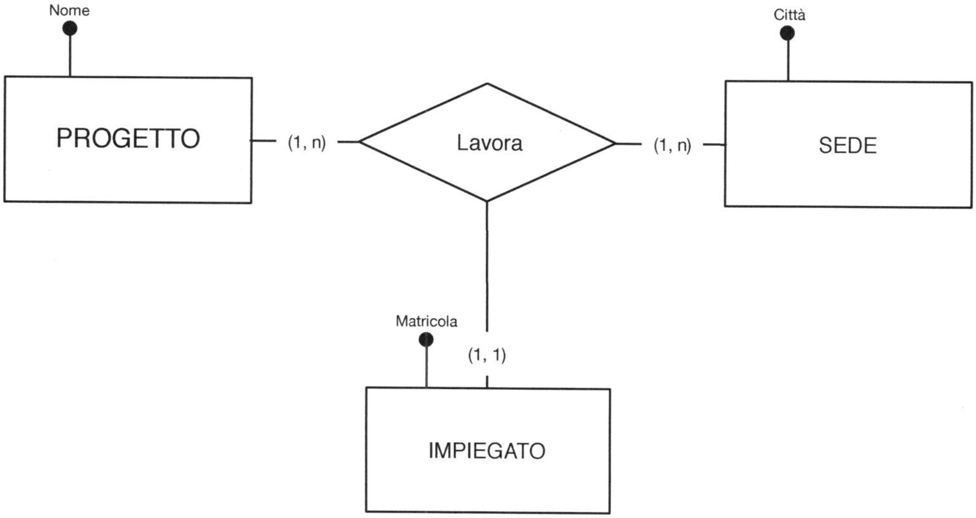

Figura 2.21: Studio di uno schema con un entità che partecipa con cardinalità (1, 1) ad un'associazione ternaria.

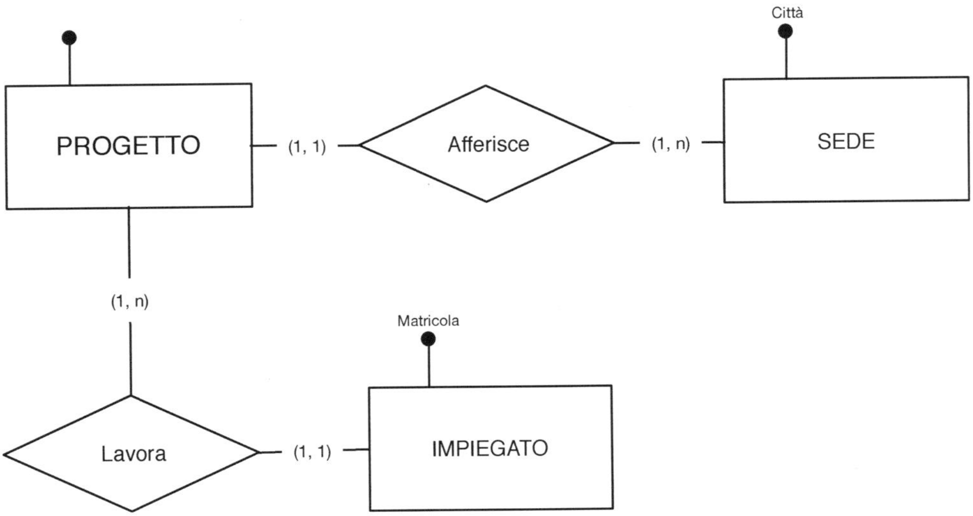

Figura 2.22: Il PROGETTO ha una sola sede e l'IMPIEGATO lavora su un solo progetto.

Nel primo caso, possiamo utilizzare due associazioni binarie, una tra progetto e sede con cardinalità $(1, 1)$ dalla parte di progetto, l'altra tra progetto e impiegato con cardinalità $(1, 1)$ dalla parte di impiegato, come mostrato in Figura 2.22.

Nel secondo caso abbiamo un'associazione binaria tra progetto e sede con cardinalità $(1, 1)$ dalla parte di sede, l'altra tra sede e impiegato con cardinalità $(1, 1)$ dalla parte di impiegato, come mostrato in Figura 2.23

Nel terzo caso, una associazione binaria tra progetto e impiegato con cardinalità $(1, 1)$ dalla parte di impiegato, l'altra tra sede e impiegato con cardinalità $(1, 1)$ dalla parte di impiegato, come mostrato in Figura 2.24.

Come si può vedere, a partire da uno schema ER che sembrava non avere errori, abbiamo generato tre diverse soluzioni che rispecchiano tre situazioni diverse con requisiti altrettanto diversi. La regola da seguire per scegliere la giusta trasformazione di una n-aria in varie binarie è dettata solo dalle informazioni che abbiamo a disposizione sul mini-mondo. Più requisiti riusciamo a raccogliere dal committente della base di dati (quanti impiegati per progetto, quante sedi per progetto, quanti progetti per sede, ecc.) meglio riusciremo a modellare il problema. Oltre a descrivere il mini-mondo nella maniera più corretta possibile, la ristrutturazione degli schemi dipende anche dallo studio delle operazioni di modifica e di interrogazione al database. Ad esempio, l'interrogazione *quali sono le sedi di ciascun progetto* avrà un costo diverso se eseguita su un DBMS che ha seguito lo schema in Figura 2.21 da un altro che ha scelto lo schema in Figura 2.23. Consigliamo di approfondire questa parte relativa all'analisi delle prestazioni degli schemi ER seguendo uno dei libri di testo consigliati.

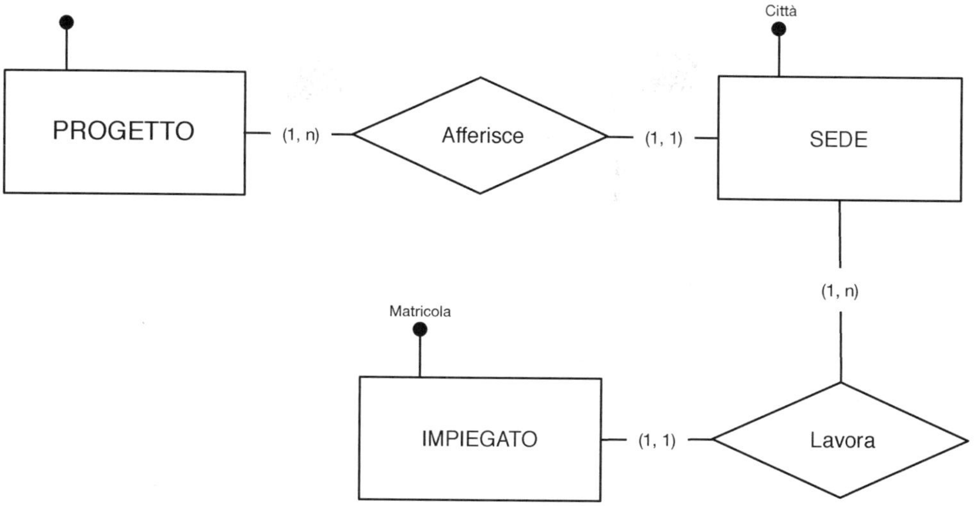

Figura 2.23: La SEDE ha un solo progetto e l'IMPIEGATO lavora in una sola sede.

2.3 Entità deboli

Nelle sezioni precedenti abbiamo visto esempi dei tre costrutti di base: le entità, gli attributi e le associazioni. Questi tre elementi di base di un diagramma ER permettono di descrivere a livello concettuale dei problemi anche molto complessi. In alcuni casi però, è possibile utilizzare un costrutto 'ibrido', un po' particolare, chiamato 'entità debole'. L'entità debole deve essere utilizzata con accortezza e per questo motivo abbiamo dedicato una sezione a parte per affrontare questo argomento.

La maniera migliore di presentare un'entità debole è attraverso un esempio. Supponiamo di voler costruire un database delle prenotazioni dei posti delle sale dei teatri di una città in cui si esibiscono dei musicisti e di volerci concentrare sul problema della modellazione dei posti dei teatri (successivamente affronteremo quello dei concerti). Un POSTO di un teatro potrebbe essere inizialmente modellato con un'entità che ha come identificatore la coppia fila-numero (ad esempio fila M, numero 14), come mostrato in Figura 2.25. Il problema di questa modellazione è che in presenza di molti teatri non sappiamo se il posto 'fila M, numero 14' faccia riferimento al teatro 'X' o al teatro 'Y'. Una possibile soluzione sarebbe quella di aggiungere un attributo in più per poter distinguere un posto di un teatro da un altro. In Figura 2.26 abbiamo modellato sia l'entità POSTO che l'entità TEATRO che farà parte del nostro database. A questo punto siamo di fronte ad un problema che abbiamo già affrontato quando abbiamo presentato il costrutto associazione. Quando in un'entità è presente un attributo che fa riferimento ad un'altra entità è necessario, per mantenere una coerenza tra i dati, aggiungere un'associazione che lega le due entità (vedere l'esempio in Figura 2.14). A diffe-

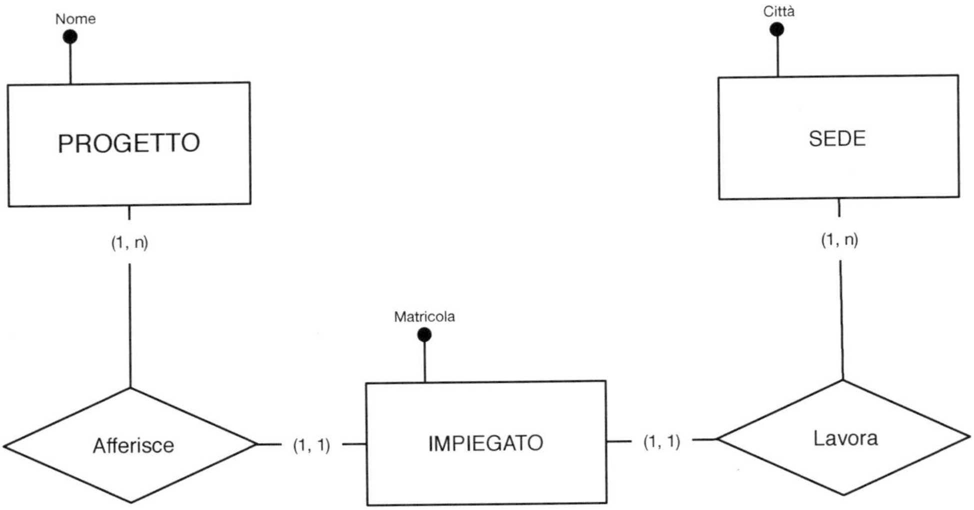

Figura 2.24: L'IMPIEGATO lavora in un solo progetto e in una sola sede.

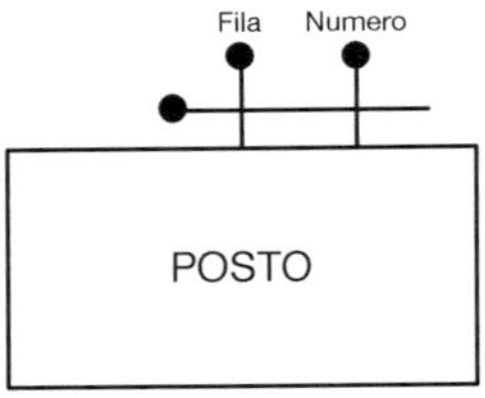

Figura 2.25: Entità POSTO (di un teatro).

renza dei casi precedenti, l'attributo che dobbiamo eliminare per poter collegare le entità è parte dell'identificatore di una delle due entità. Questa entità viene chiamata entità 'debole' poiché ha bisogno di un'altra entità per essere identificata completamente. L'entità 'forte', cioè tutte quelle che abbiamo visto fino ad ora, è un'entità che non ha bisogno di altre entità per essere identificata (quindi non è debole).

In Figura 2.27 mostriamo l'entità debole POSTO rispetto all'entità TEATRO. Analizziamo i punti più importanti della modellazione di un'entità debole:

- L'identificatore dell'entità debole è formato dall'identificatore dell'entità alla quale è collegata e da altri eventuali attributi dell'entità debole (può anche non esserci alcun attributo aggiuntivo).

- Come per il caso di un identificatore composto da vari attributi, tutti gli attributi coinvolti nell'identificazione vengono attraversati da un segmento

Figura 2.26: Entità POSTO con attributo 'Teatro' come parte dell'identificatore ed entità TEATRO.

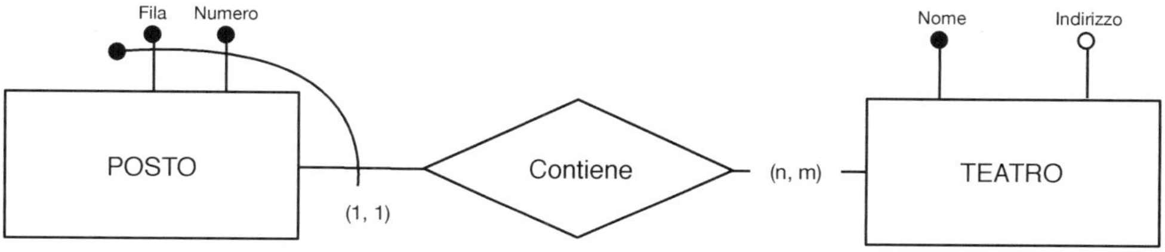

Figura 2.27: Entità POSTO debole rispetto a TEATRO.

(con pallino nero), il segmento prosegue fino a 'tagliare' anche la linea che collega l'entità debole all'associazione.

- La partecipazione dell'entità debole all'associazione che la lega all'entità che la identifica 'deve' essere $(1, 1)$.

Il primo punto è abbastanza intuitivo, l'unica situazione che al momento può risultare un po' strana è un'entità debole identificata 'solo' dall'entità a cui è associata. Più avanti vedremo alcuni esempi che chiariranno quali sono le situazioni che possono creare queste entità deboli particolari. Il secondo punto, anche se si tratta di semplice notazione, è importante per le fasi successive che riguardano la progettazione logica (ed è spesso uno degli errori più comuni fatti dagli studenti). Il terzo punto, la partecipazione $(1, 1)$, non è altro che una naturale estensione della partecipazione $(1, 1)$ di un qualsiasi altro attributo che fa parte dell'identificazione dell'entità.[8] Tuttavia, poiché questo è un punto fondamentale che spesso crea dei dubbi agli studenti, proviamo ad affrontare il problema anche dal punto di vista estensionale. Iniziamo prima con la modellazione estensionale dello schema in Figura 2.26, quella in cui è presente sia l'entità POSTO che l'entità TEATRO. I due insiemi vengono mostrati in Figura 2.28. Come si può vedere non c'è modo di confondere i due elementi 'p1' e 'p3' poiché contengono le informazioni del teatro (e quindi i due posti fila A numero 4 sono distinti). Quando

[8]Facciamo notare che in nessuno dei casi precedenti abbiamo mai usato una cardinalità $(0, 1)$ o $(1, n)$ per gli attributi identificativi proprio perché non avrebbe senso avere un valore mancante o un valore multiplo per un identificatore.

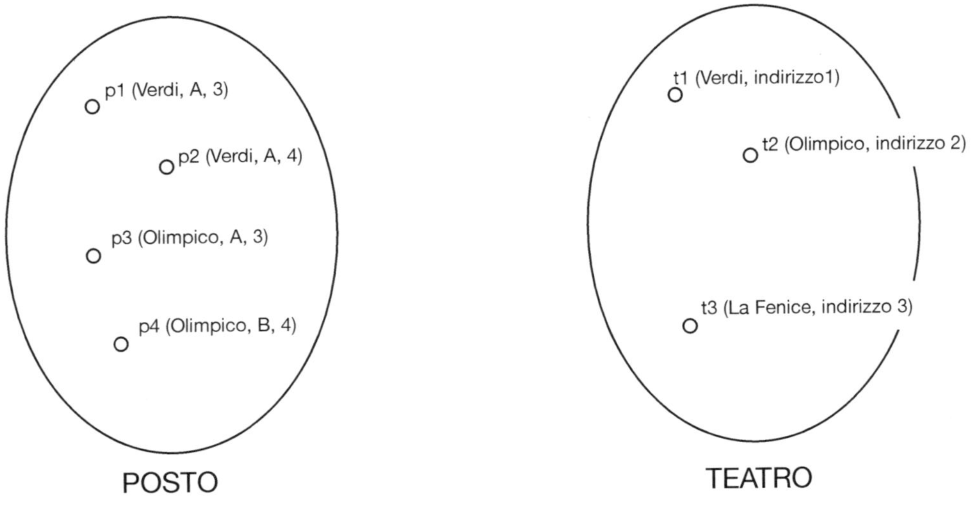

Figura 2.28: Rappresentazione estensionale della Figura 2.26.

modelliamo l'entità POSTO come entità debole lo facciamo perché vogliamo che il valore dell'attributo teatro faccia riferimento ad un teatro realmente esistente, ad esempio non deve esistere nessun posto associato al teatro alla Scala fintanto che la Scala non sarà presente nella lista dei teatri disponibili. La rappresentazione estensionale dell'entità debole viene presentata in Figura 2.29. Ciascun elemento dell'insieme posto deve essere collegato solo ad un elemento dell'insieme teatro. Infatti non avrebbe alcun senso collegare, ad esempio, l'elemento 'p1' anche al teatro Olimpico oltre al teatro Verdi. Per questo motivo non è possibile mettere una partecipazione dell'entità debole diversa da $(1, 1)$. Infine, per correttezza abbiamo tolto l'elemento t3 dall'insieme teatro poiché non avevamo alcun posto ad esso associato (nella Figura 2.27 era richiesta una cardinalità minima pari a n per l'entità TEATRO).

Come ultima considerazione (ultima ma molto importante), dobbiamo ricordare che un'entità debole può essere sempre trasformata in entità forte semplicemente aggiungendo un attributo fittizio che fa da identificatore. Ad esempio, come mostrato in Figura 2.30, è possibile rendere forte l'entità POSTO aggiungendo un attributo 'ID'. Questa soluzione può essere molto conveniente in alcuni casi poiché un entità debole ha per definizione un identificatore composto (a parte alcuni casi particolari) che può diventare molto complesso soprattutto quando ci sono molte entità deboli in cascata (un'entità debole che fa riferimento ad un'altra entità debole). Un identificatore composto da molti attributi può diventare molto poco efficiente in fase di implementazione. Tuttavia, come in tutti i casi in cui viene aggiunto un attributo fittizio, c'è il rischio creare dei problemi di inconsistenza dei dati e pertanto questa soluzione va utilizzata con molta cautela. Nell'esempio in questione, questo problema può presentarsi quando due posti

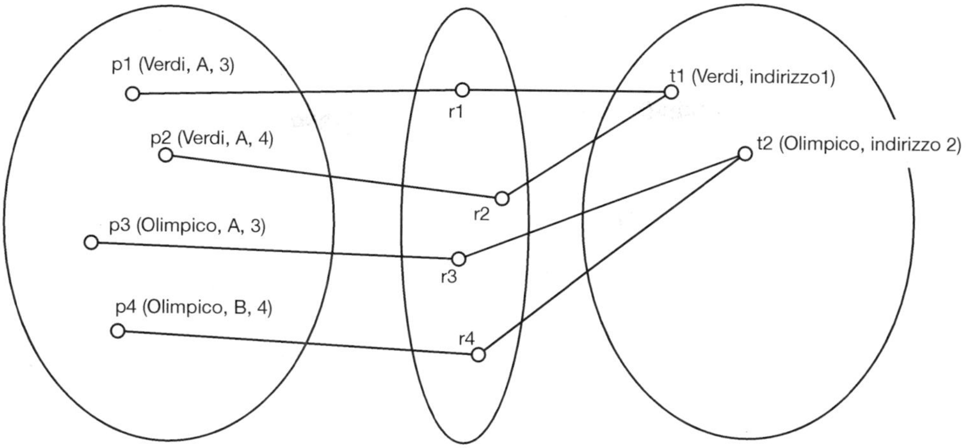

Figura 2.29: Rappresentazione estensionale della Figura 2.27.

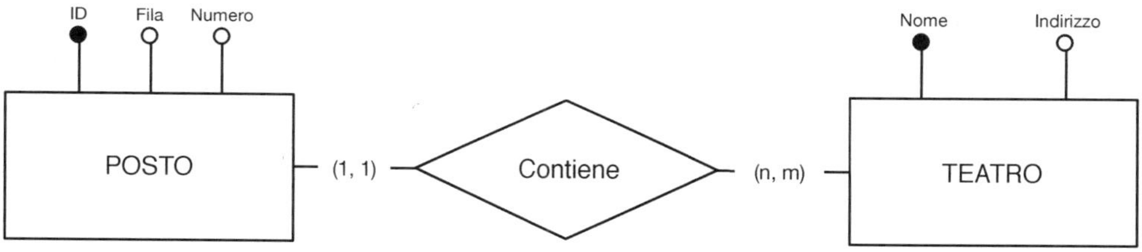

Figura 2.30: Entità POSTO trasformata in entità forte.

con due identificatori diversi fanno riferimento alla stessa fila, allo stesso numero e allo stesso teatro, senza violare alcun vincolo dello schema. Ad esempio potrebbero coesistere il posto (1, fila A, numero 4, teatro Verdi) e il posto (2, fila A, numero 4, teatro Verdi) che fanno chiaramente riferimento allo stesso posto fisico ma hanno semplicemente l'identificatore diverso. Pertanto, ogniqualvolta viene aggiunto un attributo sintetico per trasformare un'entità debole in un'entità forte, bisogna aggiungere una regola di vincolo per mantenere l'unicità della combinazione dei valori degli attributi che formavano l'identificatore dell'entità debole.[9]

Per concludere l'esempio, proviamo a modellare anche le prenotazioni delle performance musicali dei musicisti nei teatri. Procediamo per passi e modelliamo prima la parte di un concerto di un artista. La Figura 2.31 mostra una possibile scelta con l'entità CONCERTO debole rispetto a TEATRO (in una certa

[9]Un'entità è o forte o debole, non può essere entrambe le cose.

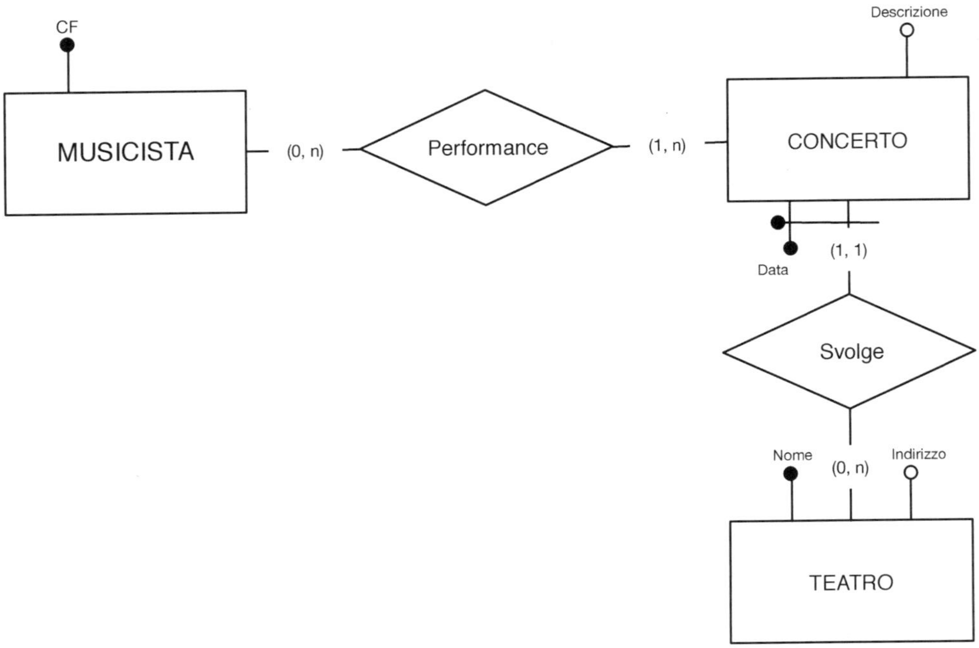

Figura 2.31: Entità CONCERTO collegata all'entità TEATRO.

data non può esserci più di un concerto per teatro). Un CONCERTO può avere più di un MUSICISTA (abbiamo ricavato questa opzione dal fatto che un musicista può suonare con altri musicisti).

Una prenotazione di un posto per un concerto viene mostrata in Figura 2.32. L'entità PRENOTAZIONE è associata al massimo ad un CONCERTO ma può essere collegata a più di un POSTO (posso effettuare una prenotazione per più posti per un concerto). Con questa scelta è necessario aggiungere un paio di regole aziendali: il teatro del posto deve coincidere con il teatro del concerto, non posso avere due prenotazioni diverse con gli stessi posti.

Uno schema un po' più complicato che permette di gestire a livello concettuale anche il problema di un posto prenotato viene mostrato in Figura 2.33. Questa soluzione ha un'entità debole, POSTO PRENOTATO, che è identificata da entità esterne a cui è collegata e rappresenta proprio l'elemento (il posto prenotato) che manca nella soluzione precedente. Questa scelta porta sicuramente ad una descrizione più dettagliata del problema ma presenta delle complicazioni a livello di gestione logica e fisica. La scelta tra le due soluzioni (entrambe valide) dipende da un'analisi più approfondita dei requisiti e della frequenza delle interrogazioni (che non affronteremo in quest volume e che suggeriamo di studiare sui libri di testo).

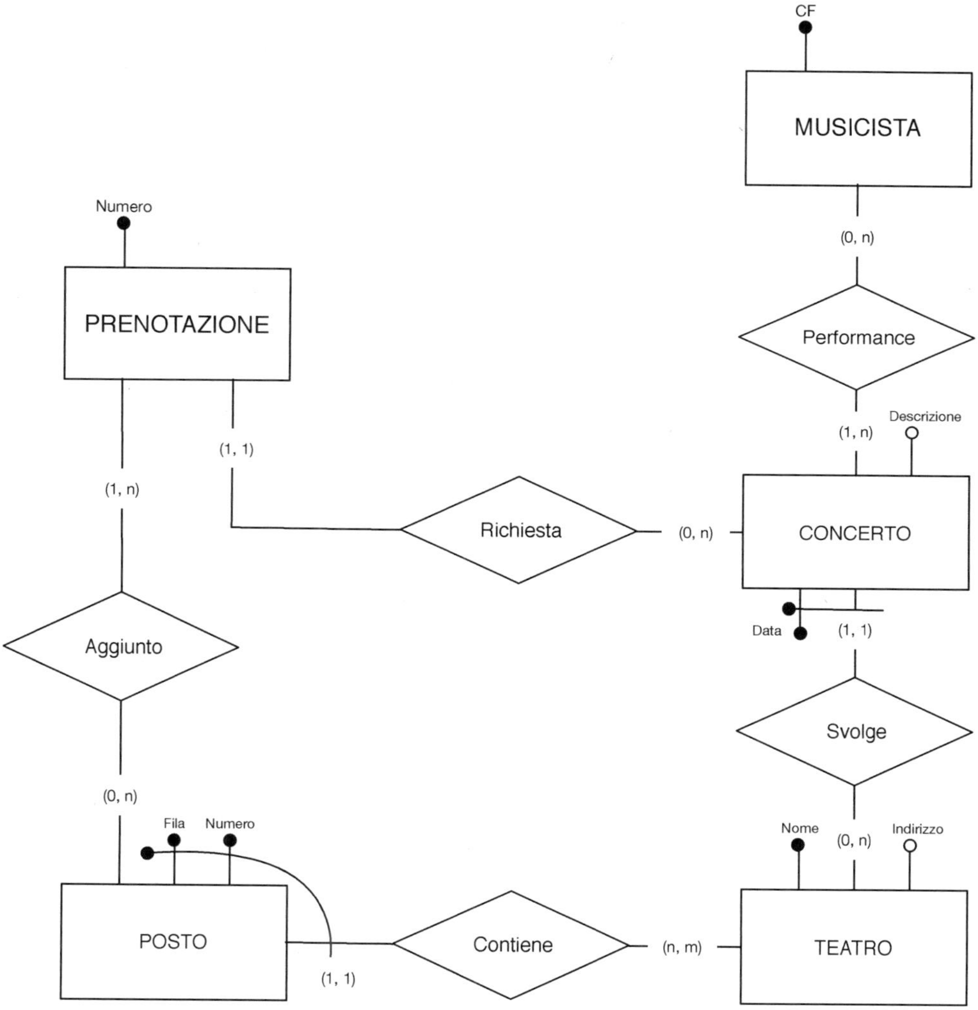

Figura 2.32: Entità PRENOTAZIONE di un posto ad un concerto.

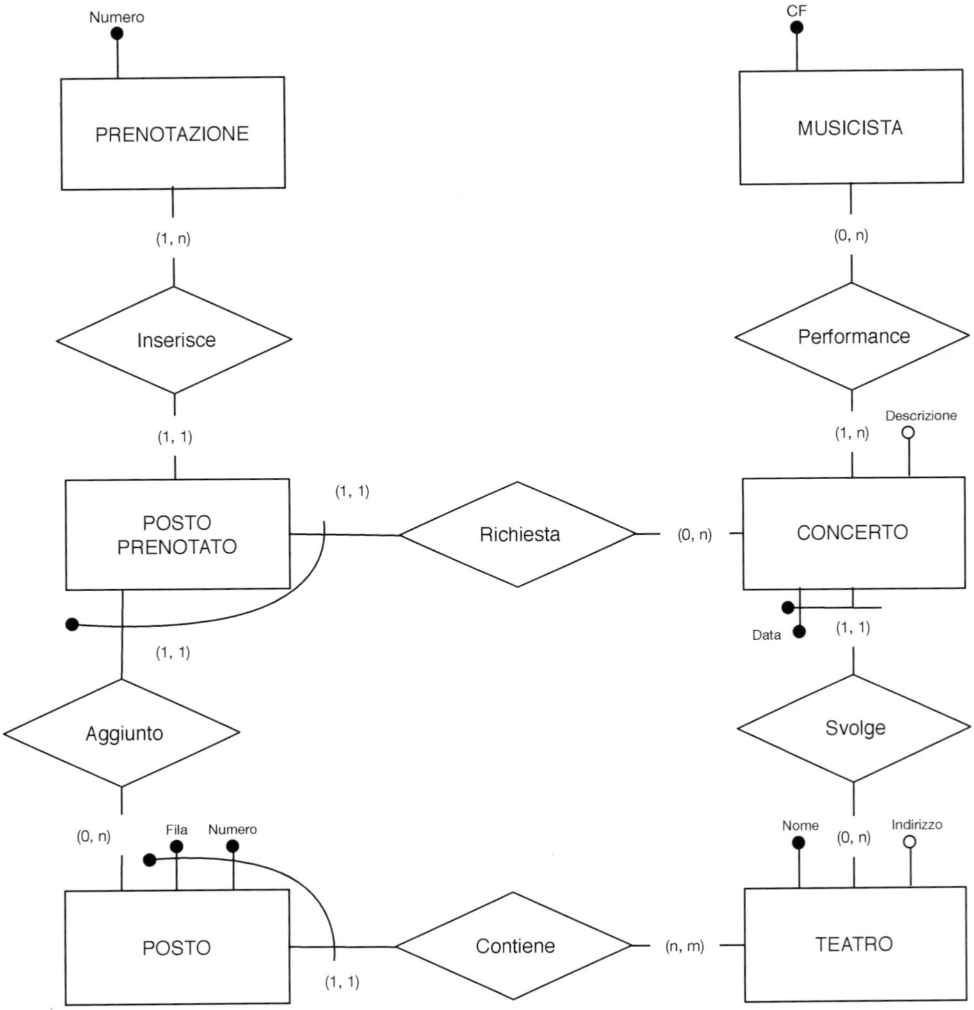

Figura 2.33: Entità POSTO PRENOTATO di un posto ad un concerto.

2.4 Generalizzazioni, specializzazioni

Nell'ultima parte di questo capitolo, affrontiamo la parte della progettazione concettuale che spesso va sotto il nome di modello Entità-Associazione Esteso, o Extended Entity Relationship model EER (o anche Enhanced Entity Relationship model). I costrutti di questo modello esteso permettono di descrivere in maniera agevole una relazione di tipo insiemistico tra le entità di uno schema ER. È molto importante ricordare che tutto quello che viene descritto dal modello esteso può essere descritto anche da un modello ER 'classico' (non a caso esistono delle regole o scelte di traduzione da un modello esteso ad uno classico prima della modellazione logica). Quindi un modello esteso non dice qualcosa in più rispetto ad un modello classico ma permette di rappresentare in maniera molto più chiara alcune situazioni (ricordiamo che l'obiettivo del modello concettuale è quello di rappresentare in maniera non ambigua i requisiti del committente e di interagire con gli utenti finali). Presenteremo prima la relazione di tipo IS-A e poi quella più estesa di generalizzazione (o specializzazione) di un'entità.

2.4.1 Relazione IS-A tra entità

Quando si progetta un database capita spesso di avere un'entità che è un sottoinsieme di un'altra entità. Tornando all'esempio della prenotazione dei posti di un concerto, supponiamo di voler tenere nel database le informazioni delle persone che hanno fatto una prenotazione. Come mostrato in Figura 2.34, esistono ora due entità molto simili per alcuni aspetti: la PERSONA che acquista i biglietti, e il MUSICISTA che suona in un concerto (abbiamo volutamente tolto l'attributo 'Indirizzo' per trattare in maniera più semplice questo primo esempio). Si vede immediatamente che le due entità hanno quasi tutti gli attributi in comune, ad esclusione dello 'Strumento' che è una caratteristica dell'entità MUSICISTA. Inoltre, è naturale pensare che un musicista è a tutti gli effetti una persona. Quindi, il tipo di relazione che esiste tra MUSICISTA e PERSONA è di tipo sottonsieme (o 'elemento di').

Figura 2.34: Entità PERSONA a confronto con l'entità MUSICISTA.

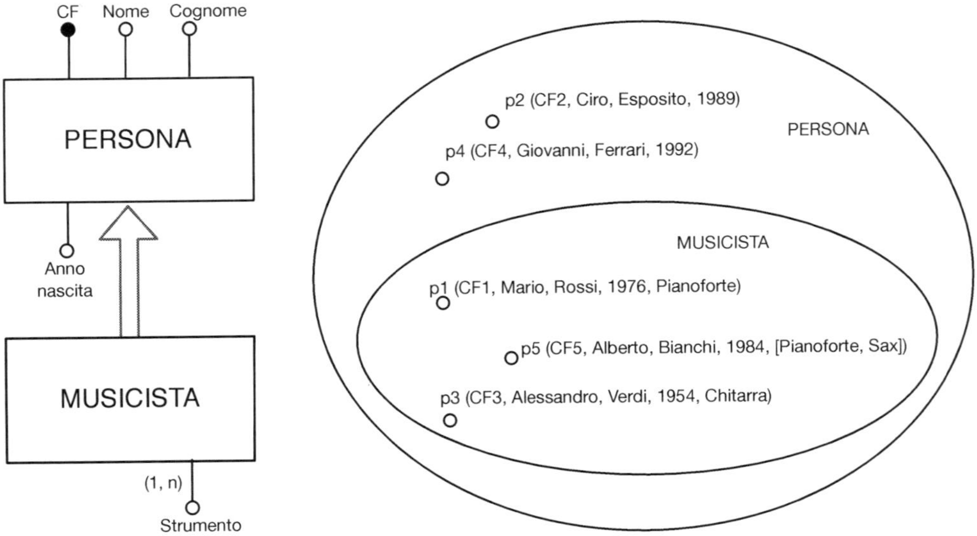

Figura 2.35: Rappresentazione intensionale ed estensionale della relazione IS-A tra PERSONA e MUSICISTA.

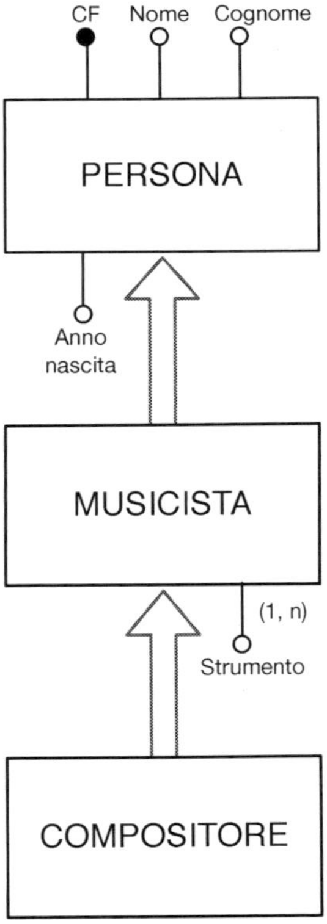

Figura 2.36: Relazioni IS-A a catena.

Quando in uno schema ER ogni istanza di un'entità è anche un'istanza di un'altra entità si parla di relazione IS-A tra entità, e cioè un'entità è un sottoinsieme di un'altra entità. Il costrutto diagrammatico di una relazione IS-A viene mostrato in Figura 2.35; In questo caso, il musicista è una persona, ma non tutte le persone sono musicisti. Una relazione di tipo IS-A è modellata con una freccia dall'entità sotto-insieme verso l'entità super-insieme. L'entità che è super-insieme può essere chiamata entità madre, mentre l'entità che è sotto-insieme può essere chiamata entità figlia. Per questo tipo di relazione vale il principio di ereditarietà: ogni istanza dell'entità figlia ha tutti gli attributi dell'entità madre.

Dal punto di vista estensionale, l'entità MUSICISTA è a tutti gli effetti un sottoinsieme dell'entità PERSONA come mostrato in Figura 2.35. Ovviamente la relazione IS-A può essere messa tra più entità a catena (e cioè un sottoinsieme può essere sottoinsieme di un altro insieme) come mostrato in Figura 2.36.

2.4.2 Generalizzazione e specializzazione

In alcuni casi un'entità può avere più di un'entità figlia. In questi casi si parla di 'generalizzazione' di un insieme di entità figlie oppure di una 'specializzazione' di un'entità madre. Ad esempio, se si volesse modellare l'entità musicista in maniera più accurata si potrebbe specializzare il musicista in: compositore, direttore d'orchestra, strumentista, cantante, come mostrato in Figura 2.37. A differenza di una relazione IS-A, una generalizzazione può essere 'totale' o 'parziale'. Nel caso di una generalizzazione totale, ogni elemento dell'entità madre deve essere presente in almeno un'entità figlia, e quindi l'unione dei sottoinsiemi relativi alle entità figlie genera l'insieme dell'entità madre. Il simbolo grafico per la generalizzazione totale è una freccia piena (nera). Nel caso di una generalizzazione parziale invece, esistono elementi della madre che non sono presenti nelle entità figlie. Il simbolo grafico è una freccia vuota (o bianca come nel caso della relazione IS-A). Inoltre, una generalizzazione può essere disgiunta o sovrapposta. Nel primo caso l'intersezione di qualsiasi coppia di sottoinsiemi dell'entità madre è vuota, nel secondo caso esiste almeno un elemento condiviso da più entità figlie. La generalizzazione MUSICISTA è sovrapposta se esiste un DIRETTORE D'ORCHESTRA che è anche uno STRUMENTISTA. Alcuni testi utilizzano dei simboli grafici per indicare questa differenza (una lettera 'd' e una lettera 'o' rispettivamente per *disjoint*, disgiunta, e *overlap*, sovrapposta). In questo volume utilizzeremo delle regole aziendali per descrivere il tipo di generalizzazione e non un simbolo grafico.

Riassumendo, una generalizzazione può essere:

- totale o parziale,
- disgiunta o sovrapposta.

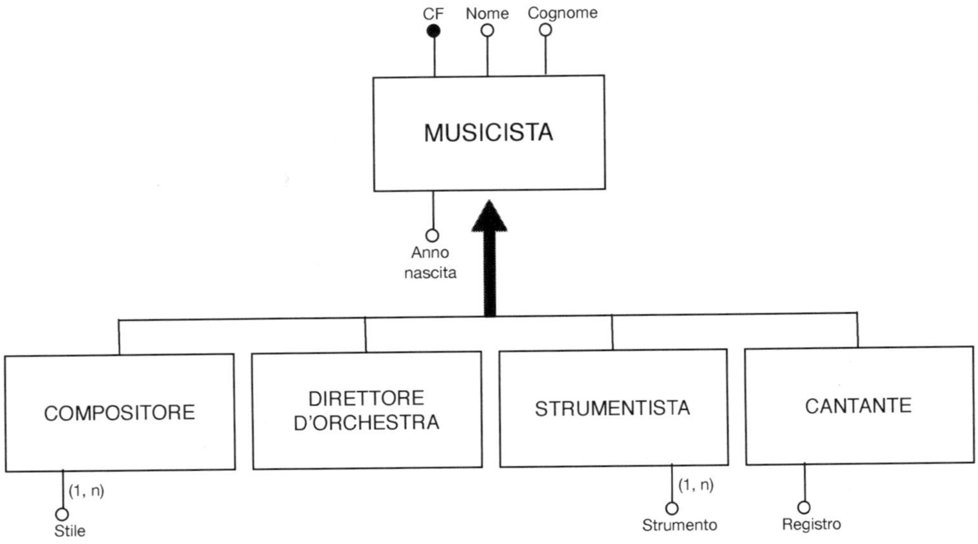

Figura 2.37: Specializzazione dell'entità MUSICISTA.

Le specializzazioni sono molto utili per descrivere una relazione di tipo insiemistico ed evidenziare caratteristiche comuni di elementi di un'entità figlia. Ad esempio il fatto che un musicista suoni uno o più strumenti è una caratteristica dello strumentista e non, in generale, del cantante o del compositore anche se questi ultimi possono benissimo conoscere degli strumenti, e in questo caso avremmo una specializzazione sovrapposta; le specializzazioni sono altrettanto utili per isolare associazioni che coinvolgono solo gli elementi delle entità figlie e non tutti gli elementi della madre. Per meglio capire quest'ultimo aspetto, riprendiamo l'esempio del concerto di un musicista integrando le informazioni della specializzazione e collegando solo gli strumentisti al concerto che è al momento l'unica informazione che abbiamo. La soluzione viene mostrata in Figura 2.38. In questo esempio completo (manca solo l'associazione ricorsiva Suona con per indicare con chi ha suonato un musicista, tuttavia questa informazione è ora ricavabile indirettamente dall'associazione PERFORMANCE). Come si può vedere, l'entità STRUMENTISTA è l'entità figlia più coinvolta in associazioni rispetto a tutte le altre (che al momento non hanno relazioni con altre entità). Questa situazione, così come tutte le altre che riguardano una generalizzazione, ci permette di ragionare su quale possa essere lo schema ER 'classico' (cioè senza generalizzazioni) migliore come traduzione di questo schema iniziale. Le traduzioni di una generalizzazione non fanno parte degli obiettivi di questo libro e vengono rimandate alle lezioni frontali e ai libri di testo indicati.

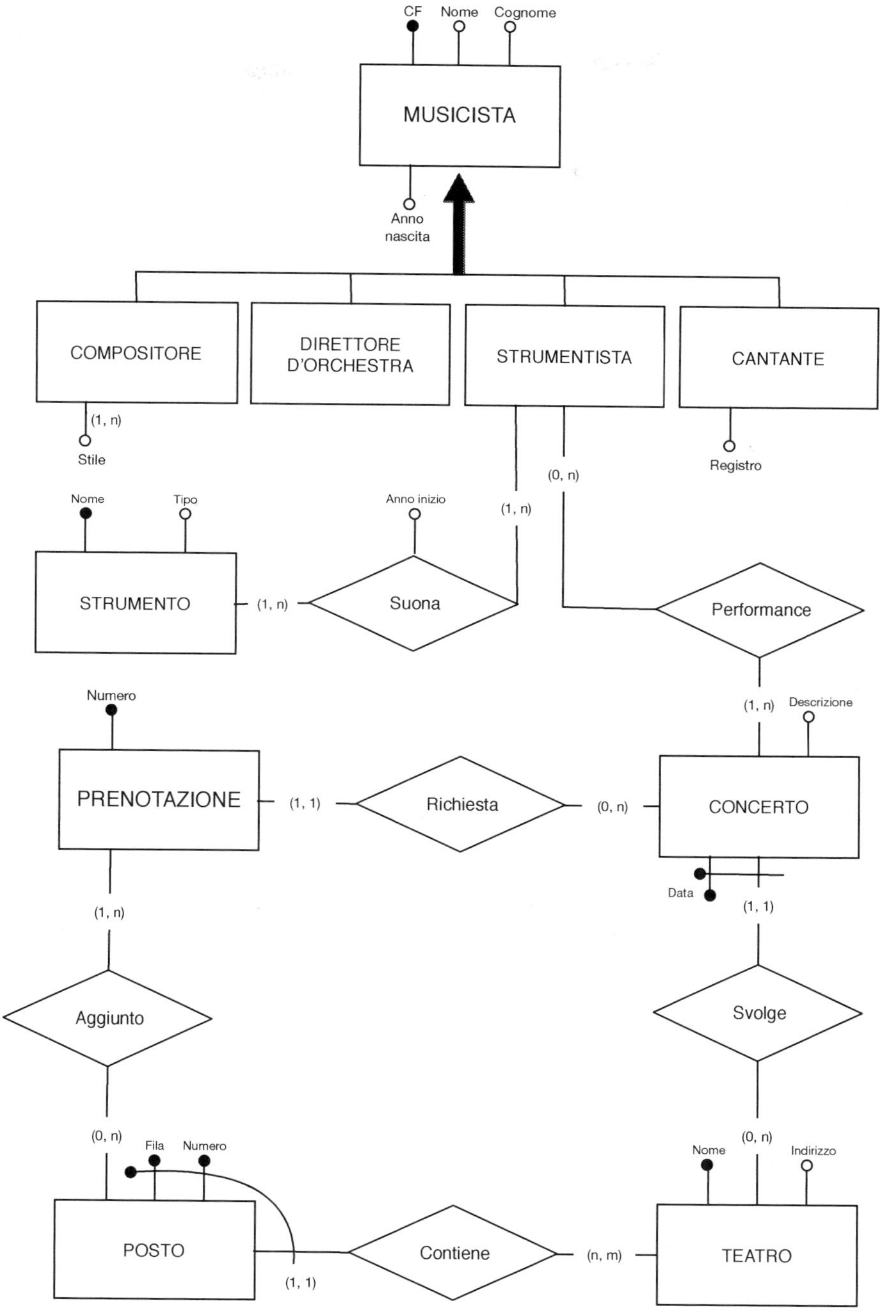

Figura 2.38: Schema ER completo del mini-mondo musicista e concerto.

3

Modello relazionale

Il modello relazionale è un modello logico presentato da E.F. Codd nel 1970[1] che si fonda sul concetto di relazione, proveniente dalla teoria degli insiemi, e la rappresentazione della relazione come tabella. L'idea principale di questo modello è quella di descrivere un database come un insieme di predicati che descrivono dei vincoli sui possibili valori e le possibili combinazioni di un insieme finito di variabili. Il modello relazionale fornisce gli strumenti della progettazione di un database relazionale e risponde al requisito dell'indipendenza dei dati; esiste cioè una netta separazione tra questo modello (logico) e la sua implementazione (fisica).

In questo capitolo presentiamo i concetti fondamentali di questo modello che è alla base di tutti i moderni *relational database management systems* o RDBMS. In particolare, presenteremo sia la definizione formale in termini di relazioni che quella più intuitiva basata sul concetto di tabelle. Nel Capitolo 4, presenteremo l'algebra relazionale, un linguaggio formale di interrogazione di un database relazionale.

3.1 Concetti fondamentali

La struttura fondamentale di questo modello logico è la relazione intesa come sottoinsieme del prodotto cartesiano di due o più insiemi; ad esempio, dato l'insieme delle persone che suonano uno strumento $M = \{Mario, Alberto, Alessandro\}$ e l'insieme degli strumenti disponibili $S = \{Piano, Sax, Chitarra\}$, il prodotto cartesiano consiste nell'insieme di tutte le possibili coppie ordinate $M \times S$

$$\begin{aligned} M \times S \quad = \quad & \{(Mario, Piano), (Mario, Sax), (Mario, Chitarra), \\ & \{(Alberto, Piano), (Alberto, Sax), (Alberto, Chitarra), \\ & \{(Alessandro, Piano), (Alessandro, Sax), (Alessandro, Chitarra)\} \ , \end{aligned}$$

Una relazione su questo prodotto cartesiano potrebbe essere la seguente

$$R \subseteq M \times S = \{(Mario, Piano), (Alberto, Sax), (Alessandro, Chitarra)\}$$

[1]E. F. Codd. 1970. *A relational model of data for large shared data banks.* Communications of the ACM 13, 6 (June 1970), 377 - 387.
http://doi.acm.org/10.1145/362384.362685

Ogni elemento di una relazione si chiama *n-upla* o *tupla*. Una n-upla è pertanto una sequenza ordinata di *valori di attributi*, dove un *attributo*, nel modello relazionale, è una coppia (*nome, tipo di dato*). Nell'esempio precedente, $(Alberto, Sax)$ è una tupla della relazione R, *Alberto* e *Sax* sono i valori di due attributi che chiameremo rispettivamente 'Nome' e 'Strumento' e che hanno come tipo di dato il tipo 'stringa'. Sulla base di questi elementi, vogliamo dare una definizione più formale distinguendo la struttura della relazione dalla sua particolare istanza (cioè l'insieme degli elementi che appartengono alla relazione).

La struttura di una relazione si chiama *schema di relazione* R, indicato con $R(A_1, ..., A_j, ..., A_m)$, dove R è il nome dello schema e $X = A_1, ..., A_j, ..., A_m$ un insieme ordinato di attributi in cui A_j è il nome dell'attributo e $dom(A_j)$ il suo dominio (o tipo di dato). Il numero m di attributi di uno schema di relazione, o cardinalità di X, è chiamato *grado* di una relazione. Nell'esempio precedente, MUSICISTA(Nome, Strumento) è lo schema di relazione di nome MUSICISTA e grado uguale a due con attributi 'Nome' e 'Strumento'.

Una *istanza di relazione* r (o semplicemente *relazione* r) di uno schema $R(X)$ è un insieme di tuple $r = \{t_1, ..., t_i, ..., t_n\}$ in cui $t_i = \langle v_1, ..., v_j, ..., v_m \rangle$ è l'i-esima tupla costituita da sequenza ordinata di valori di attributi tali che $v_j \in dom(A_j)$. Il numero di elementi n della relazione r è la *cardinalità* di r. Nell'esempio, l'istanza di relazione dello schema MUSICISTA(Nome, Strumento) è costituito dall'insieme di tuple $r = \{(Mario, Piano), (Alberto, Sax), (Alessandro, Chitarra)\}$, in cui il valore $Alessandro \in dom$(Nome) e il valore $Chitarra \in dom$(Strumento). La cardinalità di r è pari a tre.

3.1.1 Relazioni e tabelle

La naturale rappresentazione grafica di una relazione è la *tabella*. La struttura della tabella viene data dallo schema della relazione, in particolare il nome della relazione è il nome della tabella e gli attributi sono i nomi di ciascuna colonna, mentre le righe della tabella corrispondono alle tuple dell'istanza della relazione. In Figura 3.1 vediamo un esempio di tabella che raffigura lo schema di relazione MUSICISTA(Nome, Strumento) e le tuple dell'istanza considerata negli esempi precedenti.

Uno schema di relazione $R(X)$ con un insieme di attributi $X = \{A_1, ..., A_j, ..., A_m\}$ e una sua possibile istanza $r(R) = \{t_1, .., t_i, ..., t_n\}$ viene mostrata in Figu-

MUSICISTA	Nome	Strumento
t_1	Mario	Piano
t_2	Alberto	Sax
t_3	Alessandro	Chitarra

Figura 3.1: Tabella relativa ad un'istanza dello schema *Musicista(Nome, Strumento).*

R	A_{11}	...	A_j	...	A_m
t_1	v_{11}	...	v_{1j}	...	v_{1m}
...	...	...	...	...	...
t_i	v_{i1}	...	v_{ij}	...	v_{im}
...	...	...	...	...	...
t_n	v_{n1}	...	v_{nj}	...	v_{nm}

Figura 3.2: Rappresentazione tabellare di un'istanza dello schema di relazione $R(X)$.

ra 3.2. Il valore di ogni singola cella della tabella deve appartenere al dominio dell'attributo corrispondente, $v_{ij} \in dom(A_j)$.

Vogliamo sottolineare due aspetti:

- un particolare ordine degli attributi di uno schema di relazione non è migliore di un altro. Lo schema $R(A_1, A_2)$ non ha nessun vantaggio o svantaggio rispetto a $R(A_2, A_1)$. Tuttavia, nei casi reali, ci sono spesso ordini di attributi più convenienti di altri semplicemente per una questione di facilità di lettura. È importante ricordare che l'ordine degli attributi, una volta che è stato scelto, "deve" essere mantenuto per evitare incoerenze con le istanze dello schema (se esistono già delle tuple nella relazione, sarebbe necessario riordinare i valori delle tuple per gli attributi che hanno cambiato posizione).
- l'ordine delle tuple di una istanza di uno schema $R(X)$ è ininfluente. Tuttavia, ci sono dei casi d'interesse in cui l'ordine è fondamentale, come ad esempio analisi di dati temporali in cui l'informazione di un evento che precede un altro evento è fondamentale. In questi casi, da un punto di vista pratico, potrebbe essere utile aggiungere un attributo per mantenere un ordine di lettura, ad esempio l'ora in cui l'evento accade.

3.1.2 Valori nulli, dati incompleti o non disponibili

Nel capitolo precedente, avevamo fatto riferimento al problema dei valori nulli nel caso di attributi opzionali, e cioè attributi che possono avere un valore mancante per qualche istanza di un'entità. A livello relazionale lo stesso problema può essere affrontato nel modo seguente: data una tupla di una relazione, alcuni valori potrebbero non essere noti o non disponibili in un certo istante di tempo, oppure non pertinenti per quella particolare tupla. Ad esempio, nel caso dello schema MUSICISTA lo strumento suonato da una persona potrebbe non essere noto al momento dell'inserimento dei dati; oppure, sappiamo che c'è qualcuno che suona il violino ma non ricordiamo il nome, oppure sappiamo che c'è una persona che canta (e che consideriamo musicista) ma che non sa suonare uno strumento. In questi casi si utilizza un valore particolare chiamato NULL (*null value* o valore nullo).

MUSICISTA	Nome	Strumento
t_1	Mario	NULL
t_2	Alberto	Sax
t_3	Alessandro	Chitarra
t_4	NULL	Violino

Figura 3.3: Utilizzo di valori NULL per dati non completi o non disponibili.

Il valore NULL denota un'assenza di informazione in uno dei campi della tupla e può essere considerato un elemento aggiuntivo rispetto al dominio dell'attributo considerato. Un esempio di tabella con valori nulli è mostrato in Figura 3.3. Riassumendo, i diversi significati del valore NULL sono:

- il valore dell'attributo è sconosciuto,
- il valore dell'attributo esiste ma non è disponibile,
- l'attributo non è applicabile alla tupla in considerazione.

Quest'ultima opzione è un caso classico di attributo opzionale di un'entità, e cioè un attributo che può essere assente per alcune istanze dell'entità.

3.2 Vincoli del modello relazionale

Abbiamo definito il modello relazionale come un modello che descrive un database in termini di un insieme di predicati su un insieme di variabili. Alla luce di quello che abbiamo descritto fino ad ora, le variabili sono gli attributi e i valori di una tupla possono essere interpretati come valori che soddisfano un predicato (ad esempio il fatto di appartenere al dominio definito sull'attributo). Pertanto, un predicato può essere visto come un vincolo che associa il valore vero o falso ad ogni istanza di relazione e ad ogni tupla: dato un insieme di vincoli definito su uno schema relazionale è possibile definire un'istanza 'corretta' come quell'istanza che soddisfa tutti i vincoli definiti su di essa.

In generale, un database non è descritto da un solo schema di relazione ma da molti schemi di relazione. Uno *schema di database* è l'insieme degli schemi di relazione che lo compongono:

$$DB = \{R_1(X_1), ..., R_k(X_k), ..., R_o(X_o)\}$$

Una *istanza di un database* su uno schema DB è l'insieme delle istanze di relazione

$$db = \{r_1(R_1), ..., r_k(R_k), ..., r_o(R_o)\}$$

Lo stato di un database dipende dal risultato degli stati delle singole relazioni e quindi dai vincoli imposti su di esse in un certo istante di tempo. I vincoli su un database possono essere raggruppati in tre categorie:

- vincoli inerenti al modello di dati relazionale,
- vincoli dello schema, che possono essere intra-relazione e inter-relazione.

Per quanto riguarda i vincoli del modello di dati relazionale, dobbiamo far riferimento alla definizione matematica di relazione come 'insieme' di elementi. In particolare, ci interessa il vincolo di non poter avere due tuple uguali (non avere due elementi uguali). Nelle prossime sezioni presenteremo in dettaglio i vincoli intra-relazionali e inter-relazionali.

3.2.1 Vincoli intra-relazionali

I vincoli intra-relazionali sono vincoli che vengono verificati sulla singola istanza di uno schema di relazione, fino ad arrivare al singolo valore di una tupla di un'istanza.

Il primo tra i vincoli intra-relazionali è il *vincolo di dominio* che specifica il dominio di appartenenza $dom(A_j)$ per l'attributo A_j. Oltre al vincolo di dominio, è possibile aggiungere dei limiti ai possibili valori all'interno del dominio $dom(A_j)$. Ad esempio, supponiamo che nello schema MUSICISTA il dominio dell'attributo 'Strumento' sia l'insieme di tutte le possibili stringhe. In questo caso, sarebbe opportuno restringere questo dominio mettendo un limite inferiore (ad esempio almeno tre caratteri) e un limite superiore (ad esempio al massimo trenta caratteri) alla lunghezza del nome dello strumento. Questo tipo di vincoli sono a livello di tupla, nel senso che queste condizioni vengono valutate in maniera indipendente per ciascuna tupla.

A livello di relazione, il vincolo più importante che è anche uno dei concetti più importanti del modello relazionale è quello di *chiave*. Quello che sappiamo già dal vincolo del modello relazionale è che in una relazione non possono esistere due tuple uguali, e cioè che non possono esistere due tuple con gli stessi valori su tutti gli attributi definiti sullo schema di relazione. Di solito, esiste un sottoinsieme di attributi di R che permette di distinguere ciascuna tupla per qualsiasi istanza della relazione. Ciò vuol dire che, scelto un sottoinsieme di attributi dello schema, che chiameremo *superchiave*, data una qualsiasi coppia di tuple dell'istanza non è possibile avere valori uguali per quel particolare sottoinsieme di attributi.

Una *superchiave* SK (dall'inglese *super-key*) di uno schema di relazione $R(X)$ è un sottoinsieme di attributi di R, $SK \subset X$ tale che, per ogni coppia di tuple t_i, t_l con $i \neq l$ e $i, l \in [1, n]$

$$t_i[SK] \neq t_l[SK]$$

e cioè che i valori degli attributi SK delle due tuple non sono tutti uguali.[2] Il vincolo di superchiave definisce un vincolo di univocità dal momento che due tuple

[2]Con la notazione $t_i[SK]$ intendiamo i valori dei soli attributi SK della tupla t_i.

MUSICISTA	Nome	Cognome	Strumento
t_1	Mario	Rossi	Piano
t_2	Alberto	Bianchi	Sax
t_3	Alessandro	Verdi	Chitarra
t_4	Stefano	Neri	Violino

Figura 3.4: Esempio di superchiave di una relazione.

dello schema R per una istanza non possono avere valori uguali.[3] La superchiave, per definizione, può avere degli attributi in più rispetto a quelli necessari per definire l'univocità di una tupla; infatti, basti pensare che se SK è una superchiave per R, un qualsiasi altro attributo di R aggiunto ad SK forma una nuova superchiave. Per questo motivo è ancora più importante la definizione del concetto di *chiave* di una relazione.

Una *chiave* K di uno schema di relazione R è una superchiave *minimale*, e cioè non è possibile togliere alcun attributo dall'insieme K senza perdere il vincolo di univocità. Sia $R(X)$ è uno schema di relazione e $K \subset X$, se A è un attributo della chiave, $A \in K$, l'insieme $K \setminus A$ non è più una superchiave , e quindi non è più vero che $t_i[K \setminus A] \neq t_l[K \setminus A]$.[4]

Guardando l'esempio in Figura 3.4, proviamo a ragionare per passi sulla costruzione della chiave di una relazione, sottolineando alcuni aspetti importanti di questo concetto.

Il primo aspetto da ricordare è che esiste sempre una superchiave composta da tutti gli attributi della relazione. È il caso banale che deriva dalla definizione di relazione per cui non possono esistere tuple uguali per una relazione. Pertanto $SK = X$ sarà sempre chiave della relazione $R(X)$.

Il secondo aspetto da tenere in considerazione è quello di cercare sempre di trovare delle superchiavi (o chiavi) significative in base allo schema della relazione e non in base alla particolare istanza. Nell'esempio in Figura 3.4, abbiamo una particolare istanza dello schema MUSICISTA(Nome, Cognome, Strumento) che ci permette di costruire una superchiave con qualsiasi combinazione di attributi. Ad esempio, la superchiave $SK = \{Nome, Strumento\}$ sarebbe valida per questa istanza poiché non esistono tuple con valori uguali su questo particolare sottoinsieme. Dobbiamo però fermarci un attimo e chiederci:

- la superchiave SK ha un significato nel mini-mondo di interesse?
- la superchiave SK è applicabile a qualsiasi istanza della relazione?

[3]Bisogna sempre ricordare che il vincolo di superchiave deve valere per **qualsiasi** istanza di relazione.

[4]Con la notazione $K \setminus A$ si indica l'insieme K senza l'elemento A.

MUSICISTA	Nome	Cognome	Strumento
t_1	Mario	***Rossi***	***Piano***
t_2	Alberto	Bianchi	Sax
t_3	Alessandro	***Rossi***	***Piano***
t_4	Stefano	Neri	Violino

Figura 3.5: La superchiave $SK = \{Cognome, Strumento\}$ non è valida per questa istanza dello schema di relazione MUSICISTA(Nome, Cognome, Strumento).

Per la prima domanda, in questo caso sarebbe difficile dare una giustificazione del perché la coppia (Nome, Strumento) sia una buona superchiave. Sarebbe più significativa come superchiave la coppia (Cognome, Strumento) poiché avrebbe più senso pensare a tuple di musicisti distinte per cognome e strumento. A questo punto ci si può chiedere se la coppia $SK = \{Cognome, Strumento\}$ è valida in generale per ogni istanza dello schema di relazione. Come si può vedere dalla Figura 3.5, è facile trovare dei controesempi che dimostrano il contrario.

Non approfondiremo ulteriormente il problema della scelta della chiave a livello relazionale poiché abbiamo già affrontato questo problema a livello concettuale. Le regole di trasformazione da schema ER a schema relazionale che presenteremo nelle prossime sezioni saranno sufficienti per fare la scelta corretta per la chiave primaria di ogni relazione. Per ulteriori approfondimenti specifici sul modello logico rimandiamo al testo utilizzato nel corso o ai libri suggeriti nel sommario.

Rimane da chiarire un ultimo aspetto legato alle chiavi e ai valori nulli. In uno schema di relazione ci possono essere varie chiavi (vedere gli esempi di entità che hanno più di un attributo identificativo), per questo motivo è necessario definire quale è la *chiave primaria* tra tutte le *chiavi candidate*.

Sulla *chiave primaria* è definito un vincolo chiamato *vincolo di integrità dell'entità* che non permette valori nulli sugli attributi della chiave primaria. Questo vincolo è fondamentale per evitare che si presentino delle situazioni di ambiguità nell'identificazione delle tuple. Al contrario, viene invece permesso il valore nullo su chiavi candidate, se non altrimenti specificato.[5]

Dal punto di vista grafico, la chiave primaria viene segnata sottolineando gli attributi che ne fanno parte, mentre la chiave candidata non viene indicata esplicitamente con un segno grafico ma deve essere documentata nell'analisi a corredo della progettazione del database. Ad esempio, nello schema relazionale MUSICISTA(CF, Nome, Cognome, Strumento), la chiave primaria codice fiscale 'CF' viene indicata nel modo seguente: MUSICISTA(<u>CF</u>, Nome, Cognome, Strumento).

[5]Preferiamo mantenere questa scelta, sebbene possa essere una scelta discutibile, per rimanere allineati con il libro di testo e con l'implementazione in SQL che a tutti gli effetti richiede un'esplicitazione del vincolo di valori non nulli sulle chiavi candidate.

3.2.2 Vincoli inter-relazionali

I vincoli visti fino ad ora sono vincoli molto importanti che riguardano le singole tuple o le singole relazioni. Esiste un vincolo tra relazioni che è estremamente importante per la coerenza di dati nei database relazionali ed è il vincolo di integrità referenziale.

Il *vincolo di integrità referenziale* viene definito tra due relazioni e viene utilizzato per mantenere la consistenza tra i dati contenuti nelle tuple delle due relazioni coinvolte. Intuitivamente, questo vincolo ha come obiettivo quello di mantenere coerenti i dati che fanno riferimento ad uno stesso concetto quando quel concetto è presente su più relazioni. Questo vincolo si basa sulla definizione di *chiave esterna*.

Formalmente, una *chiave esterna* FK (dall'inglese *foreign key*) di uno schema $R_1(X_1)$ che fa riferimento allo schema $R_2(X_2)$ è un insieme di attributi $FK \subset X_1$ che deve soddisfare i seguenti vincoli:

- La cardinalità dell'insieme FK deve essere uguale alla cardinalità della chiave K, non necessariamente primaria, della tabella riferita R_2, $|FK| = |K|$, e il tipo di attributi (il dominio) deve essere lo stesso.
- Il valore sugli attributi FK di una tupla $t_1 \in r_1(R_1)$
  - deve essere presente negli attributi della chiave K di una tupla $t_2 \in r_2(R_2)$ e cioè
  $$t_1[FK] = t_2[K]$$
  - oppure deve essere NULL.

La tabella r_1 viene chiamata *tabella referente* mentre la tabella r_2 *tabella riferita*. Dal punto di vista grafico, la chiave esterna si disegna evidenziando con un rettangolo gli attributi FK della tabella referente e facendo partire una freccia che finisce sulla chiave della tabella riferita, come mostrato in Figura 3.6. Nell'esempio, lo schema di relazione referente è MUSICISTA(CF, Nome, Cognome, Strumento) e lo schema riferito è *Strumento(Nome, Tipo)*.

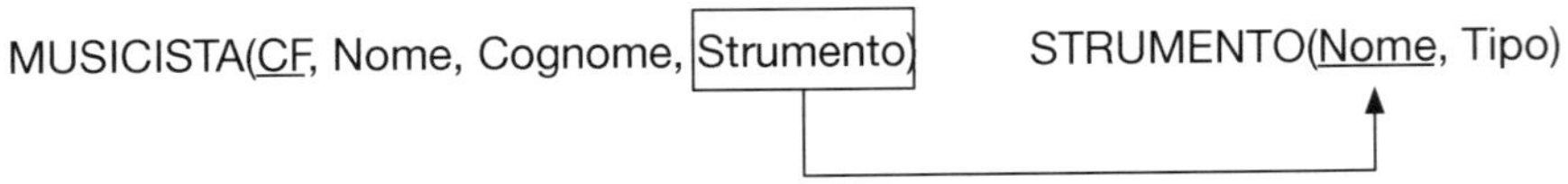

Figura 3.6: Notazione grafica per una chiave esterna.

3.3 Traduzione da schema ER a schema relazionale

Uno degli obiettivi di questo capitolo è mostrare come affrontare la realizzazione di un modello relazionale a partire dalla progettazione concettuale. Di conseguenza, non ci soffermeremo su alcuni importanti aspetti del modello relazionale, come ad esempio le forme normali, poiché data una progettazione concettuale 'corretta' si genera automaticamente uno schema relazionale 'corretto'. Tuttavia, suggeriamo fortemente di approfondire la verifica della correttezza di uno schema relazionale o altri aspetti legati al modello logico con il libro di testi.[6]

In questa sezione, mostreremo le regole di trasformazione di uno schema ER in uno schema relazionale riprendendo gli esempi fatti nel Capitolo 2 e analizzando tutte le possibili soluzioni.

3.3.1 Traduzione di un'entità forte

Iniziamo con un esempio di traduzione di un'entità forte, mostrata in Figura 3.7, in uno schema relazionale.

In questo caso, l'entità forte ha un attributo chiave 'CF' e tutti attributi semplici a valore singolo obbligatorio. La regola di traduzione è la seguente:

1. creare uno schema relazionale il cui nome è il nome dell'entità;
2. gli attributi dello schema relazionale sono tutti gli attributi dell'entità;
3. l'attributo che identifica l'entità diventa la chiave primaria dello schema relazionale.

Analizziamo ora alcuni casi di interesse. Il primo è cosa fare quando ci sono più attributi che identificano l'entità, come mostrato in Figura 3.8 Tutti gli attributi che identificano l'entità sono chiavi candidate nel modello relazionale. La chiave primaria sarà una tra queste e la scelta è arbitraria tenendo conto che sulla chiave primaria esiste il vincolo di integrità dell'entità mentre sulle chiavi candidate la presenza di valori nulli è ammessa (anche se personalmente ritengo questa scelta impropria e la sconsiglio fortemente). Nell'esempio, è stato scelto

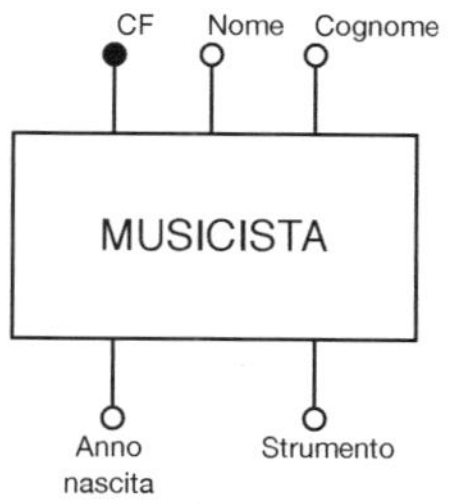

MUSICISTA(CF, Nome, Cognome, Anno nascita, Strumento)

Figura 3.7: Esempio traduzione entità forte in schema relazionale.

[6]Nella stragrande maggioranza dei casi reali, la progettazione concettuale è totalmente assente e si hanno a disposizione solo le implementazioni del database relazionale. Per questo motivo bisogna avere tutti gli strumenti per poter valutare la qualità di uno schema relazionale ed eventualmente fare una riprogettazione dello schema concettuale e dello schema relaizonale.

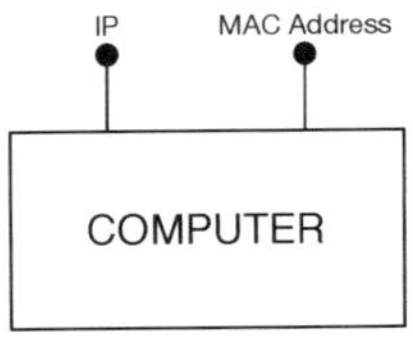

COMPUTER(<u>IP</u>, MAC address)

Figura 3.8: Esempio traduzione entità forte con più attributi che la identificano.

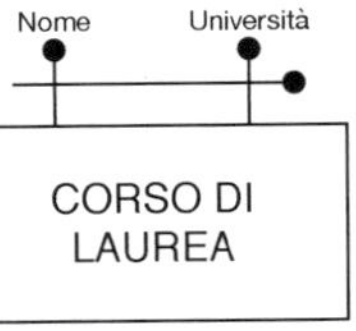

CORSO DI LAUREA(<u>Nome, Università</u>)

Figura 3.9: Esempio traduzione entità forte attributo iidentificativo composto.

l'attributo 'IP' come chiave primaria mentre 'MAC address' rimane chiave candidata (ricordando che non utilizzeranno in questo manuale nessun particolare simbolo per le chiavi candidate).

Un'altra situazione che riguarda gli attributi che identificano un'entità viene mostrata in Figura 3.9 In questo caso, la chiave dello schema relazionale è una chiave composta dagli attributi che identificano l'entità, nell'esempio la coppia (Nome, Università). Graficamente, tutti gli attributi che fanno parte della chiave primaria vengono sottolineati.[7]

Come ultimo esempio di traduzione di un'entità forte in uno schema relazionale, mostrato in Figura 3.10, vogliamo studiare il caso di attributi composti, attributi opzionali e attributi multivalore. L'attributo composto 'Indirizzo' viene separato nei suoi singoli componenti e nello schema relazionale si può direttamente aggiungere la lista di attributi dell'indirizzo, in questo caso 'Via', 'Numero', 'Città'. Il fatto che l'attributo sia opzionale (cardinalità minima pari a zero) vuol dire che nelle istanze di questo schema ci potranno essere valori NULL. Un attributo multivalore deve essere trattato in maniera diversa:

- si crea uno schema relazionale che ha come nome il nome dell'attributo multivalore,

[7]Non è necessario che gli attributi della chiave primaria siano tutti adiacenti, viene spesso scelta questa forma poiché è più semplice da gestire. Nulla vieta di avere una situazione del tipo *Corso di laurea(<u>Nome</u>, Città, <u>Università</u>)*, che rappresenta uno schema relazionale con chiave primaria (Nome, Università).

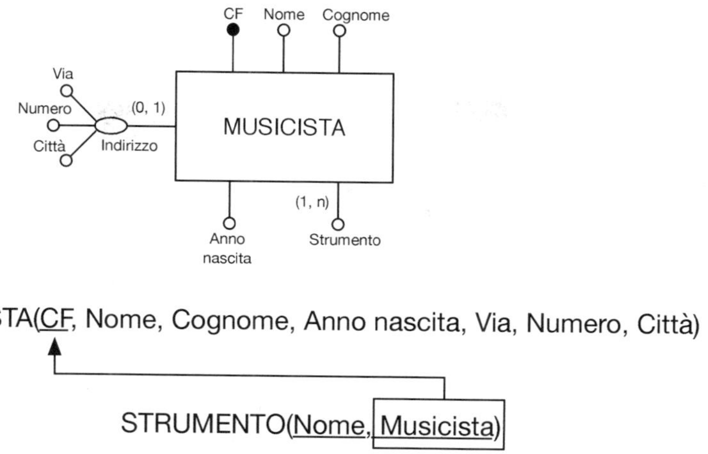

Figura 3.10: Esempio traduzione entità forte attributi composti, opzionali, multivalore.

- gli attributi di questo nuovo schema sono: il nome dell'attributo[8] e la chiave primaria dello schema relazionale relativo all'entità,
- la chiave primaria di questo schema generato sarà la composizione di tutti gli attributi oppure il nome dell'attributo multivalore,[9]
- si aggiunge un vincolo di integrità referenziale tra lo schema relazionale dell'attributo multivalore e lo schema relazionale principale.

In questo caso, si è scelto di chiamare con 'Nome' il nome dello strumento nello schema relazionale appena generato e con 'Musicista' l'attributo che fa riferimento alla chiave primaria dello schema principale.

3.3.2 Traduzione di associazioni binarie (x, n) - (y, m)

Il primo esempio di traduzione di associazioni che vogliamo affrontare è quello di associazioni binarie con entità che partecipano con cardinalità (x, n) da un lato e (y, m) dall'altro, intendendo con x e y due valori che possono essere 0, 1, o un qualsiasi valore minore o uguale ad n o m rispettivamente. Il che vuol dire che gli elementi di entrambe le entità possono partecipare a più elementi dell'altra e non esiste un'esplicita condizione di esistenza.

Prendiamo come esempio quello del musicista che suona più strumenti mostrato in Figura 3.12. I passi della trasformazione di questo schema ER in uno

[8] Per evitare possibili ambiguità, è opportuno sceglierle un nome di attributo che sia diverso dal nome dello schema.

[9] La scelta deve essere fatta in base all'analisi dei requisiti. Ad esempio, se avessimo un'entità PERSONA con attributo multivalore 'Telefono' e se il numero di telefono potesse essere associato ad una sola persona, non sarebbe corretto costruire la chiave primaria come composizione di tutti gli attributi dello schema relazionale creato.

MUSICISTA	CF	Nome	Cognome	Anno nascita	Via	Numero	Città
t_1	cf123	Mario	Rossi	1980	Roma	7	Padova
t_2	cf456	Alberto	Bianchi	1988	NULL	NULL	NULL
t_3	cf678	Alessandro	Verdi	1973	Milano	8b	Firenze
t_4	cf890	Stefano	Neri	1995	Verdi	140	Venezia
t_5	cf098	Alessandro	Bianchi	1992	XX Settembre	57	Milano

STRUMENTO	Nome	Musicista
t_1	Piano	cf123
t_2	Sax	cf678
t_3	Violino	cf890
t_4	Violino	cf123

Figura 3.11: Una possibile istanza dello schema relazionale mostrato in Figura 3.10.

Figura 3.12: Esempio di associazione con partecipazione (x, n) - (y, n).

schema relazionale sono i seguenti:

1. trasformare le due entità nei due schemi relazionali corrispondenti (come visto nell'esempio di traduzione di un'entità forte),

2. aggiungere uno schema relazionale corrispondente all'associazione che ha come attributi, le chiavi primarie dei due schemi relazionali, ed eventuali attributi dell'associazione,

3. la chiave primaria di questo nuovo schema di relazione è la composizione delle due chiavi primarie,

4. aggiungere due vincoli di integrità referenziale tra gli attributi della chiave composta e le chiavi primarie dei due schemi derivati dalle entità forti.

La trasformazione di questo esempio viene mostrata in Figura 3.13. Questa trasformazione vale per qualsiasi cardinalità minima di partecipazione delle due entità, l'unica differenza sarà nelle particolari istanze che in alcuni casi presenteranno dei vincoli di esistenza dell'entità e in altri casi delle semplici partecipazioni opzionali. Nell'esempio mostrato in Figura 3.12, un musicista deve saper suonare almeno uno strumento, pertanto ogni musicista deve essere pre-

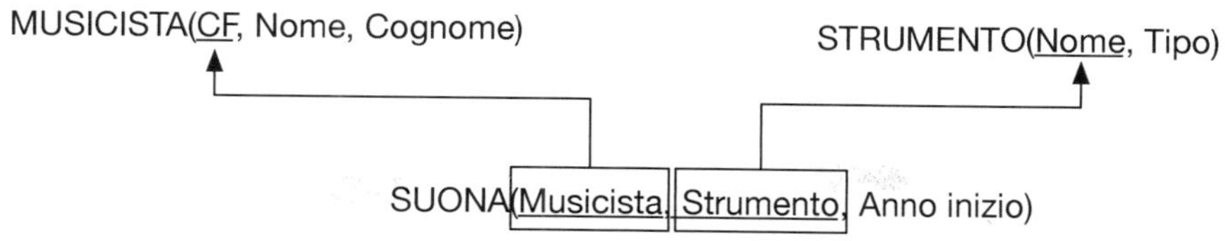

Figura 3.13: Trasformazione in schema relazionale dell'esempio in Figura 3.12.

MUSICISTA	CF	Nome	Cognome
t_1	cf123	Mario	Rossi
t_2	cf456	Alberto	Bianchi
t_3	cf678	Alessandro	Verdi

STRUMENTO	Nome	Tipo
t_1	Piano	corda
t_2	Sax	fiato
t_3	Violino	corda
t_4	Chitarra	corda

SUONA	Musicista	Strumento
t_1	cf123	Piano
t_2	cf123	Violino
t_3	cf456	Sax
t_4	cf678	Violino

Figura 3.14: Possibile istanza dello schema relazionale della Figura 3.13.

sente nella tabella SUONA per poter essere valido.[10] Al contrario, un'istanza di STRUMENTO può anche non aver nessun musicista associato, di conseguenza quello strumento non sarà presente nella tabella SUONA. Una possibile istanza di questo schema viene mostrata in Figura 3.14.

3.3.3 Traduzione associazioni binaria (x, 1) - (y, m)

Il secondo caso di studio è quello di un'associazione binaria in cui una delle due entità partecipa con cardinalità massima pari ad 1. Riprendendo l'esempio del musicista che suona degli strumenti, ipotizziamo che il nostro mini-mondo di interesse preveda persone che conoscono al massimo uno strumento, come riportato in Figura 3.15. Proviamo a vedere una soluzione simile alla precedente che *non* porta ad una situazione ottima e che anzi produce dell'informazione duplicata che deve essere mantenuta coerente con un costo sia in termini di spazio che di tempo di calcolo. I passi sono uguali al caso precedente con una piccola modifica;

1. trasformare le due entità nei due schemi relazionali corrispondenti (come visto nell'esempio di traduzione di un'entità forte),

[10]Attenzione, a livello logico (relazionale) non esiste un simbolo grafico per rappresentare questo vincolo. È necessario scrivere questa regola nella documentazione della progettazione, cosa che dovrebbe essere stata già fatta a livello concettuale.

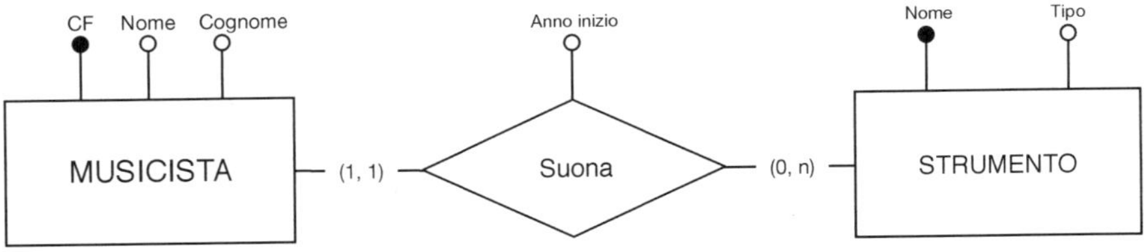

Figura 3.15: Esempio di associazione con entità che partecipa con cardinalità massima pari ad 1.

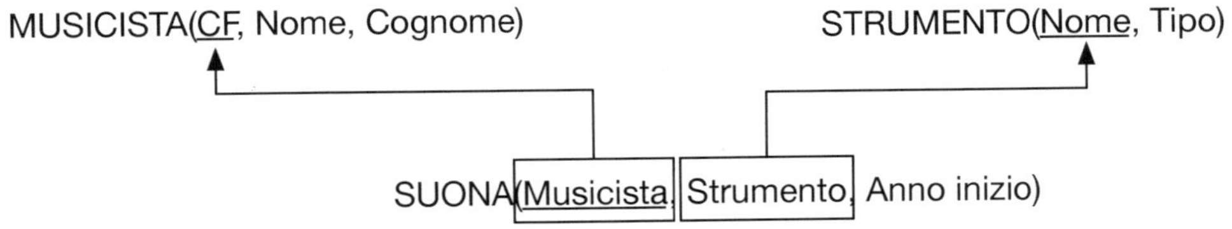

Figura 3.16: Trasformazione non ottimale dell'esempio in Figura 3.15.

2. aggiungere uno schema relazionale corrispondente all'associazione che ha come attributi, le chiavi primarie delle due entità partecipanti, ed eventuali attributi dell'associazione,

3. la chiave primaria di questo nuovo schema di relazione è la chiave primaria che deriva dell'entità che partecipa con cardinalità massima pari ad 1,

4. aggiungere due vincoli di integrità referenziale tra gli attributi del nuovo schema e quelli derivati dalle entità forti.

Questa soluzione viene mostrata in Figura 3.16. Prima di tutto, analizziamo perché la chiave dello schema SUONA è composta solo dalla chiave primaria dello schema MUSICISTA. Poiché un musicista può suonare al massimo uno strumento, gli elementi dell'insieme SUONA saranno tutti identificati univocamente dal musicista dal momento che, una volta noto il musicista, ci potrà essere solo uno strumento associato. Se avessimo mantenuto una chiave primaria composta da musicista e strumento avremmo permesso, almeno in teoria, l'esistenza degli elementi che hanno come chiave lo stesso musicista e strumenti diversi (mentre questo è proprio il caso visto in precedenza con associazioni con partecipazione (x, n) - (y, m)). Una possibile istanza di questa soluzione viene mostrata in Figura 3.17.

In realtà, lo schema SUONA potrebbe essere eliminato completamente facendo risparmiare spazio (dobbiamo ripetere la chiave dello schema MUSICISTA) e costi in termini di verifiche di integrità referenziale (dobbiamo controllare che il valore dell'attributo 'Musicista' dello schema SUONA sia effettivamente presente

MUSICISTA	CF	Nome	Cognome
t_1	cf123	Mario	Rossi
t_2	cf456	Alberto	Bianchi
t_3	cf678	Alessandro	Verdi

STRUMENTO	Nome	Tipo
t_1	Piano	corda
t_2	Sax	fiato
t_3	VIolino	corda
t_4	Chitarra	corda

SUONA	Musicista	Strumento	Anno inizio
t_1	cf123	PIano	1980
t_2	cf456	Sax	1977
t_3	cf678	Violino	2003

Figura 3.17: Possibile istanza dello schema relazionale della Figura 3.16.

MUSICISTA(<u>CF</u>, Nome, Cognome, Strumento, Anno inizio) STRUMENTO(<u>Nome</u>, Tipo)

Figura 3.18: Trasformazione ottima in schema relazionale dell'esempio in Figura 3.15.

in MUSICISTA). Per questo motivo, un'associazione binaria con partecipazione $(1, 1)$ di una delle due entità va trasformata seguendo questi passi:

1. trasformare l'entità che partecipa con cardinalità massima pari ad n nello schema relazionale corrispondente (come visto nell'esempio di traduzione di un'entità forte),

2. l'entità che partecipa con cardinalità massima pari ad 1 viene trasformata nello stesso modo ma ad essa vanno aggiunti:

   - gli attributi della chiave primaria dell'altro schema,
   - gli eventuali attributi dell'associazione coinvolta,

3. la chiave primaria di quest'ultimo schema è la chiave primaria dello schema derivante dall'entità che partecipa con cardinalità massima pari ad 1,

4. aggiungere il vincolo di integrità referenziale sugli attributi che sono stati aggiunti all'ultimo schema relazionale.

Questa soluzione viene mostrata in Figura 3.18 ed una sua possibile istanza in Figura 3.19. Come si può immediatamente vedere c'è una chiara semplificazione nello schema e un risparmio di spazio nella mancanza di replicazione dei dati della chiave primaria di MUSICISTA.

Rimane ancora una variante non banale da analizzare, ed è il caso di partecipazione opzionale da parte dell'entità che ha cardinalità massima pari ad 1.

MUSICISTA	CF	Nome	Cognome	Strumento	Anno inizio
t_1	cf123	Mario	Rossi	Piano	1980
t_2	cf456	Alberto	Bianchi	Sax	1977
t_3	cf678	Alessandro	Verdi	Violino	2003

STRUMENTO	Nome	Tipo
t_1	Piano	corda
t_2	Sax	fiato
t_3	Violino	corda
t_4	Chitarra	corda

Figura 3.19: Possibile istanza dello schema relazionale della Figura 3.18.

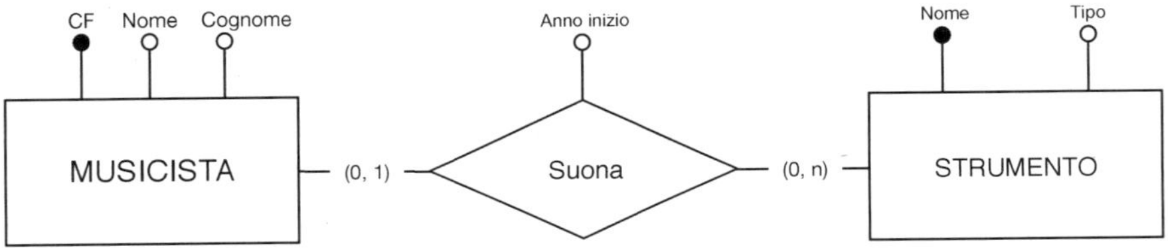

Figura 3.20: Esempio di associazione con entità con partecipazione opzionale e cardinalità massima pari ad 1.

Utilizzando il solito esempio del musicista, immaginiamo ora che il nostro minimondo preveda degli artisti che non sanno suonare strumenti musicali ma che consideriamo musicisti perché sanno cantare. L'esempio viene mostrato in Figura 3.20. Seguendo la trasformazione ottima quello che potrebbe accadere è un'istanza dello schema simile a quella mostrata in Figura 3.21. Dal momento che un musicista non necessariamente deve saper suonare uno strumento, il numero di tuple che contengono dei valori nulli potrebbe essere anche molto elevato, in teoria esattamente pari al numero di musicisti presenti. Se invece avessimo seguito la soluzione alternativa (e cioè la prima tra quelle presentate) che prevede la creazione di un terzo schema SUONA, la stessa istanza di dati sarebbe stata organizzata come in Figura 3.22. Quale delle due soluzioni è quella ottima in un caso, quando la cardinalità minima è pari ad 1, o nell'altro, quando la cardinalità minima è pari a 0? La risposta a questa domanda richiede un'attenta analisi dei requisiti ed in particolare della frequenza di operazioni che vengono effettuate sul nostro database e della frazione di dati non disponibili o nulli, per questo rimandiamo al testo del corso o ai testi consigliati nel sommario per approfondire questa parte. Qui di seguito vogliamo dare delle indicazioni generali per poter ragionare su come procedere nella traduzione:

MUSICISTA	CF	Nome	Cognome	Strumento	Anno inizio
t_1	cf123	Mario	Rossi	Piano	1980
t_2	cf456	Alberto	Bianchi	NULL	NULL
t_3	cf678	Alessandro	Verdi	Violino	2003
t_3	cf890	Stefano	Neri	NULL	NULL

STRUMENTO	Nome	Tipo
t_1	Piano	corda
t_2	Sax	fiato
t_3	VIolino	corda
t_4	Chitarra	corda

Figura 3.21: Possibile istanza dello schema relazionale della Figura 3.20 scegliendo i passi della trasformazione dell'entità con partecipazione (1, 1).

MUSICISTA	CF	Nome	Cognome
t_1	cf123	Mario	Rossi
t_2	cf456	Alberto	Bianchi
t_3	cf678	Alessandro	Verdi
t_3	cf890	Stefano	Neri

STRUMENTO	Nome	Tipo
t_1	Piano	corda
t_2	Sax	fiato
t_3	VIolino	corda
t_4	Chitarra	corda

SUONA	Musicista	Strumento	Anno inizio
t_1	cf123	Piano	1980
t_2	cf678	Violino	2003

Figura 3.22: Possibile istanza dello schema relazionale della Figura 3.20 scegliendo i passi della trasformazione di un'associazione binaria generica.

- Nel caso di entità con partecipazione (1, 1), la soluzione è quella con solo due schemi relazionali.
- Nel caso di entità con partecipazione (0, 1) ci possono essere due casi:
  - Se la quantità di valori nulli che viene generata è piccola rispetto al totale degli elementi, la soluzione con due schemi relazionali è quella preferibile,
  - se la quantità di valori nulli è grande rispetto al totale degli elementi, è probabile che la soluzione con tre schemi relazionali sia la migliore poiché questa ci permette di isolare gli elementi che partecipano alla relazione rispetto a tutti gli altri.

3.3.4 Traduzione associazioni binaria (x, 1) - (y, 1)

Nel caso di associazioni binarie con entità che partecipano con cardinalità massima pari ad 1, la scelta di traduzione è simile al caso di associazioni con partecipazioni $(x, 1) - (y, n)$. A scopo puramente didattico (poiché difficilmente corrisponde ad un caso reale), mostriamo lo schema ER in Figura 3.23 dove, rispetto ai precedenti, uno strumento esiste solo se viene suonato da un musicista (e al massimo uno). In questo caso ci possono essere due soluzioni equivalenti, una delle quali potrebbe essere più conveniente in base alle operazioni più frequenti del nostro database, queste soluzioni vengono mostrate in Figura 3.24 Nei casi in cui la partecipazione di una delle due entità, o entrambe, sia pari a zero sarà necessario valutare la frazione di valori nulli generati e la frequenza delle operazioni, esattamente come nel caso (0, 1) - (y, m).

In alcuni testi, data una struttura simile a quella mostrata in Figura 3.23 viene suggerito un passaggio di accorpamento delle entità per unire in un'unica entità, conseguentemente in un'unica relazione, le due entità coinvolte. Personalmente trovo questa scelta impropria, e preferisco mantenere la scelta fatta nella progettazione concettuale in cui le due entità vengono mantenute separate.

Figura 3.23: Esempio di associazione con entità che partecipano entrambe con cardinalità (1, 1).

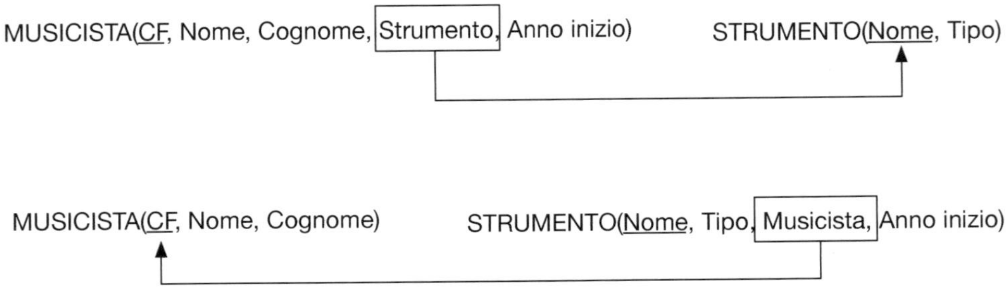

Figura 3.24: Possibili traduzioni dello schema ER in Figura 3.23.

3.3.5 Traduzione associazioni ricorsive (x, n) - (y, m)

Il caso delle associazioni ricorsive binarie è molto simile a quello delle associazioni binarie classiche tenendo conto che non c'è la necessita di avere due schemi relazionali per la stessa entità. In Figura 3.25 mostriamo un caso generale di associazione ricorsiva simmetrica, l'esempio del musicista che accompagna un altro musicista. La traduzione di questo schema viene mostrata in Figura 3.26, i passi per la traduzione sono i seguenti:

1. trasformare l'entità forte nello schema relazionale corrispondente,
2. aggiungere uno schema relazionale corrispondente all'associazione che ha come attributi la chiave primaria dello schema relativo all'entità forte, che però deve essere ripetuta due volte (per i due diversi rami dell'associazione) con nomi diversi (per evitare ambiguità), ed eventuali attributi dell'associazione,
3. aggiungere la chiave primaria di questo schema che è la coppia dei due attributi creati,
4. aggiungere due vincoli di integrità referenziale tra gli attributi del nuovo schema e lo schema dell'entità forte.

La Figura 3.27 mostra una possibile istanza di questo schema relazionale. Bisogna fare attenzione ad un aspetto. Questo esempio mostra un'associazione ricorsiva $(0, n) - (0, n)$ in cui nel mini-mondo di interesse ogni musicista che ha

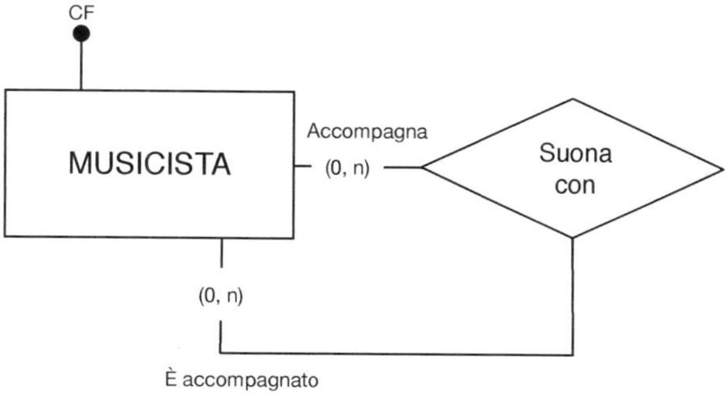

Figura 3.25: Esempio di associazione ricorsiva binaria.

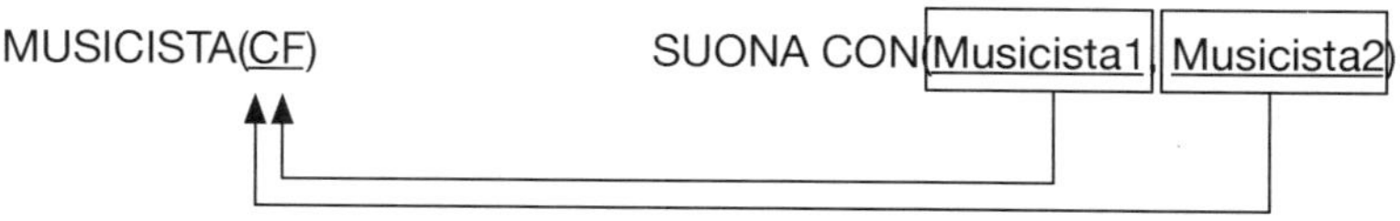

Figura 3.26: Traduzione in schema relazionale dell'associazione binaria di Figura 3.25.

MUSICISTA	CF	Nome	Cognome
t_1	cf123	Mario	Rossi
t_2	cf456	Alberto	Bianchi
t_3	cf678	Alessandro	Verdi
t_3	cf890	Stefano	Neri

SUONA CON	Musicista1	Musicista2
t_1	cf123	cf678
t_2	cf123	cf456
t_3	cf678	cf123
t_4	cf456	cf123

Figura 3.27: Istanza dello schema relazionale di Figura 3.26.

suonato con un altro musicista è considerato sia accompagnatore che accompagnato, e cioè se esiste la tupla con valori (m1, m2) nella tabella SUONA CON esiste anche la tupla (m2 , m1) nella stessa tabella. Questa potrebbe essere una scelta non del tutto corretta se vogliamo realmente considerare il significato dei due rami: un musicista solista che viene accompagnato da un suo collega ha un significato, il collega che accompagna il solista un altro. Un esempio di questa seconda scelta viene mostrato nella tabella in Figura 3.28 in cui il musicista Mario Rossi è il solista e gli altri sono i colleghi che lo hanno accompagnato.

Un esempio di associazione binaria in cui uno dei rami partecipa con cardinalità massima pari a 1 è mostrato in Figura 3.29. Questo schema ER rappresenta persone che possono avere dei figli, e che hanno un padre. La trasformazione in schema relazionale è rappresentata in Figura 3.30. Questo schema molto compatto lo si costruisce con i seguenti passi:

1. trasformare l'entità forte nello schema relazionale corrispondente, aggiungendo un'ulteriore copia degli attributi chiave (con nomi diversi), ed eventuali attributi dell'associazione ricorsiva,

2. aggiungere un vincolo di integrità referenziale tra l'attributo aggiunto e la chiave primaria dello schema.

In questo caso, ci potrebbe essere un problema di ricorsione infinita data dalla condizione di esistenza $(1, 1)$ del ramo 'padre' che costringe ogni elemento persona ad avere un padre; in pratica è probabile che si riesca ad arrivare solo ad un certo livello dell'albero genealogico. In questi casi in cui esiste una gerarchia ci sono due possibili soluzioni: una è quella di lasciare la cardinalità $(1, 1)$ e scrivere esplicitamente un requisito che spiega quali sono i casi in cui il vincolo minimo può essere violato, oppure cambiare la cardinalità della partecipazione in $(0, 1)$. L'esempio del nuovo schema ER viene mostrato in Figura 3.31 e una

MUSICISTA	CF	Nome	Cognome
t_1	cf123	Mario	Rossi
t_2	cf456	Alberto	Bianchi
t_3	cf678	Alessandro	Verdi
t_3	cf890	Stefano	Neri

SUONA CON	È accompagnato	Accompagna
t_1	cf123	cf678
t_2	cf123	cf456

Figura 3.28: Istanza di un'interpretazione alternativa dello schema relazionale di Figura 3.26.

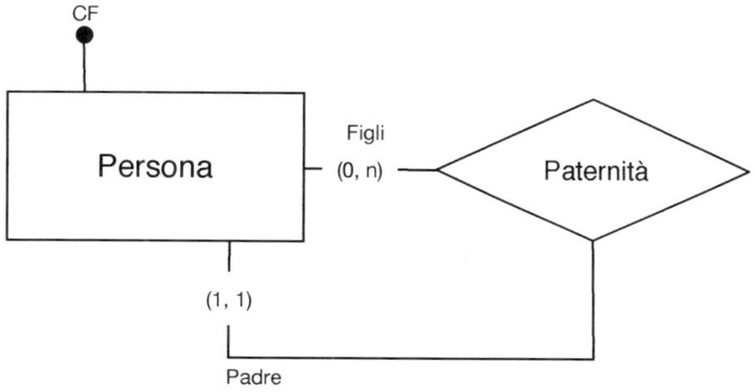

Figura 3.29: Esempio di associazione ricorsiva binaria con partecipazione (1, 1).

Figura 3.30: Traduzione in schema relazionale dell'associazione binaria di Figura 3.29.

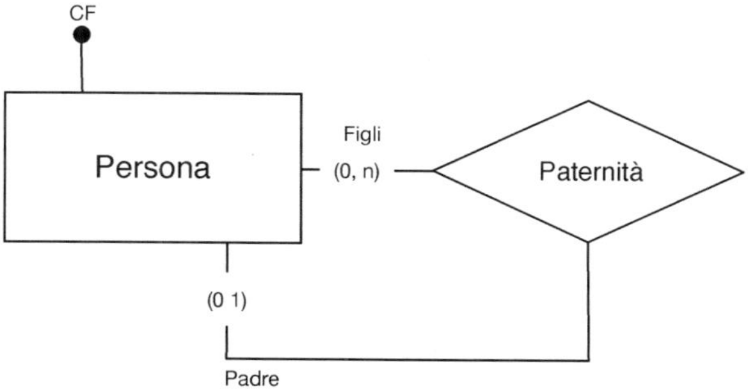

Figura 3.31: Esempio di associazione ricorsiva binaria con partecipazione (0, 1).

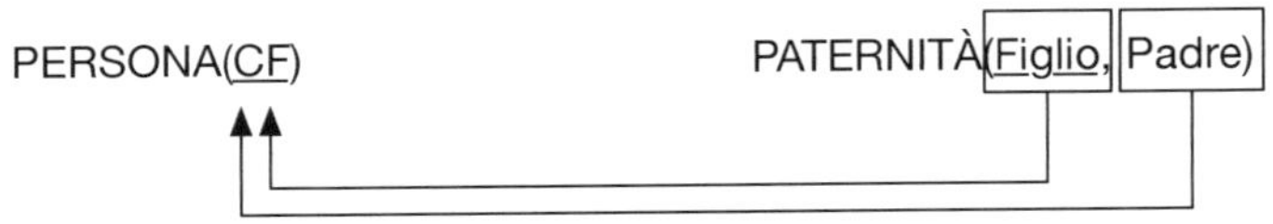

Figura 3.32: Traduzione alternativa dello schema relazionale di Figura 3.31.

soluzione alternativa che tiene conto della quantità dei valori nulli (facendo le stesse considerazioni della sezione precedente) è proposta nella Figura 3.32.

3.3.6 Traduzione associazioni ternarie (x, n) - (y, m) - (z, o)

Il caso della trasformazione di uno schema ER che contiene una associazione ternaria non è altro che una generalizzazione di quello della associazione binaria con l'aggiunta di alcune possibili scelte che devono essere fatte in base alla frequenza delle operazioni sulle entità coinvolte.

Il primo caso di studio è quello generale di una partecipazione massima n da parte di tutte e tre le entità come mostrato in Figura 3.33 dove un musicista registra un certo brano suonando uno strumento. I passi della traduzione dallo schema ER allo schema relazionale sono uguali a quello dell'associazione binaria:

1. trasformare le tre entità nei tre schemi relazionali corrispondenti (come visto nell'esempio di traduzione di un'entità forte),
2. aggiungere uno schema relazionale corrispondente all'associazione che ha come attributi le chiavi primarie dei tre schemi creati ed eventuali attributi dell'associazione,
3. la chiave primaria di questo nuovo schema di relazione è la composizione delle tre chiavi primarie,
4. aggiungere tre vincoli di integrità referenziale tra gli attributi del nuovo schema e le chiavi primarie dei tre schemi corrispondenti alle entità forti.

Questa soluzione viene mostrata in Figura 3.34 ed una possibile istanza in Figura 3.35. Come si può vedere dallo schema ER in Figura 3.33, l'unica entità con condizione di esistenza è il BRANO, il che vuol dire che ogni elemento della tabella brano deve avere necessariamente almeno un musicista e uno strumento associato. Al contrario, possono esistere musicisti che non hanno mai registrato alcun brano o strumenti che non sono stati utilizzati in sala di registrazione.

Passiamo ad un esempio di associazione ternaria in cui una delle entità partecipa con cardinalità massima pari ad 1. Modifichiamo l'esempio precedente e supponiamo che il nostro mini-mondo comprenda solo brani registrati da solisti, come mostrato in Figura 3.36. I passi della traduzione dallo schema ER allo schema relazionale sono:

1. trasformare le due entità che partecipano con cardinalità massima pari ad n nei due schemi relazionali corrispondenti (come visto nell'esempio di traduzione di un'entità forte),

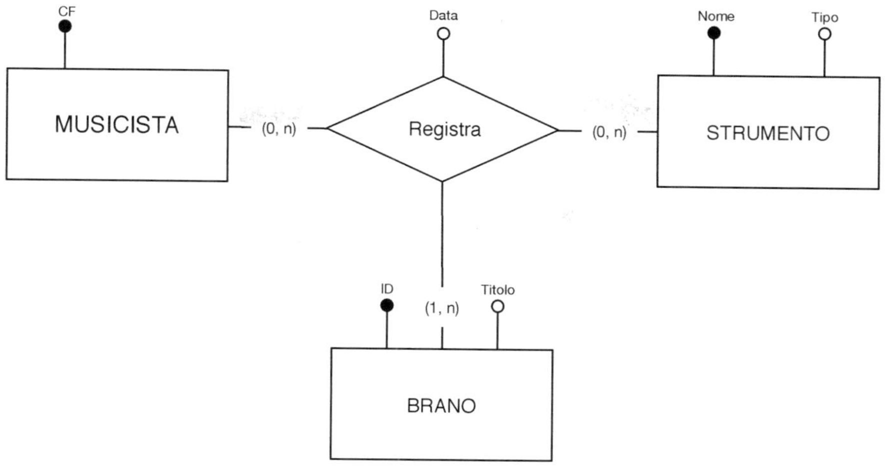

Figura 3.33: Esempio di associazione ternaria con partecipazione $n > 1$ da parte delle tre entità.

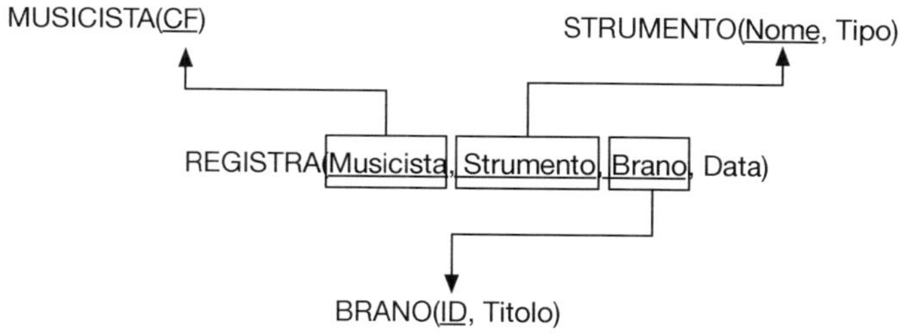

Figura 3.34: Traduzione dello schema relazionale di Figura 3.33.

MUSICISTA	CF	Nome	Cognome
t_1	cf123	Mario	Rossi
t_2	cf456	Alberto	Bianchi
t_3	cf678	Alessandro	Verdi

STRUMENTO	Nome	Tipo
t_1	Piano	corda
t_2	Sax	fiato
t_3	Vlolino	corda
t_4	Chitarra	corda

REGISTRA	Musicista	Strumento	Brano	Data
t_1	cf123	Plano	1	2010
t_2	cf123	Violino	1	2010
t_3	cf456	Sax	2	1988
t_4	cf123	Violino	3	2009

BRANO	ID	Titolo
t_1	1	Le onde
t_2	2	Lontano
t_3	3	Ombre

Figura 3.35: Una istanza dello schema relazionale di Figura 3.34.

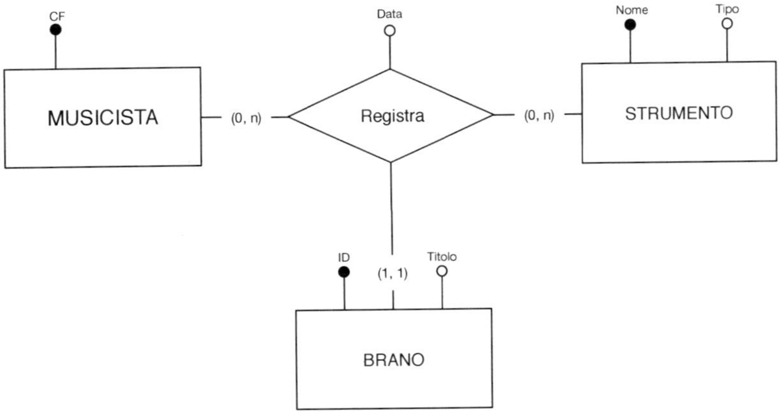

Figura 3.36: Esempio di associazione ternaria con un'entità che partecipa con cardinalità massima pari ad 1.

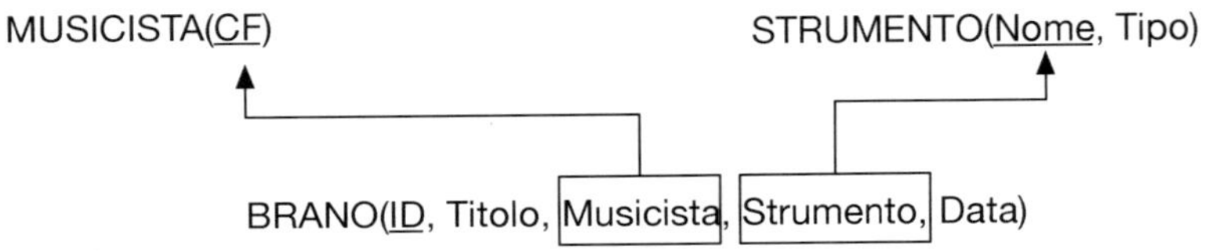

Figura 3.37: Traduzione dello schema relazionale di Figura 3.36.

MUSICISTA	CF	Nome	Cognome
t_1	cf123	Mario	Rossi
t_2	cf456	Alberto	Bianchi
t_3	cf678	Alessandro	Verdi

STRUMENTO	Nome	Tipo
t_1	Piano	corda
t_2	Sax	fiato
t_3	VIolino	corda
t_4	Chitarra	corda

BRANO	ID	Titolo	Musicista	Strumento	Data
t_1	1	Le onde	cf123	Piano	2010
t_2	2	Lontano	cf456	Sax	1998
t_3	3	OMbre	cf123	Violino	2009

Figura 3.38: Una istanza dello schema relazionale di Figura 3.37.

2. trasformare l'entità che partecipa con cardinalità massima pari ad 1 aggiungendo alla lista di attributi le chiavi primarie degli altri due schemi e gli eventuali attributi sull'associazione,

3. aggiungere due vincoli di integrità referenziale tra gli attributi di quest'ultimo schema e le chiavi primarie dei due schemi corrispondenti.

Il risultato della traduzione viene mostrato in Figura 3.37. La condizione della cardinalità massima pari ad 1 ci permette di costruire uno schema più compatto come nell'istanza di Figura 3.38.

Nel caso in cui più di un'entità partecipi con cardinalità massima pari ad 1, bisognerà scegliere quale tra queste entità sarà quella nella quale accorpare le chiavi delle altre due e gli eventuali attributi dell'associazione. La scelta sarà dettata dal tipo e dalla frequenza di operazioni che vengono fatte sulle tre entità coinvolte.

L'ultimo caso da prendere in esame, ma che non svolgeremo completamente poiché è stato già affrontato nel caso delle associazioni binarie, è quello di una entità (o più di una) che partecipa con cardinalità minima pari a zero e cardinalità massima pari ad 1. Non essendoci più la condizione di esistenza, la scelta di traduzione dovrà tenere conto della frazione di elementi nulli che si possono generare con l'ultima soluzione che abbiamo visto, rispetto a quella più generale (che prevede un quarto schema relazionale) che però presenta delle ripetizioni di dati.

3.4 Traduzione di un'entita debole

Come ultimo caso di studio abbiamo lasciato la traduzione di un'entità debole. Questo problema si risolve facilmente seguendo gli stessi passi di un'entità che partecipa con cardinalità $(1, 1)$ con un'unica differenza nella costruzione della chiave primaria dello schema relativo all'entità debole.

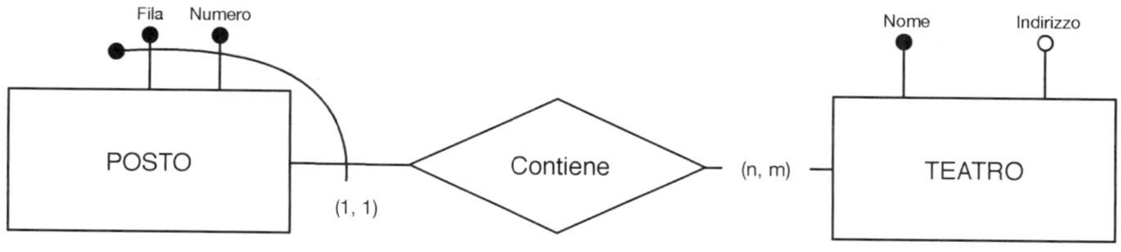

Figura 3.39: Esempio di entità debole.

Vediamo come primo esempio quello del posto di un teatro, in Figura 3.39. I passi di trasformazione di un'entità debole che partecipa ad un'associazione binaria sono i seguenti:

1. trasformare l'entità forte nello schema relazionale corrispondente,
2. trasformare l'entità debole aggiungendo alla lista degli attributi
   - gli attributi della chiave primaria dello schema relativo all'entità forte,
   - gli eventuali attributi dell'associazione coinvolta,
3. la chiave primaria di quest'ultimo schema relazionale è data dalla composizione degli attributi che identificano l'entità debole e quelli che identificano l'entità forte.
4. aggiungere il vincolo di integrità referenziale necessario.

Lo schema relazionale corrispondente viene mostrato in Figura 3.40.

Nel caso in cui un'entità debole sia identificata da più di un'entità forte oppure partecipi ad un'associazione n-aria, la regola di trasformazione non cambia, l'unica aggiunta va fatta agli attributi che diventano parte della chiave primaria dello schema dell'entità debole. Un'entità debole può anche non avere degli attributi identificativi propri ed essere totalmente dipendente dalle entità forti a cui è collegata. Ad esempio, in Figura 3.41 viene mostrato lo schema ER che riguarda la prenotazione di un posto per un concerto. I passi per la trasformazione dell'entità debole in schema relazionale non cambiano e il risultato per l'entità debole sarà uno schema relazionale che ha come chiave la composizione delle due chiavi primarie di POSTO e CONCERTO come mostrato in Figura 3.42.

In alcuni casi, è possibile che ci siano più entità deboli 'in cascata', e cioè un'entità debole che fa riferimento ad un'altra entità debole. L'unica accortezza da seguire nella traduzione da ER a relazionale è quella di partire dall'entità forte alla quale e connessa la prima entità debole della cascata, una volta tradotta questa, è possibile procedere con le altre entità deboli. Come esempio, analizziamo la Figura 3.43 che rappresenta una situazione più realistica rispetto all'esempio precedente: l'entità POSTO PRENOTATO dipende da CONCERTO e POSTO che a loro volta dipendono da TEATRO. Per la trasformazione in schema relazionale si parte dall'entità forte TEATRO e si trasformano le entità POSTO e CONCERTO come mostrato in Figura 3.44. Quindi si trasforma l'ultima entità debole che avrà come chiave primaria la composizione delle chiavi primarie degli schemi relazionali 'Concerto' e 'Posto', come mostrato in Figura 3.45.

Questo schema è particolare per due motivi:

- fino ad ora avevamo visto solo esempi di schemi relazionali che aggiungono alla lista degli attributi chiavi primarie costruite da un solo attributo e avevamo utilizzato come convenzione per dare un nome all'attributo importato quella di utilizzare il nome della tabella. In questo esempio, sia CONCERTO che POSTO hanno una chiave primaria formata da due attributi, quando si crea lo schema relazionale 'Posto prenotato' la scelta è quella di dare, per ciascun attributo, un nome composto dal nome della tabella e dal

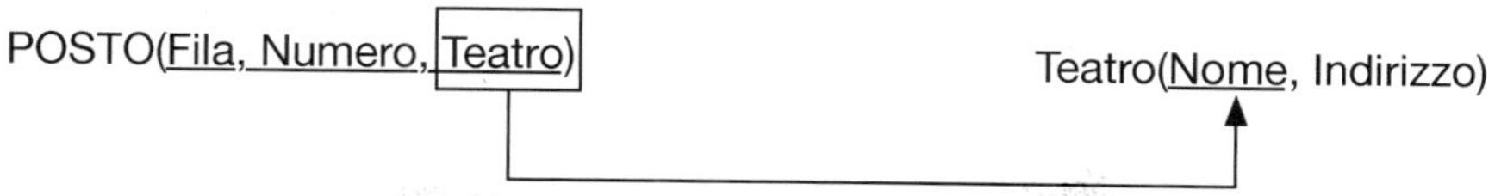

Figura 3.40: Traduzione dello schema relazionale di Figura 3.39.

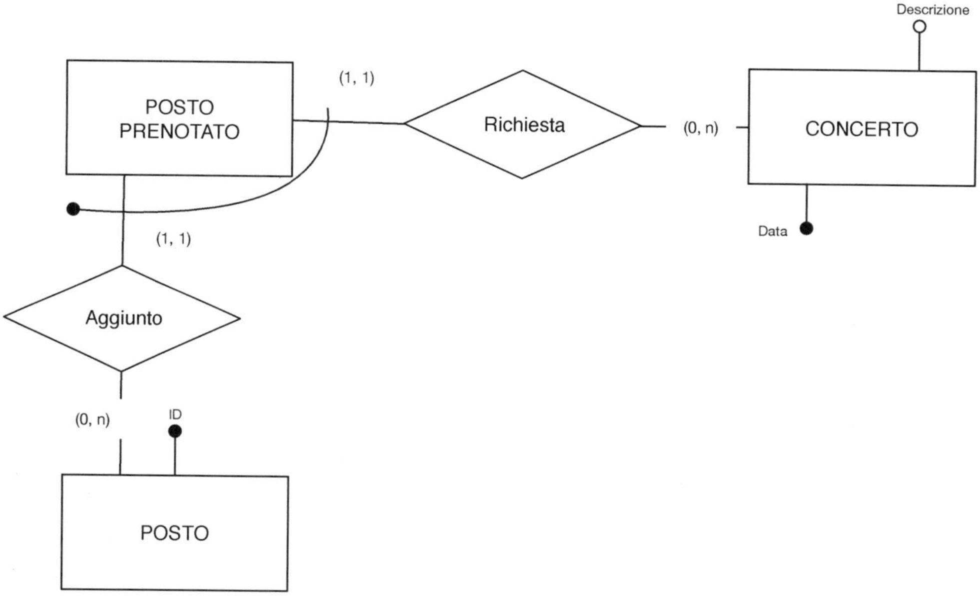

Figura 3.41: Esempio di entità debole senza attributi identificativi propri.

nome dell'attributo ('ConcertoTeatro' per l'attributo 'Teatro' della tabella CONCERTO).

- Lo schema relazionale POSTO PRENOTATO incorpora due volte un attributo che fa riferimento al nome del teatro. Questo non è un errore ma semplicemente il risultato della trasformazione di uno schema ER che vuole tenere conto della composizione del teatro e dell'organizzazione dei concerti. Si potrebbe, ma solo dopo un'accurata analisi del problema e un'accurata documentazione del passaggio, implementare la tabella eliminando uno dei due attributi che ripetono un'informazione già nota.

In conclusione di questo capitolo, vogliamo riassumere la sequenza di passi per la traduzione di uno schema ER in schema relazionale:

1. trasformare le entità forti che partecipano con cardinalità massima pari ad n a tutte le associazioni collegate ad esse.

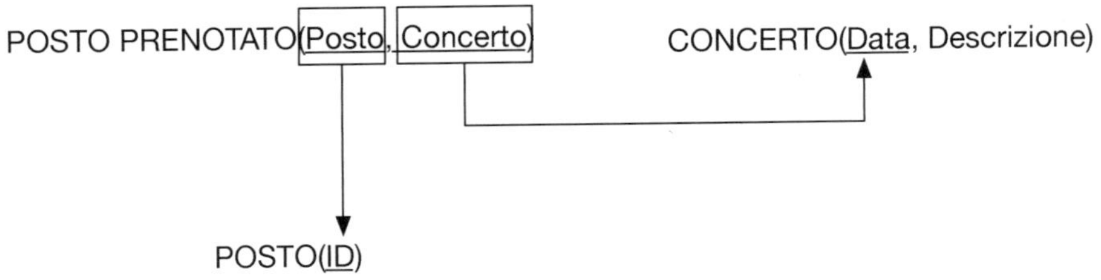

Figura 3.42: Traduzione dello schema relazionale di Figura 3.41.

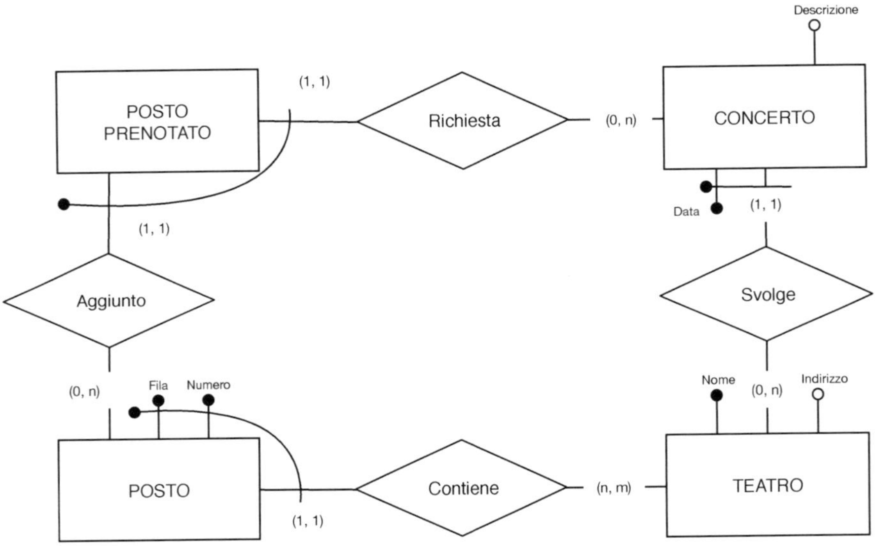

Figura 3.43: Esempio di entità deboli in cascata.

2. trasformare le entità forti che partecipano con cardinalità $(1, 1)$ ad almeno una delle associazioni ad esse collegate.
3. trasformare le entità forti che partecipano con cardinalità $(0, 1)$ ad almeno una delle associazioni ad esse collegate.
4. trasformare le entità deboli.
5. trasformare tutte le associazioni rimaste.

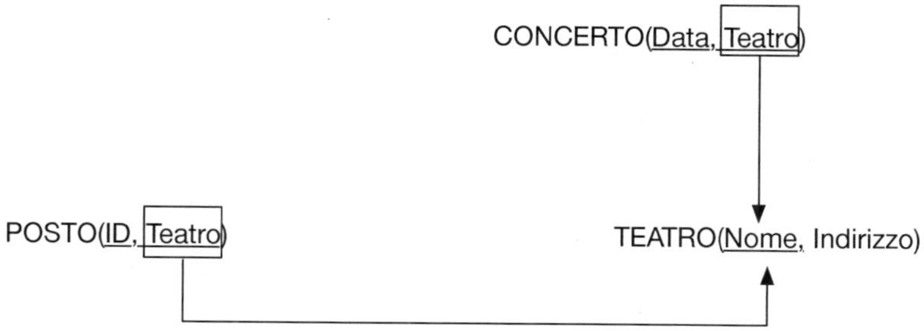

Figura 3.44: Traduzione di una porzione dello schema relazionale di Figura 3.43.

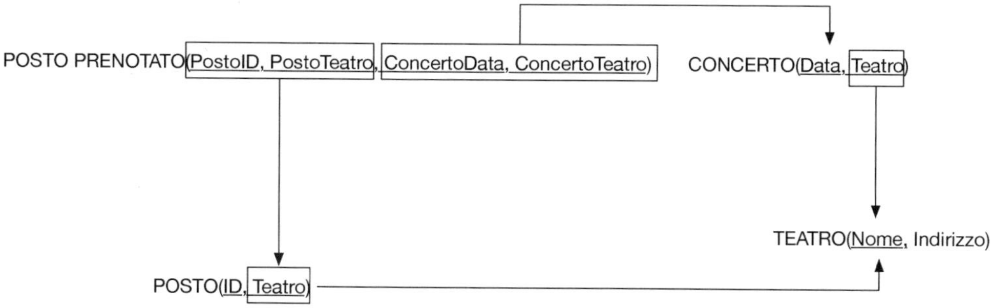

Figura 3.45: Traduzione dello schema relazionale di Figura 3.43.

4

Algebra Relazionale

L'algebra relazionale, proposta da Codd nel 1970, fornisce un linguaggio procedurale per l'interrogazione di un database relazionale. Il linguaggio si basa su una logica polivalente basata su tre valori: vero, falso, e valore nullo, mentre le operazioni possibili sono definite su relazioni e restituiscono come output altre relazioni. Una sequenza di operatori dell'algebra relazionale forma un'espressione dell'algebra il cui risultato può essere utilizzato come input per un'altra espressione. Possiamo suddividere le operazioni in quattro gruppi:

- operazioni di base: selezione, proiezione, ridenominazione;
- operazioni insiemistiche: unione, differenza, intersezione;
- operazioni di correlazione:[1] prodotto cartesiano, join naturale, theta join;
- operazioni di aggregazione e raggruppamento.

In questa sezione riprenderemo alcune delle definizioni dei testi proposti nel sommario organizzandole in maniera coerente con gli argomenti presentati in questo manuale. Inizialmente presenteremo le operazioni in assenza di valori nulli e solo alla fine del capitolo discuteremo il risultato delle stesse operazioni in caso di presenza di valori nulli.

4.1 Operazione di selezione

La prima operazione che analizziamo è forse quella più intuitiva e naturale quando si ha a che fare con dei dati di tipo tabellare: l'operazione di selezione di righe di una tabella. Spesso, di fronte ad un foglio dati, la prima domanda che ci si pone è: dove si trova quella riga che ha certi valori che mi interessano o quali sono le righe della tabella che hanno un certo range di valori che mi interessano? Questa operazione si chiama selezione e in algebra relazionale si indica con la notazione

$$\sigma_F(r(X))$$

[1]Per correlazione non intendiamo l'operazione statistica ma un'operazione su piu tabelle che crea delle tuple i cui valori hanno delle proprietà definite dall'operazione stessa.

MUSICISTA(CF, Nome, Cognome, Anno nascita, Via, Numero, Città)

STRUMENTO(Nome, Musicista)

MUSICISTA	CF	Nome	Cognome	Anno nascita	Via	Numero	Città
t_1	cf123	Mario	Rossi	1980	Roma	7	Padova
t_2	cf456	Alberto	Bianchi	1988	Cavour	28	Torino
t_3	cf678	Alessandro	Verdi	1973	Milano	8b	Firenze
t_4	cf890	Stefano	Neri	1995	Verdi	140	Venezia
t_5	cf098	Alessandro	Bianchi	1992	XX Settembre	57	Milano

STRUMENTO	Nome	Musicista
t_1	Piano	cf123
t_2	Sax	cf678
t_3	Violino	cf890
t_4	Violino	cf123

Figura 4.1: Esempio di istanza dello schema relazionale MUSICISTA e STRUMENTO.

dove $r(X)$ è un'istanza di uno schema relazionale con insieme di attributi X e su di essa si applica una formula proposizionale F che definisce come selezionare (simbolo σ) le righe della tabella.

Per fare subito un esempio pratico prima di dare una definizione formale, riprendiamo il caso dello schema relazionale 'Musicista' e di una sua possibile istanza mostrata in Figura 4.1. Supponiamo di voler trovare all'interno del nostro database i dati del musicista che si chiama Neri di cognome. L'espressione dell'algebra relazionale che realizza questa richiesta è la seguente:

$$\sigma_{Cognome='Neri'}(\text{MUSICISTA})$$

L'operazione di selezione viene applicata alla relazione MUSICISTA e restituisce solo le tuple della relazione che soddisfano la formula $Cognome = 'Neri'$. Il risultato è una relazione che ha grado (numero di attributi) pari al grado dello schema di relazione sul quale è stata applicata l'operazione e come cardinalità un numero pari al numero di tuple che verifica la formula. Il risultato viene mostrato qui di seguito

	CF	Nome	Cognome	Anno nascita	Via	Numero	Città
t_1	cf890	Stefano	Neri	1995	Verdi	140	Venezia

Facciamo un altro esempio con una formula proposizionale leggermente più complessa. Supponiamo di voler trovare tutti i musicisti di cognome 'Bianchi' nati dopo il 1990. Questa richiesta viene formulata nella maniera seguente:

$$\sigma_{Cognome='Bianchi' \text{AND} Annonascita>1990}(\text{MUSICISTA})$$

e il risultato è:

	CF	Nome	Cognome	Anno nascita	Via	Numero	Città
t_1	cf890	Stefano	Neri	1995	Verdi	140	Venezia

In questo caso, la proposizione F della selezione è data da due formule logiche connesse dal connettore logico AND. Di conseguenza, la condizione di selezione restituisce tutte le tuple che:

- hanno sull'attributo 'Cognome' un valore uguale a Bianchi e,
- hanno sull'attributo 'Anno' nascita un valore strettamente maggiore di 1990.

Una definizione più formale dell'operazione selezione è la seguente: data una relazione $r(X)$ e una formula proposizionale F su X ottenuta combinando condizioni atomiche del tipo $A\theta B$ oppure $A\theta c$ con connettivi logici AND, OR, NOR dove:

- θ è un operatore di confronto,
- $A \in X$ e $B \in X$ sono attributi compatibili con l'operatore θ,
- c è un valore compatibile con l'operatore θ.

l'operazione $\sigma_F(r(X))$ produce una relazione che ha come insieme di attributi X e come tuple tutte quelle di $r(X)$ che soddisfano la formula F:

$$\sigma_F(r(X)) = \{t \mid t \in r(X), F(t) = true\}$$

dove con $F(t)$ si indica l'applicazione della formula F alla tupla t.

Riassumendo

- il grado di $\sigma_F(r(X))$ è uguale a $|X|$ (cioè il grado di $R(X)$),
- la cardinalità $|\sigma_F(r(X))| \leq |r(X)|$

In particolare la cardinalità è uguale a quella di $r(X)$ se la formula F viene soddisfatta da tutte le tuple, mentre è uguale a zero (insieme vuoto) se la formula F non viene soddisfatta da nessuna tupla.

4.2 Operazione di proiezione

La seconda operazione che presentiamo è quella di proiezione. Se l'operazione di selezione può essere vista come un 'taglio' orizzontale di una tabella, l'operazione di proiezione può essere considerata come un 'taglio' verticale poiché si tratta di scegliere un sottoinsieme di attributi della relazione (e cioè un sottoinsieme di colonne della tabella). In algebra relazionale si indica con la seguente:

$$\pi_Y(r(X))$$

dove $Y \subset X$ è un sottoinsieme di attributi di X ed il risultato è una relazione che ha tutte le tuple distinte di $r(X)$ una volta proiettate su Y (vedremo nei prossimi paragrafi cosa si intende per 'tuple distinte').

Facciamo subito un esempio con la tabella musicista e proviamo a immaginare una situazione in cui ci interessa mostrare solo il nome, il cognome e l'anno di nascita di un musicista. L'espressione dell'algebra relazionale relativa a questa operazione è:

$$\pi_{Nome,Cognome,Annonascita}(\text{MUSICISTA})$$

e il risultato è il seguente:

	Nome	Cognome	Anno nascita
t_1	Mario	Rossi	1980
t_2	Alberto	Bianchi	1988
t_3	Alessandro	Verdi	1973
t_4	Stefano	Neri	1995
t_5	Alessandro	Bianchi	1992

Un altro esempio che mostra il problema delle tuple 'distinte' è il seguente. Supponiamo di volere solo l'informazione relativa ai nomi dei musicisti, l'operazione è la seguente

$$\pi_{Nome}(\text{MUSICISTA})$$

e il risultato è

	Nome
t_1	Mario
t_2	Alberto
t_3	Alessandro
t_4	Stefano

la spiegazione del fatto che questa operazione restituisce soltanto 4 tuple invece di 5 sta nella definizione di relazione come insieme di elementi, e come tale non può avere elementi duplicati. Nel caso in questione, la proiezione sul solo attributo 'Nome' produrrebbe due tuple con valore Alessandro ma poiché non è possibile avere due elementi con valore uguale, le due tuple 'collassano' in un'unica tupla con lo stesso valore. Lo stesso accade quando proiettiamo su più attributi, il risultato della proiezione sarà un'unica tupla distinta per quelle tuple con valori uguali sugli attributi scelti.

Formalmente, data la relazione $r(X)$, una proiezione π su un insieme di attributi $Y \subset X$ è l'insieme:

$$\pi_Y(r(X)) = \{t[Y] \mid t \in r(X)\}$$

dove

- il grado di $\pi_Y(r(X))$ è uguale a $|Y|$,
- la cardinalità $|\pi_Y(r(X))| \leq |r(X)|$

In particolare, la cardinalità è uguale a quella di $r(X)$ se l'insieme di attributi Y è una superchiave di $R(X)$ poiché, per definizione di superchiave, non potranno esserci tuple duplicate, mentre è possibile che la cardinalità sia inferiore a quella di $r(X)$ nel caso in cui Y non sia superchiave.

4.3 Operazione di ridenominazione

Negli esempi delle due sezioni dedicate alle operazioni di selezione e proiezione, il risultato delle operazioni è una relazione che ha i nomi degli attributi, o di un sottoinsieme se si tratta i proiezione, uguali a quelli dello schema relazionale sul quale è stata costruita l'espressione di algebra relazionale. Quello che manca è il nome dello schema della relazione risultante. In molti casi questo non è un problema almeno per due motivi: uno è che spesso ci interessa il risultato in termini di tuple e non abbiamo bisogno di un nome per lo schema, un altro è che spesso possiamo costruire delle espressioni di algebra relazionale annidate che non hanno bisogno di nomi delle relazioni. Per fare un esempio di quest'ultimo caso, supponiamo di voler interrogare il nostro database dei musicisti e sapere il codice fiscale e il cognome dei musicisti più anziani nati prima del 1980, l'espressione che descrive questa operazione è la seguente:

$$\underbrace{\pi_{CF,Cognome}(\underbrace{\sigma_{Anno\ nascita \leq 1980}(\text{MUSICISTA})}_{selezione})}_{proiezione}$$

in cui la proiezione viene applicata alla relazione che è il risultato dell'operazione di selezione e il risultato è

	CF	Cognome
t_1	cf123	Rossi
t_2	cf678	Verdi

Come si può vedere, in questo caso il fatto che questa relazione abbia o no il nome è marginale ai fini del risultato che vogliamo.

In altri casi, quando l'espressione è più complessa e richiede vari passaggi può essere utile (in alcuni casi necessario) dare un nome al risultato dell'espressione. La notazione che usiamo in questo manuale è simile a quella di un'assegnazione di un valore ad una variabile come in alcuni linguaggi di programmazione. Ad esempio, riprendendo l'espressione precedente, possiamo prima fare l'operazione di selezione:

$$\text{MUS} \leftarrow \sigma_{Anno\ nascita \leq 1980}(\text{MUSICISTA})$$

dove la freccia $\leftarrow$ è il simbolo di assegnazione del risultato allo schema relazionale MUS mostrato qui di seguito:

MUS	CF	Nome	Cognome	Anno nascita	Via	Numero	Città
t_1	cf123	Mario	Rossi	1980	Roma	7	Padova
t_2	cf678	Alessandro	Verdi	1973	Milano	8b	Firenze

e a questo schema applichiamo la proiezione

$$\pi_{CF,Cognome}(MUS)$$

In generale, possiamo definire l'operazione di ridenominazione come operazione unaria che indichiamo con il simbolo ρ. Questa sarà molto utile con alcune delle operazioni che presenteremo nelle prossime sezioni. Dato abbiamo uno schema relazionale:

$$R(A_1, A_2, ..., A_m)$$

possiamo definire tre casi di ridenominazione:

- la ridenominazione del nome dello schema e del nome degli attributi

  $$\rho_{S(B_1,B_2,...,B_m)}(R(A_1, A_2, ..., A_m))$$

  Ad esempio, facendo una ridenominazione dell'ultimo schema prodotto:

  $$\rho_{\text{ART}(CF,Cognome)}(\text{ARTISTI}(CodFis, Cog))$$

  si produce la seguente tabella

ART	CF	Cognome
t_1	cf123	Rossi
t_2	cf678	Verdi

- la ridenominazione del nome dello schema

  $$\rho_S(R(A_1, A_2, ..., A_m))$$

  che può essere applicato sia ad uno schema con un nome, come ad esempio

  $$\rho_{\text{ART}}(\text{ARTISTI}(CodFis, Cog))$$

  che produce

ART	CodFis	Cog
t_1	cf123	Rossi
t_2	cf678	Verdi

  oppure può essere applicato al risultato di un'espressione

$$\rho_{\mathrm{ART}}(\pi_{CF,Cognome}(\mathrm{MUS}))$$

che produce

ART	CF	Cognome
t_1	cf123	Rossi
t_2	cf678	Verdi

- la ridenominazione dei soli attributi

$$\rho_{(B_1,B_2,...,B_m)}(R(A_1, A_2, ..., A_m))$$

che può essere applicato sia ad uno schema con un nome che uno senza nome.

4.4 Operazioni insiemistiche: unione, differenza, intersezione

Le operazioni insiemistiche applicate all'algebra relazionale richiedono alcuni accorgimenti per poter applicarle correttamente sia da un punto di vista formale che da un punto di vista di significatività in termini del risultato dell'operazione.

La prima considerazione è che le operazioni di unione, differenza e intersezione sono definite su insiemi di elementi. Le relazioni sono insiemi di tuple pertanto non c'è alcuna difficoltà nell'applicare queste operazioni sulle relazioni. È necessaria un'accortezza: gli schemi relazionali sui quali si applicano le operazioni insiemistiche devono avere lo stesso grado (stesso numero di attributi) e gli attributi devono essere dello stesso tipo poiché non avrebbe senso fare l'unione di due insiemi di tuple che hanno tipi di dato diversi. L'altra questione da tenere in considerazione è che il significato degli attributi degli schemi che sono coinvolti nell'operazione deve essere lo stesso.

Per fare un esempio, supponiamo di avere due schemi relazionali che riguardano musicisti e cantanti

MUSICISTA(Nome, Cognome, Anno nascita)
CANTANTE(Nome, Cognome, Data nascita)

ed un esempio di istanza è mostrato qui di seguito

MUSICISTA	Nome	Cognome	Anno nascita
t_1	Mario	Rossi	1980
t_2	Alberto	Bianchi	1988
t_3	Alessandro	Verdi	1973
t_4	Stefano	Neri	1995
t_5	Alessandro	Bianchi	1992

CANTANTE	Nome	Cognome	Data nascita
t_1	Mario	Verdi	1968
t_2	Gianni	Ferrari	1970
t_3	Alessandro	Verdi	1973

le due relazioni hanno lo stesso numero di attributi con lo stesso tipo di dato e significato. Per realizzare una delle operazioni insiemistiche, è necessario fare una piccola correzione al nome degli attributi in maniera che tutti abbiano lo stesso nome.[2] Per questo motivo viene fatta una ridenominazione come nell'esempio seguente:

$$\text{MUSICISTA} \cup \rho_{(Nome, Cognome, Anno\ nascita)}\text{CANTANTE}$$

il cui risultato è

	Nome	Cognome	Anno nascita
t_1	Mario	Rossi	1980
t_2	Alberto	Bianchi	1988
t_3	Alessandro	Verdi	1973
t_4	Stefano	Neri	1995
t_5	Alessandro	Bianchi	1992
t_6	Mario	Verdi	1968
t_7	Gianni	Ferrari	1970

da notare l'automatica rimozione della tupla duplicata relativa al musicista e cantante Alessandro Verdi.

Possiamo definire formalmente le operazioni di unione, differenza e intersezione nel modo seguente:

- l'unione di due relazioni $r_1(X)$ e $r_2(X)$ definite sullo stesso insieme di attributi X è

$$r_1(X) \cup r_2(X) = \{t \mid t \in r_1(X) \text{ OR } t \in r_2(X)\}$$

- la differenza tra due relazioni $r_1(X)$ e $r_2(X)$ è

$$r_1(X) \setminus r_2(X) = \{t \mid t \in r_1(X) \text{ AND } t \notin r_2(X)\}$$

- l'interseziona tra due relazioni $r_1(X)$ e $r_2(X)$ è

$$r_1(X) \cap r_2(X) = \{t \mid t \in r_1(X) \text{ AND } t \in r_2(X)\}.$$

Più in generale, date due relazioni $R(A_1, A_2, ...)$ e $S(B_1, B_2, ...)$, è possibile fare una delle operazioni insiemistica se R ed S sono *compatibili*, e ciòé:

- se il grado delle due relazioni è lo stesso,
- e se $dom(A_i) = dom(B_i), i \in [1, m]$, cioè se il dominio di ciascun attributo delle due relazioni è lo stesso.

Ricordiamo che in questo manuale abbiamo anche aggiunto la condizione che il nome di ciascun attributo delle due tabelle deve essere lo stesso.

[2]Questa non è una condizione necessaria ed alcuni testi applicano una convenzione diversa.

4.5 Operazioni di correlazione: JOIN

In questa sezione presentiamo l'insieme più importante delle operazioni del modello relazionale, quello che permette di mettere insieme i dati di più tabelle in base al valore delle tuple. Presenteremo le operazioni in sequenza di complessità a partire dalla più semplice che crea tutte le possibili combinazioni di tuple di due tabelle, chiamato prodotto cartesiano.

Il *prodotto cartesiano*, indicato con il simbolo $\times$, è un'operazione binaria che combina ogni elemento di una relazione con tutti gli elementi dell'altra relazione. Formalmente, date due relazioni $r_1(X)$ e $r_2(Y)$

$$r_1(X) \times r_2(Y) = \{ts \mid t \in r_1(X) \text{ AND } s \in r_2(X)\}$$

dove ts è la concatenazione delle due tuple. Gli insiemi degli attributi X e Y devono essere disgiunti $X \cap Y = \emptyset$ altrimenti non si potrebbe distinguere un attributo $A \in X$ da $A \in Y$. Per questo motivo, se l'intersezione di X e Y non è vuota è necessario ridenominare gli attributi. La relazione risultante avrà

- grado pari alla somma dei gradi delle due tabelle $|X| + |Y|$,
- cardinalità uguale al prodotto delle due cardinalità $|r_1(X)| \cdot |r_2(Y)|$.

Per fare un esempio, volendo fare il prodotto cartesiano delle relazioni MUSICISTA e CANTANTE, l'operazione sarebbe:

$$\text{MUSICISTA} \times \rho_{(Nom,Cog,DataNascita)}(\text{CANTANTE})$$

e il risultato prodotto sarebbe la tabella

	Nome	Cognome	Anno nascita	Nom	Cog	Data nascita
t_1	Mario	Rossi	1980	Mario	Verdi	1968
t_2	Alberto	Bianchi	1988	Mario	Verdi	1968
t_3	Alessandro	Verdi	1973	Mario	Verdi	1968
t_4	Stefano	Neri	1995	Mario	Verdi	1968
t_5	Alessandro	Bianchi	1992	Mario	Verdi	1968
t_6	Mario	Rossi	1980	Gianni	Ferrari	1970
t_7	Alberto	Bianchi	1988	Gianni	Ferrari	1970
t_8	Alessandro	Verdi	1973	Gianni	Ferrari	1970
t_9	Stefano	Neri	1995	Gianni	Ferrari	1970
t_{10}	Alessandro	Bianchi	1992	Gianni	Ferrari	1970
t_{11}	Mario	Rossi	1980	Alessandro	Verdi	1973
t_{12}	Alberto	Bianchi	1988	Alessandro	Verdi	1973
t_{13}	Alessandro	Verdi	1973	Alessandro	Verdi	1973
t_{14}	Stefano	Neri	1995	Alessandro	Verdi	1973
t_{15}	Alessandro	Bianchi	1992	Alessandro	Verdi	1973

Spesso il prodotto cartesiano di per sé non è molto utile, a meno che l'obiettivo non sia proprio quello di generare tutte le possibili combinazioni. Nel caso precedente, il prodotto cartesiano potrebbe avere senso se l'operazione richiesta fosse quella di trovare tutte le possibili coppie musicista-cantante che possono esibirsi in un concerto. Al posto della singola operazione prodotto cartesiano, sarebbe molto più utile applicare una seconda operazione di selezione. Ad esempio, per trovare tutte le possibili coppie di musicista-cantante che hanno cognomi uguali possiamo scrivere:

$$\sigma_{Cognome=Cog}(\text{MUSICISTA} \times \rho_{Nom,Cog,DataNascita}(\text{CANTANTE}))$$

che restituisce la seguente tabella

	Nome	Cognome	Anno nascita	Nom	Cog	Data nascita
t_1	Alessandro	Verdi	1973	Mario	Verdi	1968
t_2	Alessandro	Verdi	1973	Alessandro	Verdi	1973

questo risultato presenta un duplicato dovuto al fatto che le due relazioni sono molto semplificate e non permettono di identificare correttamente ogni persona. Avendo avuto a disposizione una chiave primaria più significativa, tipo codice fiscale, avremmo potuto riconoscere i musicisti che sono anche cantanti ed eliminarli dal risultato.

L'operazione successiva, chiamata *join*, riassume proprio il concetto di correlazione tra tabelle diverse in base ad una condizione di uguaglianza sui valori delle tuple di attributi uguali.

Il *join naturale*, indicato con il simbolo $\bowtie$, è un'operazione che correla dati di due tabelle in base a valori uguali su attributi che hanno lo stesso nome (e che sono compatibili). Proviamo a studiare il caso di un musicista che suona uno strumento, rappresentato dalle due seguenti relazioni:

Musicista	CF	Nome	Cognome
t_1	cf123	Mario	Rossi
t_2	cf456	Alberto	Bianchi
t_3	cf678	Alessandro	Verdi

Suona	CF	Strumento
t_1	cf123	Piano
t_2	cf123	Violino
t_3	cf456	Sax
t_4	cf678	Violino

In questo caso, l'operazione di join naturale opera sull'attributo 'CF' comune ai due schemi e produce come risultato uno schema che ha come attributi l'unione degli attributi delle due tabelle, e tutte le combinazioni di tuple che hanno lo stesso valore sull'intersezione degli attributi:

	CF	Nome	Cognome	Strumento
t_1	cf123	Mario	Rossi	Piano
t_2	cf123	Mario	Rossi	Violino
t_3	cf456	Alberto	Bianchi	Sax
t_3	cf678	Alessandro	Verdi	Verdi

Formalmente:

$$r_1(X) \bowtie r_2(Y) = \{t \mid t \in r(X \cup Y),\ t[X] \in r_1(X) \text{ AND } t[Y] \in r_2(Y)\}$$

Inoltre,

- lo schema prodotto ha come grado un valore pari alla cardinalità dell'unione $|X \cup Y|$
- la cardinalità della relazione prodotta varia a seconda dei casi:
  - Se il join è fatto su attributi che non sono superchiave è possibile che non ci siano valori uguali sulle tuple, pertanto la relazione risultante risulterebbe vuota.
  - Se il join viene eseguito su una superchiave di $R_1(X)$, allora ogni tupla di $r_2(Y)$ ha al massimo una corrispondenza con una tupla di $r_1(X)$, quindi

    $$|r_1(X) \bowtie r_2(Y)| \leq |r_2(Y)|$$
  - Se $X \cap Y$ è chiave primaria di $R_1(X)$ ed esiste anche chiave esterna per $R_2(Y)$ allora

    $$|r_1(X) \bowtie r_2(Y)| = |r_2(Y)|$$
  - Se l'intersezione $X \cap Y = \emptyset$ è vuota, l'operazione di join naturale è equivalente ad un prodotto cartesiano.
  - Se $X = Y$ allora l'operazione di join naturale è equivalente ad una operazione di intersezione.

Un'operazione di JOIN più generale non richiede necessariamente che due tabelle abbiano almeno un attributo con nome uguale. Il *theta-join*, la cui notazione è $\bowtie_F$, è definito nel modo seguente:

$$r_1(X) \bowtie_F r_2(Y) = \sigma_F(r_1(X) \times r_2(Y))$$

Sebbene dal punto di vista dell'algebra relazionale l'operazione di theta-join sia equivalente ad una selezione di un prodotto cartesiano, è molto importante ricordare che a livello di implementazione le due operazioni hanno un costo computazionale completamente diverso.[3] Infatti, mentre il prodotto cartesiano deve generare la tabella con tutte le possibili combinazioni prima di poter fare la selezione (si provi ad immaginare il prodotto cartesiano tra due tabelle di cardinalità dell'ordine 10^6), il theta-join ha un'implementazione molto efficiente che scarta in fase di costruzione della tabella tutte le tuple che non soddisfano la condizione F. Per questo motivo si sconsiglia, per evitare di fare l'errore in fase di implementazione, di utilizzare il prodotto cartesiano quando in realtà l'operazione richiesta è un join.

Facciamo di nuovo un esempio con il musicista e lo strumento che suona dove stavolta non esistono attributi con nome uguale.

[3] Questa considerazione sta diventando obsoleta. Versioni recenti di DBMS relazionali open source implementano la selezione del prodotto cartesiano esattamente come un join evitando i problemi descritti in questo paragrafo. Tuttavia consiglio fortemente l'uso della funzione prodotto cartesiano solo nei casi in cui è necessario e non come sostituto del JOIN.

Musicista	CF	Nome	Cognome
t_1	cf123	Mario	Rossi
t_2	cf456	Alberto	Bianchi
t_3	cf678	Alessandro	Verdi

Suona	Musicista	Strumento
t_1	cf123	Plano
t_2	cf123	Violino
t_3	cf456	Sax
t_4	cf678	Violino

Se volessimo esprimere in algebra relazionale l'interrogazione 'sapere quali sono gli strumenti suonati dai musicisti', l'espressione sarebbe:

$$\text{MUSICISTA} \bowtie_{CF=Musicista} \text{CANTANTE}$$

ottenendo come risultato

	CF	Nome	Cognome	Musicista	Strumento
t_1	cf123	Mario	Rossi	cf123	Piano
t_2	cf123	Mario	Rossi	cf123	Violino
t_3	cf456	Alberto	Bianchi	cf456	Sax
t_3	cf678	Alessandro	Verdi	cf678	Verdi

Un'operazione di theta-join è equivalente ad una di join naturale se viene applicata una proiezione che elimina gli attributi in comune alle due tabelle, come mostrato nell'esempio seguente:

$$\pi_{CF,Nome,Cognome,Strumento}(\text{MUSICISTA} \bowtie_{CF=Musicista} \text{CANTANTE})$$

Possiamo riassumere le operazioni di correlazione dal caso più generale a quello più particolare nel modo seguente:

- join condizionale: è un theta-join in cui la condizione F può essere la combinazione di qualsiasi predicato logico (non necessariamente un uguaglianza tra valori);
- equi-join: è un theta join in cui le condizioni sono tutte di uguaglianza;
- join naturale: è un caso speciale di equi-join in cui le condizioni di uguaglianza sono specificate su tutti gli attributi che hanno gli stessi nomi nelle due relazioni.

JOIN incompleto e JOIN esterno

In conclusione di questa sezione, abbiamo voluto dedicare una parte relativa alla questione dei JOIN incompleti e JOIN esterni.

Un JOIN è *completo* se tutte le tuple delle tue tabelle coinvolte partecipano al risultato. Ad esempio, con le due relazioni:

MUSICISTA	CF	Nom	Cog	Strumento
t_1	cf123	Mario	Rossi	Piano
t_2	cf456	Alberto	Bianchi	Sax
t_3	cf678	Alessandro	Verdi	Violino
t_4	cf890	Stefano	Ferrari	Piano

STRUMENTO	Nome	Tipo
t_1	Plano	Corda
t_2	Violino	Corda
t_3	Sax	Fiato

Il risultato del JOIN

$$\text{MUSICISTA} \bowtie_{Strumento=Nome} \text{STRUMENTO}$$

è completo poiché tutte le tuple partecipano al risultato mostrati qui di seguito

	CF	Nom	Cog	Strumento	Nome	Tipo
t_1	cf123	Mario	Rossi	Piano	Piano	Corda
t_2	cf456	Alberto	Bianchi	Sax	Sax	Fiato
t_3	cf678	Alessandro	Verdi	Violino	Violino	Corda
t_4	cf890	Stefano	Ferrari	Piano	Piano	Corda

Il caso più frequente è invece quello di un join *incompleto*, ad esempio con le tabelle

MUSICISTA	CF	Nom	Cog	Strumento
t_1	cf123	Mario	Rossi	Piano
t_2	cf456	Alberto	Bianchi	Sax
t_3	cf678	Alessandro	Verdi	Violino
t_4	cf890	Stefano	Ferrari	Chitarra

STRUMENTO	Nome	Tipo
t_1	Plano	Corda
t_2	Violino	Corda
t_3	Sax	Fiato
t_4	Flauto	Fiato

la stessa operazione di join produce la tabella

	CF	Nom	Cog	Strumento	Nome	Tipo
t_1	cf123	Mario	Rossi	Piano	Piano	Corda
t_2	cf456	Alberto	Bianchi	Sax	Sax	Fiato
t_3	cf678	Alessandro	Verdi	Violino	Violino	Corda

in cui è assente sia una tupla di MUSICISTA che di STRUMENTO. Queste tuple sono chiamate *pendenti* (dall'inglese *dangling*). In generale, un JOIN incompleto è la conseguenze di un JOIN fatto su attributi che non sono chiave e/o sui quali non è presente un vincolo di integrità referenziale.

Tuttavia, ci sono dei casi in cui si vuol far apparire nel risultato finale anche le tuple che non verificano la condizione di JOIN. In questo caso si parla di JOIN esterno.

Un JOIN *esterno* può essere di tre tipi:

- *left join*, o JOIN sinistro con il simbolo

$$R_1(X) ⟕ R_2(X)$$

  nel quale si tengono tutte le tuple della tabella a sinistra del JOIN,

- *right join*, o JOIN destro

$$R_1(X) ⟖ R_2(X)$$

  nel quale si tengono tutte le tuple della tabella a destra del JOIN,

- *outer join*, o JOIN completo

$$R_1(X) ⟗ R_2(X)$$

  nel quale si tengono tutte le tuple pendenti.

Con 'tenere le tuple' nel risultato del join si intende aggiungere la tupla nella tabella risultante in maniera che abbia tutti i valori della tupla della relazione a sinistra (o a destra a seconda del tipo di JOIN esterno) e in aggiunta tutti valori NULL nelle colonne della tabella destra (o sinistra). Nell'esempio del caso precedente, un JOIN completo sulle due tabelle

$$\text{MUSICISTA} ⟗_{Strumento=Nome} \text{STRUMENTO}$$

produce il seguente risultato

	CF	Nom	Cog	Strumento	Nome	Tipo
t_1	cf123	Mario	Rossi	Piano	Piano	Corda
t_2	cf456	Alberto	Bianchi	Sax	Sax	Fiato
t_3	cf678	Alessandro	Verdi	Violino	Violino	Corda
t_4	cf890	Stefano	Ferrari	Chitarra	NULL	NULL
t_5	NULL	NULL	NULL	NULL	Flauto	Fiato

che ha due tuple in più rispetto al JOIN incompleto, la tupla t_4 per la tupla pendente della tabella MUSICISTA e la tupla t_5 per la tupla pendente della tabella STRUMENTO.

4.6 Operazioni di aggregazione e raggruppamento

Le operazioni viste fino a questo momento costituiscono le operazioni fondamentali per il modello relazionale. Tuttavia, se si pensa ad applicazioni reali di una base di dati, ci sono delle operazioni (spesso di tipo aritmetico) piuttosto frequenti che non sono espresse da queste operazioni di base. Per questo motivo esiste una estensione delle operazioni dell'algebra relazionale che permette l'applicazione di funzioni di aggregazione, come ad esempio somma e media aritmetica, eventualmente su dati raggruppati.

La prima operazione è quella di *proiezione generalizzata* che estende la definizione di proiezione 'classica' permettendo di aggiungere alla lista di attributi della proiezione, delle funzioni sugli attributi. Ad esempio, abbiamo a disposizione lo schema relazionale mostrato in Figura 4.2 che rappresenta un database di concerti in un teatro in cui è stato aggiunta un'informazione relativa al numero di biglietti venduti e al prezzo del biglietto. Supponiamo di aver a disposizione dei dati per lo schema CONCERTO, come quelli della tabella qui di seguito:

CONCERTO	Data	Teatro	Prezzo	Biglietti venduti
t_1	2015/03/28	Verdi	20	120
t_2	2015/07/03	Fenice	50	200
t_3	2015/07/30	Olimpico	45	150

e di voler fare la seguente interrogazione: 'per ogni concerto, calcolare il ricavo totale dato dal prodotto del numero di biglietti venduti per il prezzo di vendita'. L'operazione di proiezione generalizzata ci permette di scrivere l'espressione

$$\pi_{Data,Teatro,Prezzo*Biglietti}(\text{MUSICISTA})$$

ed ottenere il seguente risultato

	Data	Teatro	
t_1	2015/03/28	Verdi	4800
t_2	2015/07/03	Fenice	10000
t_3	2015/07/30	Olimpico	6750

che contiene, oltre agli attributi 'Data' e 'Teatro', anche il calcolo del ricavo come richiesto dall'interrogazione. La proiezione generalizzata permette di aggiungere

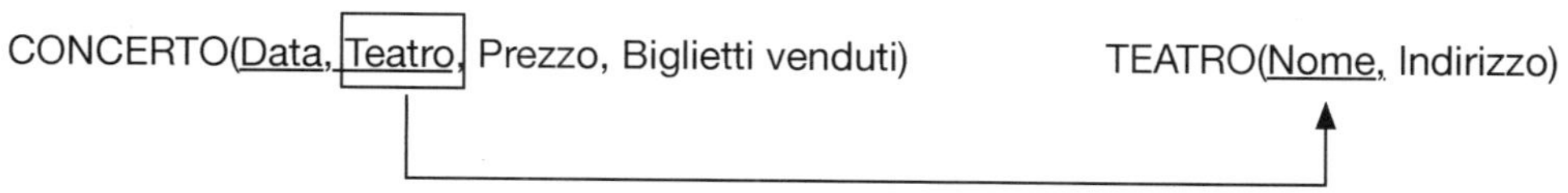

Figura 4.2: Schema relazionale per un esempio di proiezione generalizzata.

delle colonne il cui risultato viene calcolato per ogni tupla in base all'espressione richiesta. L'attributo aggiunto non ha un nome e per questo motivo è spesso opportuno, per motivi di chiarezza dello schema, ridenominare gli attributi che vengono calcolati, come ad esempio

$$\rho_{Data,Teatro,Ricavo}(\pi_{Data,Teatro,Prezzo*Bigliettivenduti}(\text{MUSICISTA}))$$

Le *operazioni di aggregazione* sono delle funzioni molto utili che non sono presenti nelle operazioni di base e che permettono di fare dei calcoli sugli attributi di una relazione. Le operazioni di aggregazione sono:

- SUM, per sommare i valori su un attributo di una tabella,
- MAX, per trovare il massimo tra i valori di un attributo,
- MIN, per trovare il minimo,
- AVERAGE, per calcolare la media di valori,
- COUNT, per contare quante tuple ci sono in una relazione.[4]

La notazione utilizzata per queste operazioni è la seguente:

$$\mathcal{F}_{f_1(A_1),f_2(A_1),f_3(A_2,A_3)...}(R(X))$$

dove $\mathcal{F}$ indica che stiamo applicando una o più funzioni di aggregazione (ad esempio $f_1, f_2, f_3, ...$) ad uno o più attributi[5] di X, $A_1, A_2 \in X$. Il risultato è una relazione che ha:

- un numero di attributi pari al numero di funzioni calcolate,
- cardinalità pari ad 1 (il risultato dell'operazione).

Per esempio, vogliamo calcolare il totale e la media dei ricavi dei concerti del caso visto in precedenza, l'espressione dell'algebra relazionale è:

$$\text{MUS} \leftarrow \pi_{Data,Teatro,Prezzo*Biglietti}(\text{MUSICISTA})$$
$$\mathcal{F}_{SUM(Ricavo),AVERAGE(Ricavo)}(\rho_{(Data,Teatro,Ricavo)}(\text{MUS}))$$

abbiamo intenzionalmente lasciato l'espressione completa (che abbiamo dovuto scrivere in due passaggi per motivi di spazio) per mostrare la concatenazione delle operazioni. Prima si calcola il prezzo dei biglietti con una proiezione generalizzata, poi si ridenominano gli attributi, quindi si calcola il ricavo totale. Il risultato è

t_1	21550	7183.3

[4]Questa è un'operazione diversa dalle altre quattro in quanto conta le tuple e non i valori su un attributo.

[5]Ad esempio, l'operazione f_3 potrebbe essere un'operazione di somma fatta sul prodotto di A_2 e A_3.

Anche in questi casi, consigliamo di ridenominare gli attributi della relazione per una comprensione migliore del risultato.

Un'altra funzione importante è quella di *raggruppamento* che permette di calcolare le funzioni di aggregazione su gruppi di tuple definite su un insieme di attributi della relazione invece che su tutta la relazione. Prima della definizione formale, proviamo a fare un esempio supponendo di avere altri dati a disposizione per la tabella dei concerti:

CONCERTO	Data	Teatro	Prezzo	Biglietti venduti
t_1	2015/03/28	Verdi	20	120
t_2	2015/07/03	Fenice	50	200
t_3	2015/07/30	Olimpico	45	150
t_4	2015/08/10	Olimpico	35	120
t_5	2015/08/21	Olimpico	50	150
t_6	2015/08/22	Verdi	25	90

L'interrogazione che vogliamo fare è la seguente: 'calcolare il ricavo totale per ciascun teatro e sapere quanti concerti sono stati fatti per ogni teatro'. La sola applicazione di una funzione di aggregazione non ci permette di calcolare il risultato voluto, ma possiamo ragionare nel seguente modo:

- prima raggruppiamo le tuple che hanno valore uguale sull'attributo teatro,
- all'interno di ciascun gruppo, applichiamo la funzione di aggregazione.

Avendo a disposizione la seguente relazione INCASSO con i ricavi dei teatri per alcuni concerti, calcolata con una proiezione generale:

$$\text{INCASSO} \leftarrow \rho_{Data,Teatro,Ricavo}(\pi_{Data,Teatro,Prezzo*Bigliettivenduti}(\text{CONCERTO}))$$

la cui tabella risultante è la seguente:

INCASSO	Data	Teatro	Ricavo
t_1	2015/03/28	Verdi	2400
t_2	2015/07/03	Fenice	10000
t_3	2015/07/30	Olimpico	6750
t_4	2015/08/10	Olimpico	4200
t_5	2015/08/21	Olimpico	7500
t_6	2015/08/22	Verdi	2250

il primo passaggio sarebbe quello di ordinare le tuple secondi i teatri:

INCASSO	Data	Teatro	Ricavo
t_1	2015/03/28	Verdi	2400
t_6	2015/08/22	Verdi	2250
t_2	2015/07/03	Fenice	10000
t_3	2015/07/30	Olimpico	6750
t_4	2015/08/10	Olimpico	4200
t_5	2015/08/21	Olimpico	7500

e l'ultimo quello di calcolare le funzioni di aggregazione per ogni teatro

	Teatro	Totale	Concerti
t_1	Verdi	4650	2
t_2	Fenice	10000	1
t_3	Olimpico	18450	3

L'espressione dell'algebra relazionale che realizza quest'operazione è la seguente:

$$_{(Teatro)}\mathcal{F}_{SUM(Ricavo),COUNT(Teatro)}(\text{INCASSO})$$

a differenza dei casi precedenti, a sinistra della $\mathcal{F}$ c'è l'attributo di raggruppamento 'Teatro' che indica alle funzioni di aggregazione di calcolare il risultato all'interno di ciascun gruppo. In realtà, per ottenere esattamente la stessa struttura della tabella iniziale avremmo dovuto ridenominare gli attributi nel modo seguente:

$$\rho_{(Teatro,Totale,Concerti)}\left(_{(Teatro)}\mathcal{F}_{SUM(Ricavo),COUNT(Teatro)}(\text{INCASSO})\right)$$

Formalmente, l'operazione di raggruppamento e aggregazione si indica nel modo seguente

$$_{(A_i,A_j,\ldots)}\mathcal{F}_{f_1(A_1),f_2(A_1),f_3(A_2)\ldots}(R(X))$$

dove $A_i, A_j \in X$ sono attributo di $R(X)$. Inoltre,

- la relazione calcolata avrà grado pari alla somma della lista degli attributi di raggruppamento e della lista delle funzioni calcolate,
- la cardinalità della relazione sarà pari al numero di gruppi creato (cioè dal numero di valori distinti sugli attributi di raggruppamento).

4.7 Algebra relazionale e valori nulli

La presenza di un valore NULL in una tupla richiede un'estensione della semantica degli operatori dell'algebra relazionale. Poiché esistono vari modi per trattare la presenza di valori nulli, in questo manuale seguiremo il più possibile la semantica data dal linguaggio SQL in maniera da essere coerenti, per quanto possibile, con l'implementazione fisica del database.

Come anticipato nei capitoli precedenti, la presenza di un valore NULL in un campo di una tupla può avere diversi significati:

- può rappresentare un valore sconosciuto (sappiamo che esiste ma non sappiamo al momento dell'inserimento dei dati quale sia il valore),
- può essere non disponibile (sono dati che per vari motivi non possiamo avere, ad esempio per questioni di riservatezza),
- può essere un valore non applicabile (ad esempio un attributo di uno schema può avere senso per alcuni elementi ma non per altri, come il caso di attributi opzionali).

Nelle sezioni seguenti analizzeremo caso per caso il risultato di un'operazione dell'algebra relazionale in presenza di valori nulli. Inizialmente dobbiamo definire il risultato di un'espressione logica in presenza di un valore sconosciuto.

4.7.1 Logica a tre valori

Nel caso in questione, vogliamo analizzare il risultato di una formula logica in presenza di un valore NULL che rappresenta un valore *sconosciuto* che non è né il valore *vero* né il valore *falso*. Di seguito vediamo il risultato delle operazioni AND, OR, NOT in una logica a tre valori: T (vero), F (falso), U (sconosciuto).

Nel caso di un'operazione AND, il risultato sarà vero solo quando entrambe le variabili sono vere:

AND	T	F	U
T	T	F	U
F	F	F	F
U	U	F	U

Nel caso di un'operazione OR, il risultato sarà vero quando una delle due variabili è vera, anche in presenza di valori sconosciuti:

OR	T	F	U
T	T	T	T
F	T	F	U
U	T	U	U

La negazione restituirà un valore sconosciuto solo se la variabile ha valore sconosciuto:

NOT	
T	F
F	T
U	U

Per convenzione, in algebra relazionale il valore *sconosciuto* viene trattato come un valore *falso*. Per questo motivo, esiste una condizione per verificare se il valore di un attributo $A \in X$ di una relazione $r(X)$ è nullo oppure no, e restituire un valore di verità vero/falso:

- A IS NULL, restituisce il valore vero se la tupla $t \in r(x)$ ha un valore nullo sull'attributo A, falso altrimenti;
- A IS NOT NULL, restituisce il valore vero se la tupla $t \in r(x)$ ha un valore $t[A] \in dom(A)$, falso altrimenti.

4.7.2 Selezione con valori nulli

La condizione di un'operazione di selezione permette di scegliere le tuple per le quali il valore della formula proposizionale F è vera. In presenza di valori nulli, la selezione utilizza le tabelle mostrate in precedenza scartando le tuple che restituiscono il valore U (sconosciuto). Ad esempio, se consideriamo la relazione musicista:

MUSICISTA	CF	Nome	Cognome	Anno nascita	Via	Numero	Città
t_1	cf123	Mario	Rossi	1980	Roma	7	Padova
t_2	cf456	Alberto	Bianchi	1988	NULL	NULL	NULL
t_3	cf678	Alessandro	Verdi	1973	Milano	8b	Firenze
t_4	cf890	Stefano	Neri	1995	Verdi	140	Venezia
t_5	cf098	Alessandro	Bianchi	1992	XX Settembre	57	Milano

e scriviamo l'espressione dell'algebra relazionale che seleziona tutti i musicisti di Padova:

$$\sigma_{Citta'=\text{`}Padova'}(\text{MUSICISTA})$$

Il risultato è un'unica tupla

	CF	Nome	Cognome	Anno nascita	Via	Numero	Città
t_1	cf123	Mario	Rossi	1980	Roma	7	Padova

poiché la condizione di selezione applicata alla tupla t_2:

$$NULL = \text{`}Padova'$$

restituisce un valore sconosciuto, e pertanto la tupla viene scartata. Se volessimo includere anche i musicisti di cui non sappiamo l'indirizzo, dovremmo utilizzare la condizione IS NULL:

$$\sigma_{(Citta'=\text{`}Padova')\ OR\ (Citta'\ IS\ NULL)}(\text{MUSICISTA})$$

Oppure, se volessimo come risultato tutti i musicisti di cui conosciamo la città dell'indirizzo

$$\sigma_{Citta'\ IS\ NOT\ NULL}(\text{MUSICISTA})$$

4.7.3 Proiezione con valori nulli

La proiezione è un caso di studio particolare (così come le operazioni insiemistiche) poiché il comportamento è uguale a quello presentato nel caso classico anche in presenza di valori nulli, sebbene le tabelle di verità mostrate in precedenza porterebbero ad un risultato diverso. Prendiamo ad esempio la tabella seguente:

ARTISTA	CF	Nome	Cognome	Strumento
t_1	cf123	Mario	Rossi	Piano
t_2	cf120	Mario	Rossi	Violino
t_3	cf456	Alberto	Bianchi	NULL
t_4	cf678	Alessandro	Verdi	Sax
t_5	cf234	Stefano	Ferrari	NULL
t_6	cf678	Giorgio	Romano	Piano
t_7	cf567	Emanuele	Greco	Chitarra
t_8	cf013	Andrea	Bianchi	NULL

e ipotizziamo di voler trovare tutti i cognomi degli artisti con i rispettivi strumenti:

$$\pi_{Cognome,Strumento}(\text{ARTISTA})$$

il risultato è

ARTISTA	Cognome	Strumento
t_1	Rossi	Piano
t_2	Rossi	Violino
t_3	Bianchi	NULL
t_4	Verdi	Sax
t_5	Ferrari	NULL
t_6	Romano	Piano
t_7	Greco	Chitarra

che è corretto da un punto di vista intuitivo, data la definizione di proiezione che elimina tuple duplicate, ma che da un punto di vista strettamente formale si comporta in maniera anomala.[6]

[6]Nella rimozione dei duplicati, la condizione (Bianchi, NULL) = (Bianchi, NULL) restituisce un valore sconosciuto e la tupla dovrebbe essere tenuta.

4.7.4 Operazioni insiemistiche con valori nulli

Come accennato in precedenza, le operazioni di unione, differenza e intersezione si comportano come se i valori NULL fossero dei valori confrontabili. Ad esempio, se avessimo le due tabelle ARTISTA e MUSICISTA:

ARTISTA	CF	Nome	Cognome	Strumento
t_1	cf123	Mario	Rossi	Piano
t_2	cf120	Mario	Rossi	Violino
t_3	cf456	Alberto	Bianchi	NULL
t_4	cf678	Alessandro	Verdi	Sax
t_5	cf234	Stefano	Ferrari	NULL
t_6	cf678	Giorgio	Romano	Piano
t_7	cf567	Emanuele	Greco	Chitarra
t_8	cf013	Andrea	Bianchi	NULL

MUSICISTA	CF	Nome	Cognome	Strumento
t_2	cf120	Mario	Rossi	Violino
t_3	cf456	Alberto	Bianchi	NULL
t_4	cf678	Alessandro	Verdi	Sax
t_5	cf234	Stefano	Ferrari	NULL
t_6	cf678	Giorgio	Romano	Piano

e volessimo eseguire la seguente operazione:

$$\pi_{Cognome,Strumento}(\text{ARTISTA}) \setminus \pi_{Cognome,Strumento}(\text{MUSICISTA})$$

il risultato sarebbe

	CF	Nome	Cognome	Strumento
t_1	cf123	Mario	Rossi	Piano
t_2	cf678	Giorgio	Romano	Piano
t_3	cf567	Emanuele	Greco	Chitarra

dove sono state eliminate anche le coppie del tipo ('cognome', NULL).

L'unione si comporta allo stesso modo (in questo esempio il risultato sarebbe nuovamente la tabella ARTISTA) così come l'intersezione, ad esempio

$$\pi_{Cognome,Strumento}(\text{ARTISTA}) \cap \pi_{Cognome,Strumento}(\text{MUSICISTA})$$

restituisce la relazione

ARTISTA	CF	Nome	Cognome	Strumento
t_1	cf120	Mario	Rossi	Violino
t_2	cf456	Alberto	Bianchi	NULL
t_3	cf678	Alessandro	Verdi	Sax
t_4	cf234	Stefano	Ferrari	NULL
t_5	cf678	Giorgio	Romano	Piano

4.7.5 Operazioni di JOIN con valori nulli

Nel caso delle operazioni di JOIN, la verifica della condizione della correlazione si comporta come definito dalle tabelle di verità mostrate nella sezione della logica a tre valori.

Iniziamo dal comportamento del join naturale. Avendo le due tabelle seguenti a disposizione:

MUSICISTA	CF	Nome	Cognome	Strumento
t_1	cf123	Mario	Rossi	Piano
t_2	cf456	Alberto	Bianchi	NULL
t_3	cf678	Alessandro	Verdi	NULL

SUONA	CF	Strumento	Anno
t_1	cf123	Plano	1970
t_2	cf123	Violino	1981
t_3	cf456	NULL	2002
t_4	cf678	Violino	1997

Il join naturale non combina due tuple se queste hanno un valore nullo su uno degli attributi in comune, anche se esistono valori uguali su altri attributi del join. Di conseguenza, il risultato dell'operazione

$$\text{MUSICISTA} \bowtie \text{SUONA}$$

è una tabella con una tupla:

MUSICISTA	CF	Nome	Cognome	Strumento	Anno
t_1	cf123	Mario	Rossi	Piano	1970

Il theta-join, allo stesso modo del join naturale, correla solo le tuple i cui valori verificano la condizione di join, ad esempio date le due tabelle

MUSICISTA	CF	Nom	Cog	Strumento
t_1	cf123	Mario	Rossi	Piano
t_2	cf456	Alberto	Bianchi	Sax
t_3	cf678	Alessandro	Verdi	NULL

STRUMENTO	Nome	Tipo
t_1	Piano	NULL
t_2	Violino	Corda
t_3	Sax	Fiato
t_4	Chitarra	Corda

e l'espressione seguente:

$$\text{MUSICISTA} \bowtie_{Strumento=Nome} \text{SUONA}$$

il risultato è la seguente tabella

	CF	Nom	Cog	Strumento	Nome	Tipo
t_1	cf123	Mario	Rossi	Piano	Piano	NULL
t_2	cf456	Alberto	Bianchi	Sax	Sax	Fiato

4.7.6 Operazioni di aggregazione e raggruppamento con valori nulli

Le funzioni di aggregazione SUM, MAX, MIN, AVERAGE si comportano come se il valore NULL non fosse presente, pertanto il risultato viene calcolato sul sottoinsieme dei valori che non sono nulli.[7] La funzione COUNT si comporta in maniera diversa a seconda dell'insieme di attributi sulla quale viene applicata. Ad esempio, nel caso della tabella degli artisti

ARTISTA	CF	Nome	Cognome	Strumento
t_1	cf123	Mario	Rossi	Piano
t_2	cf120	Mario	Rossi	Violino
t_3	cf456	Alberto	Bianchi	NULL
t_4	cf678	Alessandro	Verdi	Sax
t_5	cf234	Stefano	Ferrari	NULL
t_6	cf678	Giorgio	Romano	Piano
t_7	cf567	Emanuele	Greco	Chitarra
t_8	cf013	Andrea	Bianchi	NULL
t_9	cf313	Ivano	Rossi	Piano

[7] Attenzione a non confondere l'assenza del valore con un valore pari uguale 0. In quest'ultimo caso, solo la somma darebbe lo stesso risultato rispetto a non avere il dato.

La funzione COUNT applicata a tutti gli attributi della tabella (utilizziamo il simbolo $*$ per questo scopo) conta tutte le righe della tabella, come ci si aspetta

$$\mathcal{F}_{COUNT(*)}(\text{ARTISTA}) = 9$$

lo stesso risultato lo si ottiene se si conta su un insieme di attributi che sono superchiave della tabella:

$$\mathcal{F}_{COUNT(CF,Cognome)}(\text{ARTISTA}) = 9$$

se invece il conto lo si fa su un insieme di attributi non superchiave e sono presenti valori nulli, la funzione si comporta come la proiezione, e cioè rimuove i duplicati prima di contare. Quindi, l'espressione

$$\mathcal{F}_{COUNT(Cognome,Strumento)}(\text{ARTISTA}) = 7$$

perché sia la coppia (Rossi, Piano) che la coppia (Bianchi, NULL) è presente due volte. Al contrario, quando il conto delle tuple viene fatto sul singolo attributo, il valore NULL viene rimosso dal conteggio

$$\mathcal{F}_{COUNT(Strumento)}(\text{ARTISTA}) = 4$$

in questo caso il risultato è uguale a 4 poiché ci sono 4 strumenti distinti (escluso il valore NULL).

L'utilizzo di una funzione di raggruppamento prima del calcolo di una funzione di aggregazione genera un numero di gruppi pari al numero di tuple calcolato negli esempi precedenti, ad eccezione di un caso particolare. Vediamoli uno ad uno a partire dal caso del raggruppamento per un insieme di attributi che è superchiave (il caso della chiave primaria è esattamente lo stesso). L'espressione è la seguente (in tutti i prossimi esempi, per brevità, conteremo su tutti gli attributi del raggruppamento dal momento che conosciamo già il comportamento delle funzioni di aggregazione in casi particolari)

$$_{(CF,Cognome)}\mathcal{F}_{COUNT(*)}(\text{ARTISTA})$$

il risultato è un insieme di 9 tuple con conteggi tutti pari ad 1

	CF	Cognome	
t_1	cf123	Rossi	1
t_2	cf120	Rossi	1
t_3	cf456	Bianchi	1
t_4	cf678	Verdi	1
t_5	cf234	Ferrari	1
t_6	cf678	Romano	1
t_7	cf567	Greco	1
t_8	cf013	Bianchi	1
t_9	cf313	Rossi	1

Se invece l'insieme di attributi di raggruppamento non è una superchiave e alcuni degli attributi ammettono valori nulli, come nel caso successivo

$$_{(Cognome,Strumento)}\mathcal{F}_{COUNT(*)}(\text{ARTISTA})$$

il raggruppamento genera le tuple distinte (considerando il valore NULL come valore valido per il confronto) e conta quante tuple ci sono in ogni raggruppamento:

	Cognome	Strumento	
t_1	Rossi	Piano	2
t_2	Rossi	Violino	1
t_3	Bianchi	NULL	2
t_4	Verdi	Sax	1
t_5	Ferrari	NULL	1
t_6	Romano	Piano	1
t_7	Greco	Chitarra	1

In questi due esempi, il numero di tuple è uguale al risultato della funzione COUNT sugli stessi attributi senza raggruppamento. L'unico caso in cui il comportamento è diverso è il raggruppamento su un unico attributo che presenta dei valori nulli, come nella espressione seguente:

$$_{(Strumento)}\mathcal{F}_{COUNT(*)}(\text{ARTISTA})$$

produce la seguente tabella

	Strumento	
t_1	Piano	3
t_2	Violino	1
t_3	Chitarra	1
t_4	Sax	1
t_5	NULL	3

che ha una riga in più rispetto alla semplice COUNT sull'attributo Strumento poiché viene considerato valido il gruppo dei valori NULL (con un conteggio pari a 3).

5

SQL

L'obiettivo di questo capitolo è quello di introdurre alcuni concetti utili per implementare una base di dati e per manipolare i dati in essa mantenuti.

Un DBMS fornisce diversi linguaggi per implementare una base di dati:

- *linguaggio di definizione dei dati* (DDL, *Data Definition Language*): è usato per specificare lo schema concettuale, che consente di descrivere le entità, le associazioni e loro vincoli;
- *linguaggio di definizione della memorizzazione* (SDL, *Storage Definition Language*): è usato per specificare lo schema interno, che consente di descrivere la struttura di memorizzazione fisica della base di dati;
- *linguaggio di definizione delle viste* (VDL, *View Definition Language*): è usato per specificare schemi esterni o viste d'utente, che consentono di specificare la parte della base di dati di interesse per un gruppo di utenti;
- *linguaggio di manipolazione dei dati* (DML, *Data Manipulation Language*): è usato per la manipolazione dei dati, ad esempio per l'inserimento, la cancellazione, la modifica ed il reperimento dei dati.

Questo capitolo introdurrà alcuni concetti relativi ad SQL (*Structured Query Language*, linguaggio strutturato di interrogazione), un linguaggio che fornisce istruzioni per specificare lo schema concettuale, per l'inserimento, la cancellazione, la modifica ed il reperimento dei dati; SQL è quindi sia un DDL che un DML. In realtà SQL fornisce anche altre funzionalità, come la definizione delle viste o delle autorizzazioni per l'accesso ai dati. In questo capitolo focalizzeremo la nostra attenzione sulle funzionalità di definizione e manipolazione dei dati. Per una trattazione completa si rimanda al testo utilizzato nel corso o ai libri suggeriti nel sommario.

In riferimento ai concetti di relazione, tuple ed attributo utilizzati dal modello relazionale, SQL utilizza la seguente terminologia:

- *tabella* $\rightarrow$ relazione
- *riga* $\rightarrow$ tupla
- *colonna* $\rightarrow$ attributo

In questo capitolo utilizzeremo il termine *attributo* per riferirci ad una colonna.

Il capitolo è strutturato in tre sezioni. La sezione 5.1 introduce le istruzioni SQL per la creazione dello schema di una base di dati, la definizione di tabelle, dei tipi di dato, e di vicoli di tabella, di attributo e tra tabelle (vincoli di integrità referenziale). La sezione 5.2 introduce le istruzioni SQL per la manipolazione dei dati, in particolare per le funzionalità di inserimento e cancellazione dei dati, reperimento dei dati e loro aggiornamento. La sezione 5.3 discute un caso di studio relativo alla modellazione di un dataset che viene spesso utilizzato per la valutazione di algoritmi di categorizzazione automatica dei testi.

Le istruzioni riportate nel capitolo riguardano principalmente istruzioni presenti nello Standard SQL, quindi non dipendenti dal particolare RDBMS scelto. Tuttavia, gli output riportati in alcuni degli esempi fanno riferimento ad uno specifico RDBMS, in particolare PostgreSQL versione 9.6.3.[1]

5.1 Definizione dei dati in SQL

Le istruzioni SQL relative alle funzionalità di definizione sono riportate in Tabella 5.1.

Istruzione	Descrizione
`CREATE DATABASE`	*creazione dello schema di una base di dati*
`DROP DATABASE`	*cancellazione dello schema di una base di dati*
`CREATE TABLE`	*creazione dello schema di una tabella*
`DROP TABLE`	*cancellazione dello schema di una tabella*
`ALTER TABLE`	*modifica dello schema di una tabella*

Tabella 5.1: Istruzioni SQL relative a funzionalità di definizione.

5.1.1 Creazione e rimozione di schema di base di dati

Supponiamo di voler creare lo schema di base di dati per la gestione di concerti e dei musicisti coinvolti in tali concerti, e di voler chiamare tale base di dati "bdmusicale". L'istruzione SQL per la creazione dello schema di base di dati è la seguente:

```
CREATE DATABASE bdmusicale;
```

L'istruzione

```
DROP DATABASE bdmusicale;
```

consente di rimuovere lo schema di basi di dati "bdmusicale", se presente.

[1]http://www.postgresql.org

Le istruzioni sopra riportate ci consentono di fare una prima osservazione: le parole riservate delle istruzioni SQL sono case-insensitive (quindi `CREATE` e `create` vengono interpretate allo stesso modo). I nomi di base di dati, tabelle e attributi non sono in generale case-insensitive: il comportamento può variare a seconda del DBMS scelto e del sistema operativo utilizzato. Per questo motivo è opportuno utilizzare sempre la stessa convenzione. Ad esempio, in PostgreSQL è possibile utilizzare una notazione case-sensitive per i nomi, specificando il nome tra virgolette:

```
CREATE DATABASE "BDMusicale";
```

Per rimuovere lo schema di base di dati così creato non è possibile utilizzare l'istruzione `DROP DATABASE` riportata sopra; se lo si facesse, si otterrebbe il seguente errore:

```
ERROR:  database "bdmusicale" does not exist
```

Come per l'istruzione di creazione, anche per la rimozione è necessario specificare il nome tra virgolette:

```
DROP DATABASE "BDMusicale";
```

Negli esempi riportati di seguito utilizzeremo la notazione camel-case senza l'utilizzo di virgolette.

5.1.2 Creazione, rimozione e modifica di una tabella

Consideriamo la relazione MUSICISTA come descritta in Figura 3.13, che riportiamo per comodità in Figura 5.1 insieme allo schema ER da cui deriva:

L'istruzione SQL per creare la tabella relativa a tale relazione (non considerando per il momento la chiave primaria) è

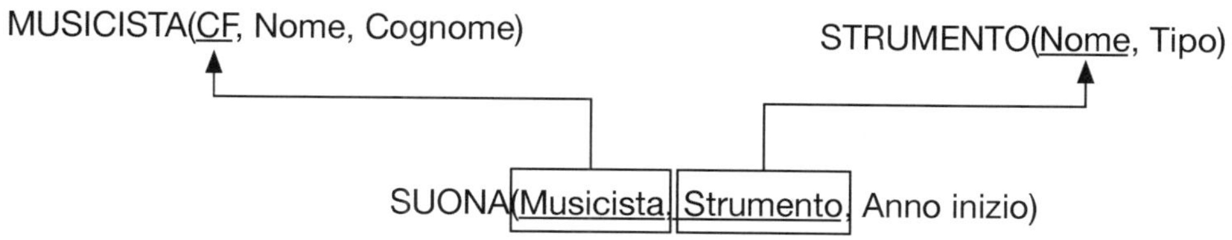

Figura 5.1: Schema ER e schema relazionale di Figura 3.13.

```
1 CREATE TABLE Musicista (
2   CF      CHAR(5),
3   Nome    VARCHAR(30),
4   Cognome VARCHAR(30)
5 );
```

Tale istruzione crea una tabella con nome 'Musicista' e con tre colonne che corrispondono agli attributi 'CF', 'Nome' e 'Cognome' della relazione MUSICISTA. Per ciascun attributo è necessario specificare il nome (ad esempio `CF` alla riga 2) ed il tipo di dato (ad esempio `CHAR(16)` alla riga 2) che consente di specificare il dominio dell'attributo corrispondente. Sebbene i tipi di dato verranno trattati nella sezione 5.1.3, è opportuno osservare che l'istruzione sopra sottintende alcune assunzioni sugli attributi, in particolare:

- che il codice fiscale sia una stringa composta esattamente da 5 caratteri;
- che il nome ed il cognome siano delle stringhe lunghe non più di trenta caratteri.

Tali assunzioni sono il risultato della fase di analisi dei requisiti e di scelte di modellazione della realtà di interesse.

L'istruzione `DROP TABLE` consente di rimuovere una tabella esistente; ad esempio, l'istruzione per rimuovere la tabella 'Musicista' è riportata di seguito:

```
DROP TABLE Musicista;
```

L'istruzione `ALTER TABLE` consente di modificare una tabella esistente. Ad esempio, in riferimento alla tabella 'Musicista', supponiamo che sorga la necessità di memorizzare l'informazione sulla data di nascita dei musicisti per il calcolo di alcune statistiche (come l'età media). È necessario rimuovere e creare nuovamente la tabella? Procedendo in tal modo perderemmo tutti i dati memorizzati nella tabella (ed in altre tabelle se esiste un vincolo di integrità referenziale). L'istruzione `ALTER TABLE` consente di evitare tale inconveniente:

```
ALTER TABLE Musicista ADD DataNascita DATE;
```

dove 'DataNascita' è il nome dell'attributo aggiunto, e `DATE` è il tipo di dato. L'attributo può essere rimosso mediante l'istruzione

```
ALTER TABLE Musicista DROP DataNascita;
```

L'operazione `ALTER TABLE` consente di modificare anche eventuali vincoli di attributo, di tabella o di integrità referenziale.

Al fine di illustrare alcuni esempi relativi alla specificazione di vincoli, è necessario introdurre già in questa sezione due istruzioni SQL per la manipolazione dei dati, in particolare per l'inserimento e il reperimento dei dati.

L'istruzione SQL INSERT consente di inserire i dati all'interno di una tabella; tale istruzione si struttura come segue:

```
1 INSERT INTO <nome tabella>(<elenco attributi>) VALUES
2   (<elenco valori da inserire negli attributi>);
```

dove gli attributi alla riga 1 (ed i corrispondenti valori nella riga 2) sono separati da virgole. Ad esempio, è possibile inserire i dati corrispondenti alla prima riga dell'istanza dello schema di relazione MUSICISTA in Figura 3.14 mediante la seguente istruzione SQL:

```
1 INSERT INTO Musicista(CF, Nome, Cognome) VALUES
2   ('cf123','Mario','Rossi');
```

Nel caso in cui si volessero inserire più righe, è sufficiente specificarle come in riga 2, separando con una virgola le diverse righe:

```
INSERT INTO Musicista(CF, Nome, Cognome) VALUES
  ('cf123','Mario','Rossi'),
  ('cf456','Alberto','Bianchi'),
  ('cf789','Alessandro','Verdi');
```

È possibile verificare quali righe siano presenti all'interno della tabella 'Musicista' utilizzando un'interrogazione SQL, la cui struttura in forma semplificata è riportata di seguito:

```
SELECT <elenco degli attributi di proiezione>
FROM <nome tabella>
WHERE <condizione di selezione>;
```

la struttura completa verrà illustrata in dettaglio nella sezione 5.2, dove si tratterà la manipolazione dei dati in SQL. Ad esempio, la seguente istruzione consente di reperire tutte le righe della tabella 'Musicista':

```
SELECT * FROM Musicista;
```

che nel caso della tabella popolata mediante la seconda istruzione di inserimento riportata sopra, produrrà il seguente risultato:

```
         cf          |    nome     | cognome
---------------------+-------------+---------
 cf123               | Mario       | Rossi
 cf456               | Alberto     | Bianchi
```

```
cf789          | Alessandro | Verdi
```

Se volessimo reperire solamente i codici fiscali (CF) dei musicisti, sarebbe sufficiente specificare CF come attributo di proiezione:

```
SELECT CF FROM Musicista;
```

ottenendo come risultato:

```
     cf
---------------
cf123
cf456
cf789
```

5.1.3 Vincoli di attributo

Nella sezione 3.2.1 sono stati trattati i vincoli intra-relazionali. Uno dei vincoli discussi è il *vincolo di dominio* che specifica il dominio di appartenenza per ogni valore di un attributo. In SQL possiamo specificare il dominio di un attributo specificando il tipo di dato associato a tale attributo ed eventuali vincoli che i valori dell'attributo devono soddisfare.

Tipi di dato

I principali tipi di dato disponibili per definire il dominio di un attributo includono i tipi numerici interi ed a virgola mobile, le stringhe di caratteri, i tipi di dato relativi a data e ora, ed il tipo di dato booleano.

- I tipi di dati *numerici interi* includono `SMALLINT` ed `INTEGER` che differiscono per l'intervallo numerico che consentono di rappresentare. Ad esempio, nell'implementazione di MySQL[2] e PostgreSQL[3] il tipo di dato `SMALLINT` consente di rappresentare interi nell'intervallo [-32768,+32767] e richiede uno spazio di memorizzazione pari a 2 byte; il tipo di dato `INTEGER` consente di rappresentare numeri interi nell'intervallo [-2147483648, +2147483647] e richiede 4 byte per la memorizzazione. Nel caso sia necessario dover rappresentare valori numerici in intervalli più ampi, è possibile utilizzare il tipo di dato `BIGINT`, che richiede 8 byte[4] per la memorizzazione e consente di rappresentare valori numerici da -2^{63} a $+2^{63}-1$.

[2] https://dev.mysql.com/doc/refman/5.7/en/integer-types.html

[3] http://www.postgresql.org/docs/9.6/static/datatype-numeric.html

[4] Anche in questo caso, spazio di memorizzazione e intervalli numerici fanno riferimento a specifiche versioni di MySQL e PostgreSQL. Per altri RDBMS è necessario consultare la documentazione di riferimento.

- I tipi di dati *numerici a virgola mobile* includono `FLOAT`, `REAL`, `DOUBLE PRECISION`, `NUMERIC` e `DECIMAL`. I primi tre tipi consentono di rappresentare valori numerici approssimati con diversa precisione: nel caso di `REAL` e `DOUBLE PRECISION` la precisione è definita a livello implementativo, con il vincolo che precisione di `DOUBLE PRECISION` sia maggiore di quella di `REAL`; nel caso di `FLOAT` la precisione p può essere specificata, dove p rappresenta la precisione minima accettabile (quindi la precisione sarà maggiore o uguale a p).

  Il tipo di dato `NUMERIC(p,s)` consente di rappresentare valori numerici in maniera esatta, specificandone precisione p e scala s. La *precisione* è il numero di cifre significative nell'intero numero; la precisione deve essere positiva. La *scala* è il numero di cifre significative a destra della virgola; la scala deve essere non negativa. Ad esempio, per rappresentare il numero 23.5141 è necessaria precisione 6 e scala 4. Supponendo di aver scelto PostgreSQL come RDBMS PostgreSQL e di aver creato una tabella di test con un attributo valore di tipo `NUMERIC` a precisione 6 e scala 4,

```
CREATE TABLE NumericTest (
    valore  NUMERIC(6,4)
);
```

  se inseriamo un valore con scala maggiore rispetto a quella specificata,

```
INSERT INTO NumericTest VALUES (23.514173);
```

  il numero verrà approssimato in base alla scala specificata

```
SELECT * FROM NumericTest;

 valore
---------
 23.5142
(1 row)
```

  in cui l'ultima cifra decimale è stata approssimata per eccesso. Se il numero di cifre a sinistra della virgola è maggiore della differenza tra precisione e scala, $p - s$,

```
INSERT INTO NumericTest VALUES (523.51);
```

  si verificherà un errore

```
ERROR:  numeric field overflow
```

```
DETAIL:  A field with precision 6, scale 4 must round to an
    absolute value less than 10^2.
```

Alcuni RDBMS come PostgreSQL, supportano i valori "infinity", "negative infinity" e "not-a-number" definiti nelle specifiche IEEE 754; in PostgreSQL tali valori sono rappresentati rispettivamente da Infinity, -Infinity e NaN e devono essere inseriti tra apici:

```
CREATE TABLE DoubleTest (
  valore DOUBLE PRECISION
);

INSERT INTO DoubleTest VALUES
  ('Infinity'),
  ('-Infinity'),
  ('NaN');
```

Tali valori speciali sono case-insensitive (ad esempio utilizzare 'nan' equivale ad utilizzare 'NaN').

- Il tipo di dato *booleano* segue una logica a tre valori. Infatti può assumere i tradizionali valori `TRUE` e `FALSE`, ma può anche assumere valore `NULL`, consentendo così di considerare anche il caso in cui il valore dell'attributo sia sconosciuto. Per imporre che un attributo sia di tipo booleano è sufficiente utilizzare la parola riservata `BOOLEAN`. Un esempio di utilizzo di tale tipo di dato è riportato di seguito:

```
CREATE TABLE BooleanTest(
  valore BOOLEAN
);

INSERT INTO BooleanTest(valore) VALUES
  (TRUE),
  (NULL),
  (FALSE);


SELECT * FROM BooleanTEST;
 valore
--------
 t

 f
(3 rows)
```

Anche in questo caso i valori sono case-insensitive. In PostgreSQL è possibile specificare i valori true e false anche utilizzando altre stringhe, e.g. `true, false, 't','f','1','0'`; si faccia riferimento alla documentazione ufficiale[5] per la lista completa.

- i tipi di dato per la rappresentazione di *stringhe di caratteri* sono `CHARACTER` e `CHARACTER VARYING`. Il tipo `CHARACTER(n)` o `CHAR(n)` consente di rappresentare una stringa di caratteri di lunghezza fissa, nello specifico una stringa di lunghezza n. Ad esempio, è possibile definire un attributo di tipo stringa di lunghezza fissa 6 come segue:

```
CREATE TABLE CharTest(
    valore CHARACTER(6)
);
```

Eseguendo poi le istruzioni

```
INSERT INTO CharTest VALUES ('Wood');
INSERT INTO CharTest VALUES ('Martin');
INSERT INTO CharTest VALUES ('Medeski');
```

si noterà come l'inserimento delle stringhe 'Wood' e 'Martin' avverrà con successo, mentre si otterrà un messaggio di errore

```
ERROR:  value too long for type character(6)
```

nel caso della stringa 'Medeski', essendo quest'ultima di lunghezza superiore a quella specificata. Nel caso della stringa 'Wood', la lunghezza è 4, che è inferiore a quella specificata per il tipo di dato. In questo caso l'inserimento verrà comunque effettuato con successo; la stringa verrà riempita con tanti spazi vuoti quanti sono necessari per arrivare alla lunghezza specificata per l'attributo (in questo caso 6).

Il tipo di dato `CHARACTER VARYING(n)` o `VARCHAR(n)` consente di rappresentare una stringa di lunghezza variabile, in cui n è il numero massimo di caratteri. Segue un esempio di utilizzo:

```
CREATE TABLE VarcharTest(
    valore VARCHAR(6)
);

INSERT INTO VarcharTest VALUES ('Wood');
INSERT INTO VarcharTest VALUES ('Martin');
```

[5] http://www.postgresql.org/docs/9.3/static/datatype-boolean.html

```
7 INSERT INTO VarcharTest VALUES ('Medeski');
```

Anche in questo caso le istruzioni alle righe 5 e 6 verranno eseguite con successo, mentre l'istruzione alle riga 7 genererà un errore:

```
ERROR:  value too long for type character(6)
```

I tipi di dato `CHAR` e `VARCHAR` distinguono tra maiuscole e minuscole. I due tipi di dato differiscono, ad esempio, nel modo in cui vengono memorizzati e nella gestione degli spazi in eccesso (come nel caso della stringa 'Wood'). Ad esempio, utilizzando PostgreSQL ed inserendo le stringhe 'Wood' e 'Wood ' nelle due tabelle 'CharTest' e 'VarcharTest' create sopra, otterremo:

```
1 -- Esempio per CHAR
2 INSERT INTO CharTest VALUES ('Wood');
3 INSERT INTO CharTest VALUES ('Wood   ');
4
5 SELECT valore, char_length(valore), octet_length(valore)
     FROM CharTest;
6  valore | char_length | octet_length
7 --------+-------------+--------------
8  Wood   |           4 |            6
9  Wood   |           4 |            6
10 (2 rows)
11
12 -- Esempio per varchar
13 INSERT INTO VarcharTest VALUES ('Wood');
14 INSERT INTO VarcharTest VALUES ('Wood  ');
15
16 SELECT valore, char_length(valore), octet_length(valore)
     FROM VarcharTest;
17  valore | char_length | octet_length
18 --------+-------------+--------------
19  Wood   |           4 |            4
20  Wood   |           6 |            6
```

dove le funzioni `char_length()` e `octet_length()` di PostgreSQL restituiscono rispettivamente il numero di caratteri ed il numero di byte relativi alla stringa data in ingresso. Esaminando l'output riportato alle righe 8-9 osserviamo che, indipendentemente dal numero di spazi presenti, nel caso dei `CHAR` il numero di caratteri è lo stesso, così come la dimensione della stringa in byte; in PostgreSQL gli spazi non vengono quindi considerati come "semanticamente significativi" (ad esempio nell'effettuare operazioni di confronto tra `CHAR`). Al contrario, l'output riportato nelle righe 19-20 mostra come gli spazi vengano effettivamente considerati nel computo della lunghezza e della dimensione. Sono inoltre considerati come "semanticamente significativi" nel confronto tra VARCHAR e quando si effettuano operazioni di pattern matching, come nel caso del LIKE che verrà introdotto nella sezione 5.2.

Un ulteriore tipo di dato per rappresentare stringhe di testo è TEXT che, a differenza di CHAR e VARCHAR, consente di rappresentare stringhe di lunghezza arbitraria.

- I tipi di dati DATE e TIME consentono rispettivamente di rappresentare date e istanti temporali; TIMESTAMP comprende DATE e TIME. Per specificare un valore è necessario inserirlo tra apici e precedere la stringa così ottenuta con l'espressione DATE, TIME o TIMESTAMP a seconda del tipo di dato. Ad esempio:

```
CREATE TABLE DateTest (
    valore  DATE
);
INSERT INTO DateTest VALUES (DATE '2011-01-01');

CREATE TABLE TimeTest (
  valore TIME
);
INSERT INTO TimeTest VALUES (TIME '12:24:32.00023');
```

Vincolo di valore non nullo

In alcuni casi può essere necessario specificare che il valore di un attributo non sia nullo. Tale vincolo può essere specificato mediante l'istruzione NOT NULL. Ad esempio, nel caso della tabella 'Musicista', uno dei requisiti potrebbe essere quello che 'Nome' e 'Cognome' non siano nulli. Per imporre tale vincolo, è sufficiente modificare la definizione della tabella come segue:

```
CREATE TABLE Musicista (
  CF     CHAR(5),
  Nome   VARCHAR(30) NOT NULL,
  Cognome VARCHAR(30) NOT NULL
);
```

L'istruzione

```
INSERT INTO Musicista(CF, Nome, Cognome) VALUES
  ('cf123',NULL,'Rossi');
```

che andrebbe a buon fine con la precedente definizione della tabella Musicista, in questo caso genererà un errore:

```
ERROR:  null value in column "nome" violates not-null
    constraint
DETAIL:  Failing row contains (cf123, null, Rossi).
```

Altri vincoli

Per definire il dominio di un attributo, potrebbe essere necessario specificare altri vincoli oltre al tipo di dato e ad imporre che il valore non sia nullo. Supponiamo, ad esempio, di voler memorizzare informazione sul sesso del musicista in un attributo 'Sesso'; dal momento che tale attributo può assumere solamente un numero finito di valori, e.g. 'M' o 'F', potremmo voler imporre che altri valori non siano consentiti. L'istruzione riportata alla riga 5 consente di imporre tale vincolo mediante la parole riservata CHECK:

```
1  CREATE TABLE Musicista (
2    CF     CHAR(5),
3    Nome   VARCHAR(30) NOT NULL,
4    Cognome VARCHAR(30) NOT NULL,
5    Sesso CHAR(1) CHECK (Sesso='M' OR Sesso='F')
6  );
7
8  INSERT INTO Musicista(CF,Nome,Cognome,Sesso) VALUES
9    ('cf369','Esperanza','Spalding','F');
10
11 INSERT INTO Musicista(CF,Nome,Cognome,Sesso) VALUES
12   ('cf248','John','Medeski','D');
```

Mentre l'inserimento specificato alle righe 8-9 andrà a buon fine, l'istruzione alle righe 11-12 genererà l'errore

```
ERROR:  new row for relation "musicista" violates check
    constraint "musicista_sesso_check"
DETAIL:  Failing row contains (cf248, John, Medeski, D).
```

dal momento che viola il vincolo imposto.

Un metodo alternativo per gestire tale vincolo è quello di definire un dominio:

```
CREATE DOMAIN GENDER AS CHAR(1)
  CHECK (VALUE='M' OR VALUE='F');
```

La definizione della tabella Musicista potrà quindi essere modificata in:

```
CREATE TABLE Musicista (
  CF     CHAR(5),
```

```
    Nome    VARCHAR(30) NOT NULL,
    Cognome VARCHAR(30) NOT NULL,
    Sesso   GENDER
);
```

Uno dei vantaggi della definizione di un dominio è che, nel caso in cui più tabelle condividano un attributo di tipo `GENDER`, non sarà necessario ripete l'istruzione `Sesso CHAR(1) CHECK (Sesso='M' OR Sesso='F')` per ogni tabella.

5.1.4 Vincoli di tabella

Vincoli di chiave primaria e di unicità

Le definizioni di tabella utilizzate negli esempi precedenti consentono di violare il più importate dei vincoli a livello di relazione: il vincolo di *chiave*. Si considerino, ad esempio, le seguenti istruzioni SQL:

```
1  CREATE TABLE Musicista (
2    CF      CHAR(5),
3    Nome    VARCHAR(30) NOT NULL,
4    Cognome VARCHAR(30) NOT NULL
5  );
6
7  INSERT INTO Musicista VALUES
8    ('cf123','Mario','Rossi'),
9    ('cf123','Mario','Rossi');
10
11 SELECT * FROM Musicista;
```

Esaminando il risultato dell'interrogazione riportata alla riga 11,

```
  cf    | nome    | cognome
--------+---------+----------
 cf123  | Mario   | Rossi
 cf123  | Mario   | Rossi
(2 rows)
```

osserviamo come la definizione di tabella riportata alle righe 1-5 consenta di inserire due tuple (righe) identiche. Assumendo che tutti i musicisti siano dotati di codice fiscale e sapendo che quest'ultimo identifica univocamente un musicista, l'attributo CF potrà essere utilizzato come chiave. Per specificare un vincolo di chiave primaria è sufficiente utilizzare l'espressione `PRIMARY KEY` come segue:

```
CREATE TABLE Musicista (
  CF      CHAR(5) PRIMARY KEY,
  Nome    VARCHAR(30) NOT NULL,
```

```
  Cognome VARCHAR(30) NOT NULL
);
```

Eseguendo l'istruzione di inserimento

```
INSERT INTO Musicista VALUES
  ('cf123','Mario','Rossi'),
  ('cf123','Mario','Rossi');
```

si otterrà il seguente messaggio di errore:

```
ERROR:  duplicate key value violates unique constraint
  "musicista_pkey"
DETAIL:  Key (cf)=(cf123) already exists
```

dal momento che si è violato il vincolo di chiave primaria cercando di inserire due righe identiche.

Una chiave primaria, in generale, può essere costituita da più attributi. Si consideri ad esempio la relazione SUONA riportata in Figura 3.13; in questo caso la chiave primaria è costituita dagli attributi 'Musicista' (che corrisponde all'attributo CF della relazione MUSICISTA) e 'Strumento' (che corrisponde all'attributo 'Nome' della relazione STRUMENTO). L'istruzione SQL per definire la tabella corrispondente alla relazione SUONA, non considerando i vincoli di integrità referenziale, è riportata di seguito:

```
1 CREATE TABLE Suona (
2   Musicista CHAR(5) NOT NULL,
3   Strumento VARCHAR(30) NOT NULL,
4   AnnoInizio SMALLINT CHECK (AnnoInizio>=1900),
5   PRIMARY KEY (Musicista,Strumento)
6 );
```

dove il vincolo di chiave primaria sugli attributi 'Musicista' e 'Strumento' è specificato alla riga 5. In riferimento all'attributo 'Anno inizio' della relazione SUONA, nella definizione di tabella riportata sopra si è assunto che nessuno dei musicisti abbia iniziato a suonare prima del 1900. Anche in questo caso, l'inserimento di due righe uguali

```
INSERT INTO Suona VALUES
  ('cf123','Piano',1980),
  ('cf123','Piano',1980);
```

genererà un errore:

```
ERROR:  duplicate key value violates unique constraint "
    suona_pkey"
DETAIL:  Key (musicista, strumento)=(cf123, Piano) already
    exists.
```

In una relazione potrebbe esserci più di una chiave candidata. Supponiamo che a ciascun musicista sia associato un codice che lo identifica univocamente (ad esempio legato ad una "tessera del musicista"); supponiamo che tale numero sia denominato 'NumeroTessera' e che sia un intero positivo. Non è possibile inserire due chiavi primarie; l'istruzione SQL:

```
CREATE TABLE Musicista (
  CF     CHAR(5) PRIMARY KEY,
  Nome   VARCHAR(30) NOT NULL,
  Cognome VARCHAR(30) NOT NULL,
  NumeroTessera INTEGER PRIMARY KEY CHECK (NumeroTessera>0)
);
```

genererà l'errore

```
ERROR:  multiple primary keys for table "musicista" are not
    allowed
LINE 5: NumeroTessera INTEGER PRIMARY KEY CHECK (NumeroTessera
    >0)
```

Le altri chiavi candidate possono essere specificate mediante il vincolo `UNIQUE`. La nuova definizione della tabella 'Musicista' sarà la seguente:

```
CREATE TABLE Musicista (
  CF     CHAR(5) PRIMARY KEY,
  Nome   VARCHAR(30) NOT NULL,
  Cognome VARCHAR(30) NOT NULL,
  NumeroTessera INTEGER UNIQUE NOT NULL CHECK (NumeroTessera
    >0)
);
```

L'inserimento di due righe con lo stesso valore di 'NumeroTessera'

```
INSERT INTO Musicista(CF,Nome,Cognome,NumeroTessera) VALUES
  ('cf123','Mario','Rossi', 11),
  ('cf456','Alberto','Bianchi', 11);
```

genererà un errore:

```
ERROR:  duplicate key value violates unique constraint "
    musicista_numerotessera_key"
DETAIL:  Key (numerotessera)=(11) already exists
```

In generale la presenza del vincolo UNIQUE non impone che il valore sia non nullo. Si consideri, ad esempio, la seguente variante della definizione della tabella 'Musicista':

```
CREATE TABLE Musicista (
  CF     CHAR(5) PRIMARY KEY,
  Nome   VARCHAR(30) NOT NULL,
  Cognome VARCHAR(30) NOT NULL,
  NumeroTessera INTEGER UNIQUE CHECK (NumeroTessera>0)
);
```

L'inserimento di una riga con un valore nullo per l'attributo 'NumeroTessera' non genererà un errore:

```
INSERT INTO Musicista(CF,Nome,Cognome,NumeroTessera) VALUES
  ('cf123','Mario','Rossi', NULL);
```

Anche l'inserimento di due righe entrambe con valore NULL per l'attributo 'NumeroTessera' avverrà con successo:

```
INSERT INTO Musicista(CF,Nome,Cognome,NumeroTessera) VALUES
  ('cf123','Mario','Rossi', NULL),
  ('cf456','Alberto','Bianchi', NULL);
```

Nel caso in cui la chiave candidata coinvolga più attributi 'a_1', 'a_2', ..., 'a_n', è possibile specificare il vincolo UNIQUE su tale insieme di attributi come segue:

```
UNIQUE(a_1, a_2, ..., a_n)
```

Altri vincoli su più attributi

Supponiamo che un musicista, per effettuare una performance, debba avere una "tessera del musicista". Oltre all'identificatore legato alla tessera (attributo 'NumeroTessera' menzionato sopra), supponiamo che sia necessario memorizzare anche la data di nascita del musicista e la data in cui per la prima volta è stata rilasciata la tessera, a cui corrispondono rispettivamente gli attributi 'DataNascita' e 'DataRilascioTessera'. Supponiamo di voler imporre un vincolo per cui la data di rilascio della tessera debba essere successiva alla data di nascita. Tale vincolo coinvolge più attributi della stessa tabella. È possibile specificare tale vincolo utilizzando CHECK (riga 8):

```
1 CREATE TABLE Musicista (
2   CF      CHAR(5) PRIMARY KEY,
3   Nome    VARCHAR(30) NOT NULL,
4   Cognome VARCHAR(30) NOT NULL,
5   NumeroTessera       INTEGER UNIQUE CHECK (NumeroTessera>0),
6   DataNascita DATE NOT NULL,
7   DataRilascioTessera DATE NOT NULL,
8   CHECK (DataRilascioTessera > DataNascita)
9 );
```

L'inserimento di una riga che viola il vincolo tra 'DataRilascioTessera' e 'DataNascita'

```
INSERT INTO Musicista VALUES
  ('cf456','Alberto','Bianchi',13,'1978-01-20','1978-01-20');
```

genererà un errore:

```
ERROR:  new row for relation "musicista" violates check
    constraint "musicista_check"
DETAIL:  Failing row contains (cf456, Alberto, Bianchi, 13,
    1978-01-20, 1978-01-20).
```

dove "musicista_check" è il nome associato da PostgreSQL al vincolo imposto tra 'DataRilascioTessera' e 'DataNascita'.

5.1.5 Vincoli di integrità referenziale

I vincoli considerati fino ad ora sono vincoli inerenti una singola tabella o una singola riga. Come discusso nella sezione 3.2.2, esiste un vincolo tra schemi di relazione diversi che consente di mantenere la coerenza dei dati: il vincolo di integrità referenziale. Si consideri, ad esempio, la trasformazione in schema relazionale riportata in Figura 3.13. La definizione delle tabelle corrispondenti è riportata di seguito:

```
CREATE TABLE Musicista (
  CF      CHAR(5) PRIMARY KEY,
  Nome    VARCHAR(30) NOT NULL,
  Cognome VARCHAR(30) NOT NULL
);

CREATE TABLE Strumento (
```

```
8    Nome VARCHAR(30) PRIMARY KEY,
9    Tipo VARCHAR(30) NOT NULL
10 );
11
12 CREATE TABLE Suona (
13   Musicista CHAR(5) NOT NULL,
14   Strumento VARCHAR(30) NOT NULL,
15   AnnoInizio SMALLINT CHECK (AnnoInizio>=1900),
16   PRIMARY KEY (Musicista,Strumento),
17   FOREIGN KEY (Musicista) REFERENCES Musicista(CF)
18     ON DELETE NO ACTION ON UPDATE CASCADE,
19   FOREIGN KEY (Strumento) REFERENCES Strumento(Nome)
20     ON DELETE NO ACTION ON UPDATE CASCADE
21 );
```

Le righe 17-18 e 19-20 riportano un esempio di definizione di vincoli di integrità referenziale in SQL. In particolare, la riga 17 specifica la corrispondenza tra l'attributo 'Musicista' della tabella 'Suona' e l'attributo 'CF' della tabella 'Musicista'. La riga 18 definisce invece il comportamento in fase di rimozione (`ON DELETE`) o aggiornamento (`ON UPDATE`) di righe dalle tabelle riferite; i valori consentiti sono `NO ACTION`, `CASCADE` e `SET NULL`:

- `NO ACTION`: rifiuta l'operazione (comportamento di default);
- `CASCADE`: richiede la cancellazione/aggiornamento delle righe che hanno la chiave esterna uguale a quella della chiave primaria delle righe cancellate nella tabella riferita;
- `SET NULL`: il valore delle righe coinvolte viene impostato a NULL.

Nel caso della definizione della tabella 'Suona', per entrambe le chiavi esterne il comportamento specificato è quello di rifiutare l'operazione in fase di rimozione delle righe coinvolte, e quello di procedere con un aggiornamento in cascata.

L'inserimento di righe che violino il vincolo di integrità referenziale, genererà un errore. Ad esempio, supponiamo di aver inserito nelle tabelle 'Musicista' e 'Strumento' le righe riportate nell'istanza di schema relazionale in Figura 3.22:

```
INSERT INTO Musicista(CF,Nome,Cognome) VALUES
  ('cf123','Mario','Rossi'),
  ('cf456','Alberto','Bianchi'),
  ('cf678','Alessandro','Verdi'),
  ('cf890','Stefano','Neri');

INSERT INTO Strumento(Nome,Tipo) VALUES
  ('Piano','corda'),
  ('Sax','fiato'),
  ('Violino','corda'),
  ('Chitarra','corda');
```

L'inserimento della riga

```
INSERT INTO Suona(Musicista,Strumento,AnnoInizio) VALUES
  ('cf123','Basso',1996);
```

genererà un errore, nel caso di PostgreSQL:

```
ERROR:  insert or update on table "suona" violates foreign key
    constraint "suona_strumento_fkey"
DETAIL:  Key (strumento)=(Basso) is not present in table "
   strumento".
```

dal momento che non esiste alcuna riga nella tabella 'Strumento' che abbia come chiave primaria 'Basso', violando così il vincolo di integrità referenziale.

5.2 Manipolazione dei dati in SQL

5.2.1 Reperimento

Nella Sezione 5.1.2 abbiamo discusso brevemente come formulare semplici interrogazioni in SQL così da poter rendere subito note al lettore le funzionalità utili a reperire i dati delle tabelle di esempio utilizzate per illustrare la definizione di tabelle, di vincoli su attributi, di vincoli di tabella e di integrità referenziale. In particolare, abbiamo visto come sia possibile reperire tutte le righe di una tabella mediante l'istruzione

```
SELECT * FROM <nome tabella>;
```

Un'interrogazione SQL può contenere diverse clausole:

```
SELECT <lista di attributi>
FROM <lista di tabelle>
WHERE <condizione di selezione>
GROUP BY <lista di attributi (di raggruppamento)>
HAVING <condizione (di raggruppamento)>
ORDER BY <lista di attributi>
```

le prime due clausole sono obbligatorie. In questa sezione illustreremo l'utilizzo delle diverse clausole, di operazioni insiemistiche e di join sfruttando le interrogazioni presentate nel Capitolo 4.

Operazione di selezione

Consideriamo la seguente definizione della tabella 'Musicista'

```
CREATE TABLE Musicista (
  CF    CHAR(5) PRIMARY KEY,
  Nome  VARCHAR(30) NOT NULL,
  Cognome VARCHAR(30) NOT NULL,
  AnnoNascita SMALLINT CHECK (AnnoNascita>0),
  Via   VARCHAR(50),
  Numero  VARCHAR(10),
  Citta VARCHAR(50)
);
```

e si proceda all'inserimento dei dati mediante l'istruzione

```
INSERT INTO
  Musicista(CF,Nome,Cognome,AnnoNascita,Via,Numero,Citta)
VALUES
 ('cf123','Mario','Rossi',1980,'Roma','7','Padova'),
 ('cf456','Alberto','Bianchi',1988,'Cavour','28','Torino'),
 ('cf678','Alessandro','Verdi',1973,'Milano','8b','Firenze'),
 ('cf890','Stefano','Neri',1995,'Verdi','140','Venezia'),
 ('cf098','Alessandro','Bianchi',1992,'XX Settembre','57','
    Milano');
```

Supponiamo di voler trovare i dati del musicista che si chiama 'Neri' di cognome. L'espressione dell'algebra relazionale è la seguente

$$\sigma_{Cognome=`Neri'}(\text{MUSICISTA})$$

L'istruzione SQL per esprimere tale richiesta è:

```
SELECT * FROM Musicista
WHERE Cognome='Neri';
```

il cui risultato sarà

cf	nome	cognome	annonascita	via	numero	citta
cf890	Stefano	Neri	1995	Verdi	140	Venezia

Nell'istruzione SQL riportata sopra, la seconda riga è quella che consente di specificare quali righe debbano essere reperite dall'interrogazione. In questo caso le righe sono quelle per cui in valore dell'attributo 'Cognome' sia 'Neri'; in generale, l'istruzione SQL ha la seguente struttura

```
SELECT *
FROM <nome tabella>
```

```
WHERE <condizione di selezione>;
```

dove la *condizione di selezione* è un'espressione condizionale (booleana) che può essere più complessa di quella riportata nell'esempio precedente. Supponiamo ad esempio di voler trovare tutti i musicisti di cognome 'Bianchi' nati dopo il 1990. L'espressione dell'algebra relazionale che realizza tale richiesta è

$$\sigma_{Cognome=\text{'}Bianchi\text{'}\,\mathrm{AND}\,Annonascita>1990}(\mathrm{MUSICISTA})$$

mentre l'istruzione SQL è la seguente

```
SELECT *
FROM Musicista
WHERE Cognome='Bianchi' AND AnnoNascita>1990;
```

In questo caso abbiamo utilizzato un'espressione booleana più complessa nel `WHERE` che richiede che due condizioni (`Cognome = 'Bianchi'` e `AnnoNascita<1990`) siano verificate contemporaneamente.

Operazione di proiezione

Consideriamo ora l'operazione di proiezione ed in particolare supponiamo di voler mostrare solo il nome, il cognome, e l'anno di nascita del musicista. L'espressione dell'algebra relazionale relativa a questa operazione è

$$\pi_{Nome,Cognome,Annonascita}(\mathrm{MUSICISTA})$$

Un'interrogazione SQL consente di specificare l'insieme di attributi su cui fare la proiezione:

```
SELECT <elenco degli attributi di proiezione>
FROM <nome tabella>
```

ad esempio

```
SELECT Nome, Cognome, AnnoNascita
FROM Musicista;
```

L'istruzione sopra produrrà il seguente risultato:

```
    nome     | cognome | annonascita
-------------+---------+-------------
 Mario       | Rossi   |        1980
 Alberto     | Bianchi |        1988
 Alessandro  | Verdi   |        1973
```

```
Stefano     | Neri    |        1995
Alessandro  | Bianchi |        1992
```

Tuttavia il risultato prodotto dalla proiezione in SQL, in generale è un multi-insieme, non un insieme (i duplicati non vengono rimossi di default). Si consideri ad esempio di voler reperire solamente i nomi dei musicisti; l'espressione dell'algebra relazionale relativa a questa operazione è

$$\pi_{Nome}(\text{MUSICISTA})$$

L'istruzione SQL

```
SELECT Nome
FROM Musicista;
```

produrrà come risultato:

```
    nome
-----------
 Mario
 Alberto
 Alessandro
 Stefano
 Alessandro
```

quindi restituendo un multi-insieme (la riga 'Alessandro' è ripetuta due volte). L'espressione dell'algebra relazionale $\pi_{Nome}(\text{MUSICISTA})$ può essere espressa in SQL come segue:

```
SELECT DISTINCT Nome
FROM Musicista;
```

L'esecuzione di tale istruzione produrrà il seguente risultato:

```
    nome
-----------
 Stefano
 Mario
 Alessandro
 Alberto
```

In maniera analoga, l'istruzione SQL corrispondente all'espressione dell'algebra relazionale $\pi_{Nome,Cognome,Annonascita}(\text{MUSICISTA})$ sarà la seguente:

```
SELECT DISTINCT Nome, Cognome, AnnoNascita
FROM Musicista;
```

L'utilizzo della parola chiave DISTINCT consente di rimuovere le righe duplicate, ottenendo così un insieme.

Nella clausola SELECT è possibile specificare gli attributi esplicitando il nome della tabella a cui appartengono, ad esempio

```
SELECT DISTINCT Musicista.Nome, Musicista.Cognome, Musicista.
    AnnoNascita
FROM Musicista;
```

Ciò è molto utile nel momento in cui diverse tabelle sono coinvolte in un'interrogazione SQL ed alcune di esse hanno attributi con lo stesso nome; esplicitare anche la tabella a cui l'attributo è associato consente di risolvere l'ambiguità legata alla presenza di più attributi con lo stesso nome su tabelle diverse.

Operazione di ridenominazione

Come discusso nella Sezione 4.3, ci si potrebbe trovare nella condizione di dover ridenominare una tabella o un attributo. SQL consente di farlo mediante la parola chiave AS. Supponiamo ad esempio di voler reperire codice fiscale e cognome dei musicisti, ridenominando l'attributo 'CF' come 'CodFis' e l'attributo 'Cognome' come 'Cog'. L'interrogazione SQL sarà la seguente:

```
SELECT CF as "CodFis", Cognome AS "Cog"
FROM Musicista;
```

il cui risultato sarà

```
 CodFis  |   Cog
---------+----------
 cf123   | Rossi
 cf456   | Bianchi
 cf678   | Verdi
 cf890   | Neri
 cf098   | Bianchi
```

Se volessimo inoltre ridenominare anche la tabella 'Musicista' come 'Artista', l'interrogazione SQL sarebbe:

```
SELECT CF AS "CodFis", Cognome AS "Cog"
FROM Musicista AS Artista;
```

Per verificare che effettivamente la clausola FROM Musicista AS Artista consente di ridenominare la tabella 'Musicista' in 'Artista', è sufficiente utilizzare la specificazione esplicita degli attributi, completa di tabella:

```
SELECT Musicista.CF AS "CodFis", Musicista.Cognome AS "Cog"
FROM Musicista AS Artista;
```

In PostgreSQL si otterrà il seguente messaggio di errore:

```
ERROR: invalid reference to FROM-clause entry for table "musicista"
LINE 1: SELECT Musicista.CF AS "CodFis", Musicista.Cognome AS "Cog"
               ^
HINT: Perhaps you meant to reference the table alias "artista"
```

in quanto la tabella è stata ridenominata; al contrario la seguente interrogazione SQL verrà eseguita con successo:

```
SELECT Artista.CF AS "CodFis", Artista.Cognome AS "Cog"
FROM Musicista AS Artista;
```

Operazioni Insiemistiche: unione, differenza, intersezione

Le operazioni insiemistiche supportate in SQL sono:

- UNION: unione;
- EXCEPT: differenza insiemistica;
- INTERSECT: intersezione.

Si considerino, ad esempio, i due schemi relazionali che riguardano musicisti e cantanti utilizzati nella Sezione 4.4:

MUSICISTA(Nome, Cognome, Anno nascita)
CANTANTE(Nome, Cognome, Data nascita)

Le istruzioni SQL per la creazione delle tabelle sono:

```
CREATE TABLE Musicista (
  Nome VARCHAR(30) NOT NULL,
  Cognome VARCHAR(30) NOT NULL,
  AnnoNascita SMALLINT CHECK (AnnoNascita>0)
);

CREATE TABLE Cantante (
  Nome VARCHAR(30) NOT NULL,
```

```
  Cognome VARCHAR(30) NOT NULL,
  DataNascita SMALLINT CHECK (DataNascita>0)
);
```

dove per i domini degli attributi si sono fatte delle scelte coerenti con quelle fatte nella definizione della tabella 'Musicista' all'inizio della Sezione 5.2.1. Le istanze riportate nella Sezione 4.4 posso essere ottenute mediante le seguenti istruzioni:

```
INSERT INTO Musicista(Nome,Cognome,AnnoNascita) VALUES
 ('Mario','Rossi',1980),
 ('Alberto','Bianchi',1988),
 ('Alessandro','Verdi',1973),
 ('Stefano','Neri',1995),
 ('Alessandro','Bianchi',1992);

INSERT INTO Cantante(Nome,Cognome,DataNascita) VALUES
 ('Mario','Verdi',1968),
 ('Gianni','Ferrari',1970),
 ('Alessandro','Verdi',1973);
```

È quindi possibile eseguire l'unione descritta dall'espressione dell'algebra relazionale

$$\text{MUSICISTA} \cup \rho_{(Nome,Cognome,Anno\ nascita)}\text{CANTANTE}$$

mediante le seguenti istruzioni SQL:

```
SELECT Nome, Cognome, AnnoNascita
FROM Musicista
UNION
SELECT Nome, Cognome, DataNascita AS AnnoNascita
FROM Cantante;
```

ottenendo come risultato

```
    nome     | cognome | annonascita
-------------+---------+-------------
 Gianni      | Ferrari |        1970
 Alberto     | Bianchi |        1988
 Mario       | Rossi   |        1980
 Stefano     | Neri    |        1995
 Alessandro  | Bianchi |        1992
 Alessandro  | Verdi   |        1973
 Mario       | Verdi   |        1968
```

Le righe sono le medesime presenti nelle istanze della Sezione 4.4 ma in ordine diverso. I duplicati vengono automaticamente rimossi a meno che non si richieda esplicitamente di mantenerli, facendo seguire alla parola chiave relativa all'operazione la parola chiave ALL; ad esempio, l'istruzione

```
SELECT Nome, Cognome, AnnoNascita
FROM Musicista
UNION ALL
SELECT Nome, Cognome, DataNascita AS AnnoNascita
FROM Cantante;
```

produrrà le seguenti righe

```
    nome     | cognome | annonascita
-------------+---------+-------------
 Mario       | Rossi   |        1980
 Alberto     | Bianchi |        1988
 Alessandro  | Verdi   |        1973
 Stefano     | Neri    |        1995
 Alessandro  | Bianchi |        1992
 Mario       | Verdi   |        1968
 Gianni      | Ferrari |        1970
 Alessandro  | Verdi   |        1973
```

dove la riga ('Alessandro','Verdi',1973) è ripetuta due volte.

Operazioni di correlazione: prodotto cartesiano

L'operazione di prodotto cartesiano tra due o più tabelle può essere espressa mediante un'interrogazione SQL specificando le tabelle nella clausola FROM. Ad esempio, nel caso delle tabelle 'Musicista' e 'Cantante',

```
SELECT *
FROM Musicista, Cantante;
```

ottenendo come risultato:

```
    nome     | cognome | annon |    nome     | cognome | datan
-------------+---------+-------+-------------+---------+-------
 Mario       | Rossi   |  1980 | Mario       | Verdi   | 1968
 Mario       | Rossi   |  1980 | Gianni      | Ferrari | 1970
 Mario       | Rossi   |  1980 | Alessandro  | Verdi   | 1973
 Alberto     | Bianchi |  1988 | Mario       | Verdi   | 1968
 Alberto     | Bianchi |  1988 | Gianni      | Ferrari | 1970
 Alberto     | Bianchi |  1988 | Alessandro  | Verdi   | 1973
 Alessandro  | Verdi   |  1973 | Mario       | Verdi   | 1968
```

```
Alessandro | Verdi   | 1973 | Gianni     | Ferrari | 1970
Alessandro | Verdi   | 1973 | Alessandro | Verdi   | 1973
Stefano    | Neri    | 1995 | Mario      | Verdi   | 1968
Stefano    | Neri    | 1995 | Gianni     | Ferrari | 1970
Stefano    | Neri    | 1995 | Alessandro | Verdi   | 1973
Alessandro | Bianchi | 1992 | Mario      | Verdi   | 1968
Alessandro | Bianchi | 1992 | Gianni     | Ferrari | 1970
Alessandro | Bianchi | 1992 | Alessandro | Verdi   | 1973
```

dove, per questioni di presentazione nel testo, abbiamo abbreviato 'AnnoNascita' e 'DataNascita' rispettivamente con annon e datan.

Consideriamo la seguenti definizioni per le tabelle 'Musicista', 'Strumento' e 'Suona'

```
CREATE TABLE Musicista (
  CF     CHAR(5) PRIMARY KEY,
  Nome   VARCHAR(30) NOT NULL,
  Cognome VARCHAR(30) NOT NULL
);

CREATE TABLE Strumento (
  Nome VARCHAR(30) PRIMARY KEY,
  Tipo VARCHAR(30) NOT NULL
);

CREATE TABLE Suona (
  CF CHAR(5) NOT NULL,
  Strumento VARCHAR(30) NOT NULL,
  PRIMARY KEY (CF,Strumento),
  FOREIGN KEY (CF) REFERENCES Musicista(CF)
    ON DELETE NO ACTION ON UPDATE CASCADE,
  FOREIGN KEY (Strumento) REFERENCES Strumento(Nome)
    ON DELETE NO ACTION ON UPDATE CASCADE
);
```

così da avere sia nella tabella 'Musicista' che nella tabella 'Suona' lo stesso nome per l'attributo, 'CF', che fa riferimento al codice fiscale. Si proceda all'inserimento dei dati mediante le istruzioni SQL

```
INSERT INTO Musicista(CF,Nome,Cognome) VALUES
 ('cf123','Mario','Rossi'),
 ('cf456','Alberto','Bianchi'),
 ('cf678','Alessandro','Verdi');

INSERT INTO Strumento(Nome,Tipo) VALUES
 ('Piano','corda'),
 ('Sax','fiato'),
```

```
 ('Violino','corda');

INSERT INTO Suona(CF,Strumento) VALUES
 ('cf123','Piano'),
 ('cf123','Violino'),
 ('cf456','Sax'),
 ('cf678','Violino');
```

così da ottenere un'istanza coerente con quella riportata nella Sezione 4.5 per le relazioni MUSICISTA e SUONA.

Operazioni di correlazione: JOIN

L'operazione di *join naturale* può essere espressa in SQL utilizzando la parola chiave `NATURAL JOIN`; ad esempio, l'esempio di join naturale riportato nella Sezione 4.5 tra le relazioni MUSICISTA e SUONA può essere espresso come segue in SQL:

```
SELECT *
FROM Musicista NATURAL JOIN Suona;
```

che produrrà il seguente risultato:

```
  cf   |    nome     | cognome | strumento
-------+-------------+---------+-----------
 cf123 | Mario       | Rossi   | Piano
 cf123 | Mario       | Rossi   | Violino
 cf456 | Alberto     | Bianchi | Sax
 cf678 | Alessandro  | Verdi   | Violino
```

Per illustrare come eseguire un *theta join* in SQL, consideriamo la seguente definizione della tabella 'Suona':

```
CREATE TABLE Suona (
  Musicista CHAR(5) NOT NULL,
  Strumento VARCHAR(30) NOT NULL,
  PRIMARY KEY (Musicista,Strumento),
  FOREIGN KEY (Musicista) REFERENCES Musicista(CF)
    ON DELETE NO ACTION ON UPDATE CASCADE,
  FOREIGN KEY (Strumento) REFERENCES Strumento(Nome)
    ON DELETE NO ACTION ON UPDATE CASCADE );
```

in cui cioè l'attributo che fa riferimento al codice fiscale (e quindi alla chiave primaria) di 'Musicista' e denominato 'Musicista' nella tabella 'Suona'. Se volessimo sapere quali sono gli strumenti suonati dai musicisti, l'espressione dell'algebra relazionale relativa a questa operazione sarebbe:

$$\text{MUSICISTA} \bowtie_{CF=Musicista} \text{CANTANTE}$$

che si può tradurre nella seguente interrogazione SQL:

```
SELECT *
FROM Musicista
  JOIN Suona ON Musicista.CF=Suona.Musicista;
```

che produrrà il seguente risultato:

cf	nome	cognome	musicista	strumento
cf123	Mario	Rossi	cf123	Piano
cf123	Mario	Rossi	cf123	Violino
cf456	Alberto	Bianchi	cf456	Sax
cf678	Alessandro	Verdi	cf678	Violino

Come discusso in Sezione 4.5, per ottenere lo stesso risultato del join naturale sarà necessario effettuare una proiezione che elimina gli attributi in comune:

```
SELECT CF, Nome, Cognome, Strumento
FROM Musicista
  JOIN Suona ON Musicista.CF=Suona.Musicista;
```

il cui risultato sarà

cf	nome	cognome	strumento
cf123	Mario	Rossi	Piano
cf123	Mario	Rossi	Violino
cf456	Alberto	Bianchi	Sax
cf678	Alessandro	Verdi	Violino

Si considerino le seguenti definizioni delle tabelle 'Musicista' e 'Strumento':

```
CREATE TABLE Musicista (
  CF  CHAR(5) PRIMARY KEY,
  Nom VARCHAR(30) NOT NULL,
  Cog VARCHAR(30) NOT NULL,
  Strumento VARCHAR(30)
);

CREATE TABLE Strumento (
```

```
  Nome VARCHAR(30) PRIMARY KEY,
  Tipo VARCHAR(30) NOT NULL
);
```

che sono state popolate mediante le seguenti istruzioni SQL:

```
INSERT INTO Musicista(CF,Nom,Cog,Strumento) VALUES
 ('cf123','Mario','Rossi','Piano'),
 ('cf456','Alberto','Bianchi','Sax'),
 ('cf678','Alessandro','Verdi','Violino'),
 ('cf890','Stefano','Ferrari','Piano');

INSERT INTO Strumento(Nome,Tipo) VALUES
 ('Piano','corda'),
 ('Violino','corda'),
 ('Sax','fiato');
```

Osserviamo che, se effettuiamo l'operazione di join

```
SELECT *
FROM Musicista
  JOIN Strumento ON Musicista.Strumento=Strumento.Nome;
```

si otterrà un join completo:

cf	nom	cog	strumento	nome	tipo
cf123	Mario	Rossi	Piano	Piano	corda
cf456	Alberto	Bianchi	Sax	Sax	fiato
cf678	Alessandro	Verdi	Violino	Violino	corda
cf890	Stefano	Ferrari	Piano	Piano	corda

Se avessimo invece popolato le tabelle come segue:

```
INSERT INTO Musicista(CF,Nom,Cog,Strumento) VALUES
 ('cf123','Mario','Rossi','Piano'),
 ('cf456','Alberto','Bianchi','Sax'),
 ('cf678','Alessandro','Verdi','Violino'),
 ('cf890','Stefano','Ferrari','Chitarra');

INSERT INTO Strumento(Nome,Tipo) VALUES
 ('Piano','corda'),
 ('Violino','corda'),
 ('Sax','fiato'),
 ('Flauto','fiato');
```

la stessa operazione di join avrebbe prodotto

cf	nom	cog	strumento	nome	tipo
cf123	Mario	Rossi	Piano	Piano	corda
cf456	Alberto	Bianchi	Sax	Sax	fiato
cf678	Alessandro	Verdi	Violino	Violino	corda

in cui è assente sia una riga presente nella tabella 'Musicista', che una riga presente nella tabella 'Strumento'; si è quindi ottenuto un join incompleto.

Per effettuare una operazione di *join completo* (o outer join) in SQL è sufficiente utilizzare la parola chiave `OUTER JOIN`. Se consideriamo l'esempio del caso precedente, l'operazione di join completo corrispondente all'espressione dell'algebra relazionale

$$\text{MUSICISTA} ⟗_{Strumento=Nome} \text{STRUMENTO}$$

si può esprimere mediante la seguente interrogazione SQL:

```
SELECT *
FROM Musicista
  FULL OUTER JOIN Strumento ON Musicista.Strumento=Strumento.
    Nome;
```

producendo in PostgreSQL il seguente risultato

cf	nom	cog	strumento	nome	tipo
cf123	Mario	Rossi	Piano	Piano	corda
cf456	Alberto	Bianchi	Sax	Sax	fiato
cf678	Alessandro	Verdi	Violino	Violino	corda
cf890	Stefano	Ferrari	Chitarra		
				Flauto	fiato

La parola chiave da utilizzare per il *join sinistro* è `LEFT OUTER JOIN`:

```
SELECT *
FROM Musicista
  LEFT OUTER JOIN Strumento
    ON Musicista.Strumento=Strumento.Nome;
```

che produrrà il seguente risultato

cf	nom	cog	strumento	nome	tipo

```
cf123  | Mario       | Rossi   | Piano    | Piano   | corda
cf456  | Alberto     | Bianchi | Sax      | Sax     | fiato
cf678  | Alessandro  | Verdi   | Violino  | Violino | corda
cf890  | Stefano     | Ferrari | Chitarra |         |
```

dove sono presenti tutte le righe della tabella 'Musicista'.

In maniera analoga, per il *join destro* la parola chiave è `RIGHT OUTER JOIN`

```
SELECT *
FROM Musicista
  RIGHT OUTER JOIN Strumento
    ON Musicista.Strumento=Strumento.Nome;
```

che produrrà il seguente risultato

```
  cf   |    nom      |   cog   | strumento | nome    | tipo
-------+-------------+---------+-----------+---------+--------
cf123  | Mario       | Rossi   | Piano     | Piano   | corda
cf456  | Alberto     | Bianchi | Sax       | Sax     | fiato
cf678  | Alessandro  | Verdi   | Violino   | Violino | corda
       |             |         |           | Flauto  | fiato
```

dove sono presenti tutte le righe della tabella 'Strumento'.

Operazioni di aggregazione e raggruppamento

SQL consente di esprimere operazioni di proiezione generalizzata, aggregazione e raggruppamento.

Si consideri lo schema relazionale riportato in Figura 4.2. Una possibile definizione della tabella per lo schema TEATRO è la seguente:

```
CREATE TABLE Teatro (
  Nome VARCHAR(30) PRIMARY KEY,
  Indirizzo VARCHAR(100) NOT NULL
);
```

che è stata popolata mediante l'istruzione SQL

```
INSERT INTO Teatro(Nome,Indirizzo) VALUES
  ('Verdi','Riva 3 Novembre, 1, 34121 Trieste'),
  ('Fenice','Campo San Fantin, 1965, 30124 Venezia'),
  ('Olimpico','Piazza Matteotti, 11, Vicenza VI');
```

Una possibile definizione della tabella per lo schema CONCERTO è la seguente:

```
CREATE TABLE Concerto (
  Data DATE NOT NULL,
  Teatro VARCHAR(30),
  Prezzo SMALLINT CHECK(Prezzo>=0),
  BigliettiVenduti INTEGER CHECK(BigliettiVenduti>=0),
  PRIMARY KEY (Data,Teatro),
  FOREIGN KEY (Teatro) REFERENCES Teatro(Nome)
    ON DELETE NO ACTION ON UPDATE CASCADE
);
```

che è stata popolata mediante l'istruzione SQL

```
INSERT INTO Concerto(Data,Teatro,Prezzo,BigliettiVenduti)
    VALUES
  ('2015-03-28','Verdi',40,120),
  ('2015-07-03','Fenice',50,200),
  ('2015-07-30','Olimpico',45,150);
```

Si consideri la seguente interrogazione: 'per ogni concerto, calcolare il ricavo totale dato dal prodotto del numero di biglietti venduti per il prezzo di vendita'; l'espressione dell'algebra relazionale associata a tale interrogazione è

$$\pi_{Data,Teatro,Prezzo*BigliettiVenduti}(\text{CONCERTO})$$

Tale espressione può essere espressa in SQL come segue:

```
SELECT Data, Teatro, Prezzo * BigliettiVenduti
FROM Concerto;
```

il cui risultato in PostgreSQL è il seguente

```
    data    | teatro   | ?column?
------------+----------+----------
 2015-03-28 | Verdi    |     4800
 2015-07-03 | Fenice   |    10000
 2015-07-30 | Olimpico |     6750
```

dove la nuova colonna che contiene il ricavo può essere ridenominata come nell'espressione

$$\rho_{Data,Teatro,Ricavo}(\pi_{Data,Teatro,Prezzo*BigliettiVenduti}(\text{CONCERTO}))$$

che in SQL verrà tradotta in

```
SELECT Data, Teatro, Prezzo * BigliettiVenduti AS Ricavo
FROM Concerto;
```

ottenendo così

```
    data     |  teatro   | ricavo
-------------+-----------+--------
 2015-03-28 | Verdi     |   4800
 2015-07-03 | Fenice    |  10000
 2015-07-30 | Olimpico  |   6750
```

SQL supporta diverse operazioni di aggregazione:

- SUM(<expressione>) per sommare i valori delle righe su un attributo di una tabella o ottenuti come risultato di un'espressione; l'espressione può coinvolgere anche più attributi come nel caso del prodotto tra 'Prezzo' e 'Biglietti Venduti';
- MAX(<expressione>) per trovare il massimo tra i valori dell'attributo specificato o tra i valori ottenuti come risultato di un'espressione;
- MIN(<expressione>) per trovate il minimo tra i valori dell'attributo specificato o tra i valori ottenuti come risultato di un'espressione;
- AVG(<expressione>) per calcolare la media dei valori dell'attributo specificato o dei valori ottenuti come risultato di un'espressione;
- COUNT(*) per contare quante righe ci sono in una relazione;
- COUNT(DISTINCT <nome attributo>) per contare il numero di valori distinti assunti dall'attributo a cui viene applicata la funzione;
- COUNT(<nome attributo>) per contare il numero di valori non nulli assunti dall'attributo a cui viene applicata la funzione (i duplicati non verranno eliminati).

Si supponga, ad esempio, di voler calcolare il totale e la media dei ricavi dei concerti dell'esempio precedente. L'espressione dell'algebra relazionale è

$$\text{CONC} \leftarrow \pi_{Data,Teatro,Prezzo*BigliettiVenduti}(\text{CONCERTO})$$
$$\mathcal{F}_{SUM(Ricavo),AVERAGE(Ricavo)}(\rho_{(Data,Teatro,Ricavo)}(\text{CONC}))$$

Una possibile istruzione SQL per reperire i dati richiesti è la seguente:

```
SELECT SUM(Prezzo * BigliettiVenduti),
  AVG(Prezzo * BigliettiVenduti)
FROM Concerto;
```

il cui risultato è

```
  sum  |        avg
-------+--------------------
 21550 | 7183.3333333333333333
```

Per illustrare i diversi comportamenti dell'operazione di aggregazione COUNT, consideriamo l'esempio del join completo riportato sopra:

```
SELECT *
FROM Musicista
  FULL OUTER JOIN Strumento ON Musicista.Strumento=Strumento.
    Nome;
```

il cui risultato sono le seguenti righe:

```
  cf   |     nom     |   cog   | strumento |  nome   | tipo
-------+-------------+---------+-----------+---------+-------
 cf123 | Mario       | Rossi   | Piano     | Piano   | corda
 cf456 | Alberto     | Bianchi | Sax       | Sax     | fiato
 cf678 | Alessandro  | Verdi   | Violino   | Violino | corda
 cf890 | Stefano     | Ferrari | Chitarra  |         |
       |             |         |           | Flauto  | fiato
```

Supponiamo di voler contare il numero di righe distinte; l'interrogazione SQL sarà la seguente:

```
SELECT COUNT(*)
FROM Musicista
  FULL OUTER JOIN Strumento ON Musicista.Strumento=Strumento.
    Nome;
```

che produrrà il seguente risultato:

```
 count
-------
     5
```

Supponiamo ora di voler contare il numero di valori distinti che otteniamo per l'attributo 'Tipo':

```
SELECT COUNT(DISTINCT Tipo)
FROM Musicista
  FULL OUTER JOIN Strumento ON Musicista.Strumento=Strumento.
    Nome;
```

il risultato in questo caso sarà

```
count
-------
     2
```

dal momento che i valori nulli non vengono considerati nel momento in cui la funzione `COUNT` viene applicata ad un particolare attributo. Se non avessimo utilizzato la parola chiave `DISTINCT`,

```
SELECT COUNT(Tipo)
FROM Musicista
  FULL OUTER JOIN Strumento ON Musicista.Strumento=Strumento.
    Nome;
```

il risultato sarebbe stato

```
count
-------
     4
```

dal momento che, inclusi i duplicati, sono 4 i valori distinti non nulli per l'attributo 'Tipo' che si ottengono dal join completo.

Le funzioni di raggruppamento vengono espresse in SQL mediante la clausola `GROUP BY`. Supponiamo ad esempio di aggiungere altri dati alla tabella concerti:

```
INSERT INTO Concerto(Data,Teatro,Prezzo,BigliettiVenduti)
    VALUES
  ('2015-08-01','Olimpico',35,120),
  ('2015-08-21','Olimpico',50,150),
  ('2015-08-22','Verdi',25,90);
```

così che la tabella 'Concerto' contenga le seguenti righe:

data	teatro	prezzo	bigliettivenduti
2015-03-28	Verdi	20	120
2015-07-03	Fenice	50	200
2015-07-30	Olimpico	45	150
2015-08-10	Olimpico	35	120
2015-08-21	Olimpico	50	150
2015-08-22	Verdi	25	90

Si supponga inoltre di voler calcolare il ricavo totale per ciascun teatro e sapere quanti concerti sono stati fatti per ogni teatro. L'interrogazione SQL corrispondente è riportata di seguito:

```
SELECT Teatro, SUM(Prezzo*BigliettiVenduti) AS Totale, COUNT
    (*) AS Concerti
FROM Concerto
GROUP BY Teatro;
```

dove la clausola GROUP BY Teatro indica che l'attributo di raggruppamento è 'Teatro'. La clausola SELECT può contenere solo funzioni aggregate e gli attributi di raggruppamento (o un sottoinsieme di tali attributi).

Nell'esempio precedente, il risultato prodotto dall'interrogazione sarà:

```
  teatro   | totale | concerti
-----------+--------+----------
 Olimpico  |  18450 |        3
 Fenice    |  10000 |        1
 Verdi     |   7050 |        2
```

Un'ulteriore clausola che può essere utile per fare dei raggruppamenti è HAVING. Tale clausola può essere utilizzata per considerare le sole classi della partizione (indotte dal GROUP BY) che soddisfano una determinata condizione. Ad esempio, se avessimo voluto calcolare il ricavo totale per ciascun teatro e sapere quanti concerti sono stati fatti per ogni teatro solo considerando i teatri con un numero di concerti superiori ad 1, l'interrogazione SQL sarebbe stata modificata in:

```
SELECT Teatro, SUM(Prezzo*BigliettiVenduti) AS Totale, COUNT
    (*) AS Concerti
FROM Concerto
GROUP BY Teatro
HAVING COUNT(*)>1;
```

ottenendo così

```
  teatro   | totale | concerti
-----------+--------+----------
 Olimpico  |  18450 |        3
 Verdi     |   7050 |        2
```

È importante discutere cosa accade nel momento in cui siano presenti sia la clausola WHERE che la clausola HAVING. Prima vengono valutate le condizioni specificate dalla clausola WHERE. Il partizionamento specificato dal GROUP BY viene effettuato sul sottoinsieme delle righe che soddisfano la clausola WHERE. Delle classi ottenute dal partizionamento, saranno poi rimosse quelle che non soddisfano le condizioni specificate nella clausola HAVING.

Supponiamo ad esempio di voler calcolare il ricavo totale per ciascun teatro e sapere quanti concerti sono stati fatti per ogni teatro, considerando solo i concerti tenutisi dopo il 30 giugno 2015 ed i teatri in cui si sono tenuti almeno due concerti successivi a tale data. L'interrogazione SQL sarà

```
SELECT Teatro, SUM(Prezzo*BigliettiVenduti) AS Totale, COUNT
    (*) AS Concerti
FROM Concerto
WHERE Data>'2015-06-30'
GROUP BY Teatro
HAVING COUNT(*)>1;
```

che produrrà il seguente risultato:

```
  teatro  | totale | concerti
----------+--------+----------
 Olimpico |  18450 |        3
```

Il teatro 'Verdi' non sarà presente nei risultati in quanto la riga relativa al concerto del '2013-03-28' non soddisfa la condizione del WHERE e quindi, come per la 'Fenice', il conteggio (Concerti) ammonterà ad 1.

Operazione di ordinamento

Come discusso nella Sezione 3.1.1, nel modello relazionale l'ordine delle tuple di una istanza di uno schema $R(X)$ è ininfluente e non esiste un'operazione di ordinamento. A livello *fisico* invece il concetto di ordinamento è presente. In un'interrogazione SQL le righe possono essere ordinate utilizzando la clausola ORDER BY. In particolare l'ordinamento può avvenire in ordine crescente (ASC) o decrescente (DESC) sulla base dei valori degli attributi specificati nella clausola ORDER BY. Ad esempio, riportiamo di seguito l'interrogazione SQL per ordinare le righe della tabella 'Concerto' in ordine decrescente di biglietti venduti e poi in ordine (lessicografico) crescente del nome del teatro:

```
SELECT *
FROM Concerto
ORDER BY BigliettiVenduti DESC, Teatro ASC;
```

L'interrogazione produrrà il seguente risultato:

```
    data    | teatro | prezzo | bigliettivenduti
------------+--------+--------+------------------
 2015-07-03 | Fenice |     50 |              200
```

```
2015-07-30 | Olimpico |     45 |        150
2015-08-21 | Olimpico |     50 |        150
2015-08-01 | Olimpico |     35 |        120
2015-03-28 | Verdi    |     40 |        120
2015-08-22 | Verdi    |     25 |         90
```

Riprendiamo brevemente l'esempio relativo all'utilizzo del tipo di dato numerico in virgola mobile, in particolare con riferimento PostgreSQL. Come discusso nella Sezione 5.1.3 PostgreSQL supporta i valori "infinity", "negative infinity" e "not-a-number" che sono rappresentati rispettivamente da Infinity, -Infinity e NaN e devono essere inseriti tra apici. Come si comportano tali valori quando si effettua l'ordinamento?

Consideriamo nuovamente la tabella 'DoubleTest'

```
CREATE TABLE DoubleTest (
  valore DOUBLE PRECISION
);
```

ed inseriamo alcuni valori:

```
INSERT INTO DoubleTest VALUES
  ('Infinity'),
  (1000),
  (0),
  (-1000),
  ('-Infinity'),
  ('NaN');
```

Ordinando le righe in ordine decrescente di valore

```
SELECT valore
FROM DoubleTest
ORDER BY valore DESC;
```

otterremo

```
  valore
-----------
       NaN
  Infinity
      1000
         0
     -1000
 -Infinity
```

quindi NaN sarà maggiore di ogni altro valore.[6]

Operazione di pattern matching su stringhe

Consideriamo la tabella 'Musicista' definita come segue:

```
CREATE TABLE Musicista (
  CF     CHAR(5) PRIMARY KEY,
  Nome   VARCHAR(30) NOT NULL,
  Cognome VARCHAR(30) NOT NULL,
  AnnoNascita SMALLINT CHECK (AnnoNascita>0)
);
```

e popolata con i seguenti dati:

```
INSERT INTO
  Musicista(CF,Nome,Cognome,AnnoNascita)
VALUES
 ('cf123','Mario','Rossi',1980),
 ('cf456','Alberto','Bianchi',1988),
 ('cf678','Alessandro','Verdi',1973),
 ('cf890','Stefano','Neri',1995),
 ('cf496','Alessandra','Bianchi',1992);
```

Supponiamo di voler reperire tutte i musicisti il cui nome inizi per 'Al'. In SQL possiamo soddisfare tale richiesta utilizzando l'operatore `LIKE` nella clausola `WHERE`. L'operatore `LIKE` prevede due caratteri riservati:

- % rimpiazza zero o più caratteri
- _ rimpiazza un singolo carattere

I musicisti il cui nome inizi per 'Al' possono essere reperiti mediante l'interrogazione SQL:

```
SELECT *
FROM Musicista
WHERE Nome LIKE 'Al%';
```

L'interrogazione produrrà i seguenti risultati:

cf	nome	cognome	annonascita
cf456	Alberto	Bianchi	1988
cf678	Alessandro	Verdi	1973

[6] Questo comportamento differisce da quanto specificato dalle specifiche IEEE754 per NaN.

```
cf496 | Alessandra | Bianchi |        1992
```

Un esempio di utilizzo del carattere riservato '_' potrebbe essere l'interrogazione SQL per reperire tutti i musicisti con codice fiscale dove la prima delle tre cifre è 4 e la terza cifra è 6:

```
SELECT *
FROM Musicista
WHERE CF LIKE 'cf4_6';
```

che produrrà il seguente risultato:

```
  cf   |    nome    | cognome | annonascita
-------+------------+---------+-------------
 cf456 | Alberto    | Bianchi |        1988
 cf496 | Alessandra | Bianchi |        1992
```

5.2.2 Inserimento, rimozione ed aggiornamento di righe

La descrizione dell'operazione SQL INSERT per l'inserimento di righe in una tabella è stata anticipata nella Sezione 5.1.2 per illustrare alcuni esempi relativi alla definizione di tabelle, di vincoli su attributi, di tabella e di integrità referenziale. La struttura dell'istruzione SQL per inserire delle righe in una tabella è la seguente:

```
INSERT INTO <nome tabella>(<elenco attributi>) VALUES
  (<elenco valori da inserire negli attributi>);
```

La rimozione di una riga o più righe da una tabella avviene mediante l'istruzione SQL DELETE, che in generale ha la seguente struttura:

```
DELETE FROM <nome tabella>
  WHERE <condizione>;
```

Ad esempio, l'istruzione seguente consente di rimuovere dalla tabella 'Suona' tutte le righe per cui il valore dell'attributo 'Strumento' sia 'Piano':

```
DELETE FROM Suona
  WHERE Strumento='Piano';
```

Come discusso nella Sezione 5.1.5, nel momento in cui si specifica una chiave esterna, è necessario esplicitare quale sia, nel caso in cui alcune righe della tabella riferita siano rimosse o aggiornate, l'azione da eseguire sulle righe interessate della tabella referente. Ad esempio, cosa accadrebbe se decidessimo di rimuovere tutte le righe corrispondenti a strumenti a corda dalla tabella 'Strumento', date le definizioni di tabella riportate nella Sezione 5.1.5? Eseguendo l'istruzione

```
DELETE FROM Strumento
  WHERE Tipo='corda';
```

si otterrà un errore, in particolare con PostgreSQL

```
ERROR:  update or delete on table "strumento" violates foreign
     key constraint "suona_strumento_fkey" on table "suona"
DETAIL:  Key (nome)=(Violino) is still referenced from table "
    suona".
```

dal momento che in fase di definizione del vincolo di integrità referenziale tra 'Suona' e 'Strumento' si è specificato `ON DELETE NO ACTION`.

L'istruzione SQL per l'aggiornamento di righe di una tabella in generale ha la seguente struttura:

```
UPDATE <nome tabella>
  SET <nome attributo>=<nuovo valore attributo>, ..., <nome
    attributo>=<nuovo valore attributo>
  WHERE <condizione>
```

Ad esempio, se volessimo aggiornare l'anno in cui il musicista con codice fiscale 'cf123' ha iniziato a suonare il piano, l'istruzione SQL da utilizzare è:

```
UPDATE Suona
  SET AnnoInizio=1982
  WHERE Musicista='cf123' AND Strumento='Piano';
```

Come per la rimozione di righe da una tabella riferita, ci si potrebbe chiedere, date le definizioni di tabella riportate nella Sezione 5.1.5, cosa accadrebbe se decidessimo di aggiornare la chiave primaria di una o più righe della tabella riferita. Si supponga, ad esempio, di voler aggiornare l'attributo Nome (che è chiave primaria per la tabella strumento) per il 'Piano', e modificarla in 'Pianoforte':

```
UPDATE Strumento
  SET Nome='Pianoforte'
  WHERE Nome='Piano';
```

Il risultato sarà quello di modificare la riga con 'Nome'='Pianoforte' nella tabella 'Strumento'

```
SELECT * FROM Strumento;

 Sax        | fiato
 Violino    | corda
 Chitarra   | corda
 Pianoforte | corda
```

aggiornamento che, avendo utilizzato l'istruzione `ON UPDATE CASCADE` per il vincolo di integrità referenziale tra 'Suona' e 'Strumento', si propagherà *in cascata* anche alle righe coinvolte della tabella 'Suona':

```
SELECT * FROM Suona;

 cf678     | Violino    |       2003
 cf123     | Pianoforte |       1980
```

5.3 Esercizio: Agenzie Reuters

Il problema della classificazione dei testi consiste, in maniera molto sintetica, nel decidere se un documento testuale appartiene ad una, nessuna, o più categorie tra quelle considerate. Il fatto che la classificazione sia 'automatica' significa che non viene fatta manualmente ma che esiste un programma che decide se assegnare un documento ad una o più categorie tra quelle a disposizione. La valutazione di questi classificatori automatici viene fatta utilizzando delle collezioni di documenti, in gergo chiamate *corpora* (o *corpus* se la collezione è una), di cui si conoscono le categorie e si hanno a disposizione dei documenti di addestramento pre-classificati (documenti di *training*) per ottimizzare i parametri dell'algoritmo e dei documenti di *test* per verificare l'efficacia della classificazione da parte dell'algoritmo.

In questa sezione considereremo la modellazione del dataset Reuters-21578, una collezione di agenzie stampa del 1987 della Thomson Reuters [7], che viene utilizzato per la valutazione di metodi di classificazione automatica dei testi. Inizialmente, presenteremo la collezione e utilizzeremo la documentazione della collezione come analisi dei requisiti del database che andremo a creare.

5.3.1 Dataset Reuters-21578

Il dataset Reuters-21578 è costituito da un corpus di 21,578 agenzie stampa apparse su Reuters newswire nel 1987. Durante la creazione della collezione degli esperti del settore hanno scelto 7 aree di interesse:

[7] http://thomsonreuters.com/en.html

- *topics*, argomenti generali,
- *places*, luoghi geografici,
- *people*, persone,
- *orgs*, organizzazioni,
- *exchanges*, mercati finanziari,
- *companies*, aziende.

Ogni documento è stato etichettato (classificato) manualmente dagli esperti con una o più categorie appartenenti ad una delle 7 aree di interesse. Il numero totale di categorie per ogni area è riportato di seguito:

	topics	places	people	orgs	exchanges	companies
n cat	135	175	267	56	39	0
n cat $>$ 1	120	147	114	32	32	0

dove la prima riga rappresenta il numero totale di categorie definite per ciascuna area, mentre la seconda riga riporta il numero di categorie che hanno almeno un documento.

Il corpus di documenti, reperibile all'indirizzo

http://kdd.ics.uci.edu/databases/reuters21578/reuters21578.html

è distribuito in 22 file in formato Standard Generalized Markup Language (SGML) [8], 21 file con 1000 documenti ed un file (reut2-021.sgm) con 578 documenti. Un frammento in formato SGML che corrisponde ad un documento è riportato di seguito (il contenuto di alcuni campi è stato rimosso):

```
<REUTERS TOPICS="YES" LEWISSPLIT="TRAIN" CGISPLIT="TRAINING-
    SET" OLDID="10022" NEWID="5109">
<DATE>13-MAR-1987 17:50:46.39</DATE>
<TOPICS><D>grain</D><D>corn</D></TOPICS>
<PLACES><D>usa</D></PLACES>
<PEOPLE></PEOPLE>
<ORGS></ORGS>
<EXCHANGES></EXCHANGES>
<COMPANIES></COMPANIES>
<UNKNOWN> ... </UNKNOWN>
<TEXT>
 <TITLE>...</TITLE>
 <AUTHOR> ... </AUTHOR>
 <DATELINE> ... </DATELINE>
 <BODY> ... </BODY>
</TEXT>
</REUTERS>
```

[8] http://www.w3.org/MarkUp/SGML/

Utilizzeremo la descrizione del dataset [9] e il frammento di codice per costruire l'analisi dei requisiti.

L'attributo 'TOPICS' presente alla riga 1 può assumere tre valori: 'YES', 'NO' o 'BYPASS'; i valori assunti da questo attributo sono legati all'etichettatura dei dati originali, non a quella poi utilizzata per il dataset Reuters-21578; si rimanda alla descrizione del dataset per approfondimenti.

Gli attributi 'OLDID' e 'NEWID' indicano l'identificatore assegnato al documento rispettivamente nel dataset Reuters-22173 e nel dataset Reuters-21578; entrambi gli identificatori assumono valori numerici.

Per comprendere invece il significato degli attributi 'LEWISSPLIT' e 'CGISPLIT', è necessario introdurre l'idea alla base dei metodi supervisionati di classificazione; non essendo l'obiettivo di questo testo quello di introdurre le tecniche di apprendimento automatico, per una presentazione formale ed esaustiva si rimanda a testi di riferimento per tale tematica.[10] L'idea di base è quella di addestrare un classificatore ad etichettare automaticamente i documenti sulla base di un insieme di esempi a disposizione; gli esempi consistono in un insieme di documenti a cui sono state associate manualmente le categorie pertinenti tra quelle presenti nella lista predefinita. Sulla base dell'algoritmo appreso, si procederà poi alla classificazione di nuovi documenti (non visti in precedenza e non utilizzati in fase di addestramento). Per valutare la bontà di un metodo di classificazione si considera un dataset in cui i documenti sono stati etichettati manualmente (come la Reuters-21578). Il dataset viene diviso in due parti: una parte verrà utilizzata per addestrare il classificatore, l'altra per valutare il classificatore appreso (ad esempio in termini della percentuale di documenti che sono stati classificati correttamente sul numero di documenti totali). La parte del dataset utilizzata per addestrare il classificatore è detto *training set*; la parte utilizzata per valutare il classificatore appreso è detta *test set*. Gli attributi 'LEWISSPLIT' e 'CGISPLIT' consentono di identificare due diversi partizionamenti del dataset Reuters-21578.

L'attributo 'LEWISSPLIT' può assumere valore 'TRAINING', 'TEST' o 'NOT-USED', rispettivamente a seconda che il documento appartenga al training set, al test set, oppure che non sia stato utilizzato.

L'attributo 'CGISPLIT' può assumere valore 'TRAINING-SET' o 'PUBLISHED-TESTSET', rispettivamente a seconda che il documento appartenga al training set oppure al test set.

Il testo contenuto tra tag `<DATE>` riporta la data e l'istante temporale associato al documento.

Ciascuno dei tag `<TOPICS>`, `<PLACES>`, `<PEOPLE>`, `<ORGS>`, `<EXCHANGES>`, `<COMPANIES>` ed `<UNKNOWN>` fa riferimento ad uno dei 7 gruppi di tag e può contenere un'ulteriore lista di tag `<D>`; ad esempio, nel frammento riportato sopra, le categorie di tipo `TOPICS` associate al documento sono `grain` e `corn`, mentre non c'è alcuna categoria di tipo `PEOPLE` associata al documento.

Il tag `<TEXT>` fa riferimento al contenuto dell'articolo. Associato al tag `<TEXT>` c'è un attributo 'TYPE', che indica il tipo di testo, in termini di struttura. L'at-

[9] http://www.daviddlewis.com/resources/testcollections/reuters21578/readme.txt

[10] Bishop, Christopher M. *Pattern recognition and machine learning*. Springer, 2006.

tributo 'TYPE' può assumere tre valori: 'NORM', 'BRIEF' e 'UNPROC'. Il valore 'NORM' indica che il testo dell'articolo ha una struttura normale; 'NORM' è il valore di default e nel caso del frammento sopra non è specificato. Il valore 'BRIEF' fa riferimento ad articoli corti. Il valore 'UNPROC' è associato ad articoli il cui testo ha un formato inusuale.

Il tag `<TEXT>` può avere dei tag figli: `<TITLE>`, `<AUTHOR>`, `<DATELINE>` e `<BODY>`. Il tag `<TITLE>` contiene il titolo dell'articolo; nel caso di documenti con `TEXT` di tipo 'BRIEF', il testo potrebbe essere contenuto interamente nel tag `<TITLE>`. Il tag `<AUTHOR>` contiene la stringa relativa all'autore o agli autori dell'articolo. Il tag `<DATELINE>` contiene informazioni sul luogo a cui fa riferimento la storia, il giorno dell'anno (ad esempio nel formato " LONDON, March 2"). Il testo all'interno del tag `<BODY>` è il corpo dell'articolo.

In termini di requisiti, si richiede inoltre di mantenere informazione sulle parole che appaiono all'interno del testo dell'articolo (contenuto del tag `<TEXT>`) e sulla frequenza con cui ciascun parola compare in ciascun documento; non si richiede di mantenere informazione sul campo (titolo o corpo), se presente, in cui ciascun parola appare. Una parola che appare nel testo del documento sarà indicata con il termine *descrittore* (in inglese *descriptor*).

Da un'analisi del dataset, si osserva che:

(a) ciascun documento può avere nessuno, uno o più autori;

(b) ciascun documento può essere associato a nessuna, una o più categorie;

Inoltre, si assume che:

(c) un autore deve essere associato ad almeno un documento;

(d) un documento può non avere descrittori ad esso associati, ma un descrittore deve apparire all'interno del tag `<TEXT>` di almeno uno dei documenti del corpus.

5.3.2 Schema ER

Lo schema ER è riportato in Figura 5.2. Si è scelto di mantenere i nomi di entità, associazioni ed attributi in lingua inglese, per essere coerenti con la lingua del dataset.

L'entità DOCUMENT modella un generico documento del dataset Reuters-21578. I due identificatori, 'oldId' e 'newId', saranno due possibili chiavi candidate per lo schema di relazione corrispondente nel modello relazionale.

L'autore di un documento è modellato mediante l'entità AUTHOR, caratterizzata da un identificatore numerico 'id' ed il nome completo, 'fullname'; il fatto che un documento possa essere associato a nessuno, uno o più autori è modellato mediante l'associazione isAuthoredBy.

Una categoria (o classe) è modellata con l'entità CATEGORY; essa è caratterizzata da un attributo 'name', che distingue univocamente una categoria, ed un attributo 'description' che riporta una descrizione per ciascuna categoria. Si è scelto di modellare l'area di interesse della categoria, ossia uno dei sette gruppi di categorie: *topics*, *places*, *people*, *orgs*, *exchanges*, *companies* e *unkwown*, mediante l'attributo 'type' dell'entità CATEGORY. È stata fatta questa scelta poiché, per consuetudine, l'area di interesse è meno importante rispetto alle categorie e spesso, nella tradizione della valutazione dei classificatori automatici, viene fatto uso solo di una delle aree (l'area *topic*). L'associazione inCategory rappresenta il fatto che un documento può essere associato a più categorie.

I requisiti richiedono inoltre di mantenere informazione sulle parole (descrittori) che appaiono nel testo di un documento. Un generico descrittore è modellato mediante l'entità DESCRIPTOR ed è caratterizzato da due attributi: 'id' e 'text'. L'attributo 'text' si riferisce al testo associato al descrittore; tale testo potrebbe essere frutto di una trasformazione in seguito ad un processo di analisi e normalizzazione come, ad esempio, la trasformazione di tutti caratteri in minuscolo e l'estrazione della radice della parola (ad esempio, la radice della parola "computing" è "comput"). L'attributo 'id' è un identificatore numerico associato al descrittore. Il fatto che ciascun descrittore possa essere associato ad uno o più documenti ed a ciascun documento possano essere associati nessuno, uno o più descrittori, è modellato mediante l'associazione hasDescriptor. Tale associazione ha un attributo 'frequency', che corrisponde alla frequenza di comparsa del descrittore nel documento (in letteratura è nota come "term frequency").

5.3.3 Schema relazionale

Lo schema ER mostrato in Figura 5.2 ha tutte entità forti che si trasformano nei seguenti schemi relazionali:

CATEGORY (name, type, description)

DOCUMENT (new_id, old_id, topics, mknote, date, cgisplit, lewissplit, text, type, title, body, dateline)

DESCRIPTOR (id, text)

AUTHOR (id, fullname)

dove, per lo schema relazionale DOCUMENT è stato scelto l'attributo 'new_id' come chiave primaria, mentre per DESCRIPTOR è stato scelto l'attributo 'id' per motivi di efficienza (sia di confronto tra valori numerici che di spazio occupato nella tabella HAS_DESCRIPTOR).

Lo schema relazionale completo è riportato in Figura 5.3.

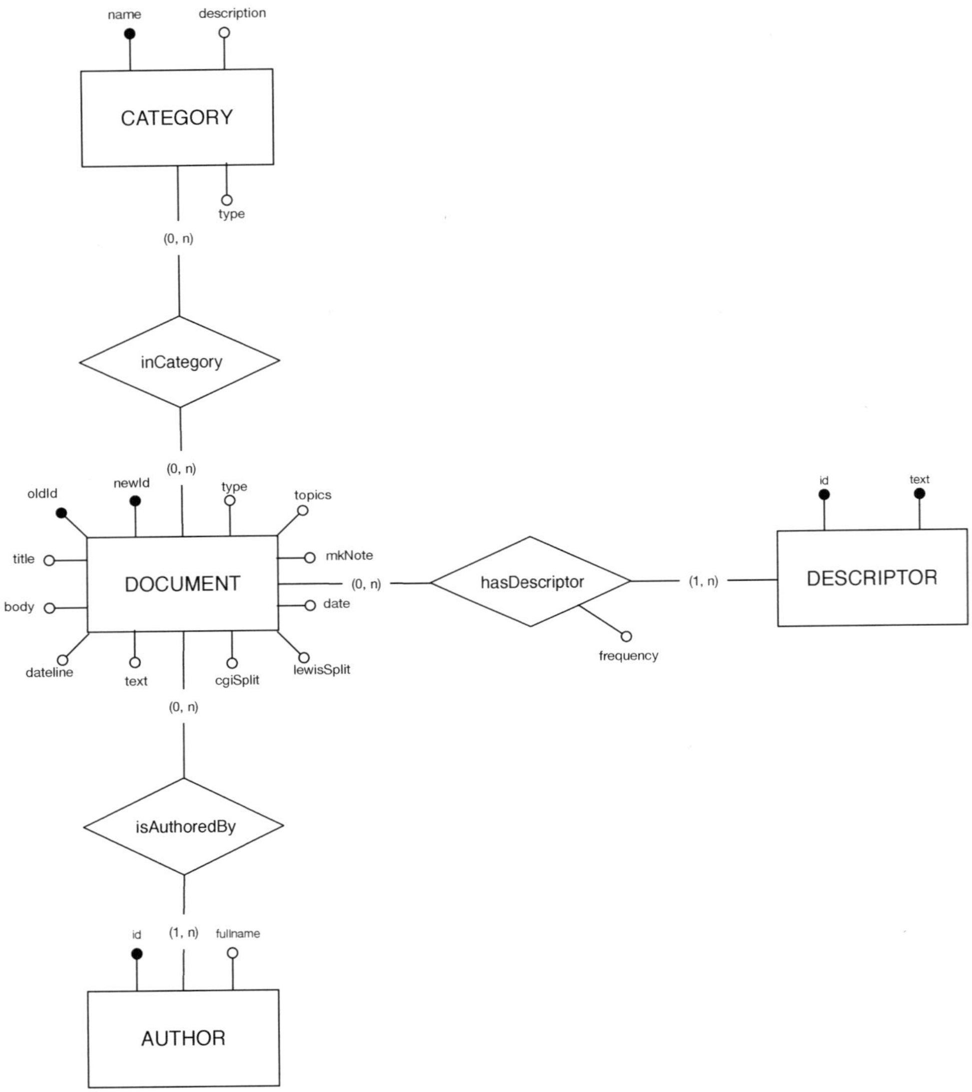

Figura 5.2: Schema ER per modellare il dataset Reuters-21578.

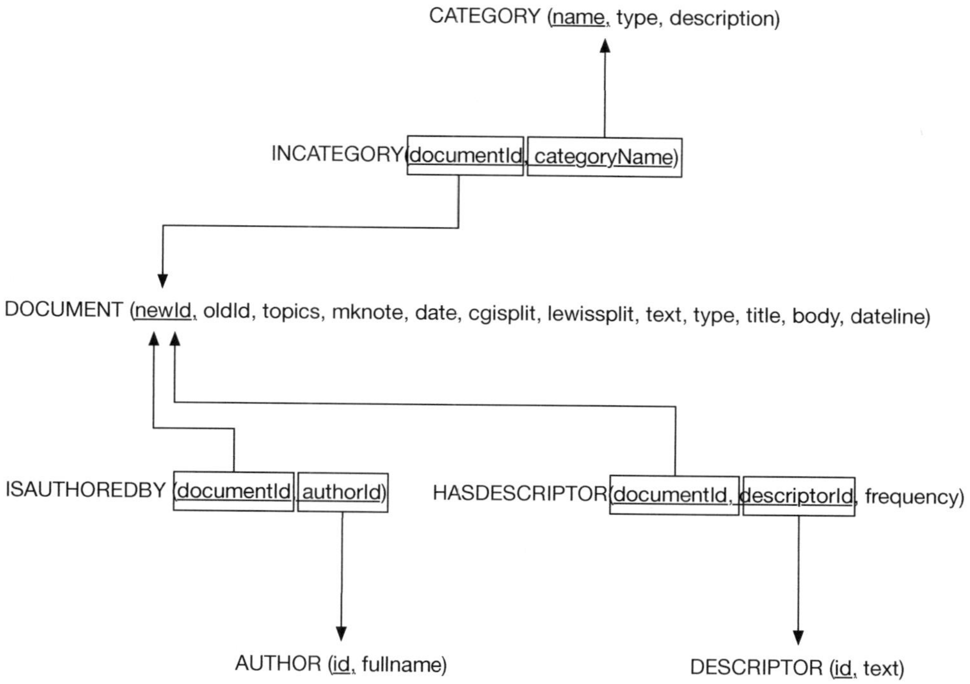

Figura 5.3: Schema relazionale del dataset Reuters-21578.

5.3.4 Definizione tabelle in SQL

```
-- Definizione tabella per documento nel dataset Reuters-21578
CREATE TABLE Document (
    newId SMALLINT PRIMARY KEY,
    oldId INT UNIQUE NOT NULL,
    topics VARCHAR(6) NOT NULL,
    lewisSplit VARCHAR(8) NOT NULL,
    cgiSplit VARCHAR(17) NOT NULL,
    date TIMESTAMP(2) WITHOUT TIME ZONE,
    mkNote TEXT,
    text TEXT,
    type VARCHAR(6),
    dateline TEXT,
    title TEXT NOT NULL,
    body TEXT NOT NULL,
    CONSTRAINT topics_domain
      CHECK(topics='YES' OR topics='NO' OR topics='BYPASS'),
    CONSTRAINT lewisSplit_domain
      CHECK(lewisSplit='TRAINING' OR lewisSplit='TEST' OR lewisSplit='NOT-USED'),
    CONSTRAINT cgiSplit_domain
      CHECK(cgiSplit='TRAINING-SET' OR cgiSplit='PUBLISHED-TESTSET'),
    CONSTRAINT type_domain
      CHECK(type='NORM' OR type='BRIEF' OR type='UNPROC')
);


-- Definizione tabella per autore di un documento del dataset Reuters-21578
CREATE TABLE Author (
    id SMALLINT PRIMARY KEY,
    fullname TEXT
);


-- Definizione tabella per associazione tra autore e documento
CREATE TABLE isAuthoredBy (
    documentId SMALLINT,
    authorId SMALLINT,
    PRIMARY KEY (documentId,authorId),
    FOREIGN KEY (documentId) REFERENCES Document(newId)
          ON DELETE CASCADE ON UPDATE CASCADE,
    FOREIGN KEY (authorId) REFERENCES Author(id)
            ON DELETE CASCADE ON UPDATE CASCADE
);
```

```
-- Definizione tabella per categoria
CREATE TABLE Category (
    name VARCHAR(23) PRIMARY KEY,
    type VARCHAR(9) NOT NULL,
    description TEXT
);


-- Definizione tabella per associazione tra documento e
    categoria
CREATE TABLE inCategory (
    documentId SMALLINT NOT NULL,
    categoryName VARCHAR(23) NOT NULL,
    PRIMARY KEY (documentId,categoryName),
    FOREIGN KEY (documentId) REFERENCES Document(newId)
              ON DELETE CASCADE ON UPDATE CASCADE,
    FOREIGN KEY (categoryName) REFERENCES Category(name)
                ON DELETE CASCADE ON UPDATE CASCADE
);


-- Definizione tabella per descrittore.
CREATE TABLE Descriptor (
    id SMALLINT PRIMARY KEY,
    text TEXT UNIQUE NOT NULL
);


-- Definizione tabella per associazione tra documento e
    descrittore
CREATE TABLE hasDescriptor (
    documentId SMALLINT NOT NULL,
    descriptorId SMALLINT NOT NULL,
    frequency INT NOT NULL,
    PRIMARY KEY (documentId,descriptorId),
    FOREIGN KEY (documentId) REFERENCES Document(newId)
                ON DELETE CASCADE ON UPDATE CASCADE,
    FOREIGN KEY (descriptorId) REFERENCES Descriptor(id)
                ON DELETE CASCADE ON UPDATE CASCADE
);
```

5.3.5 Interrogazioni in SQL

1. Reperire tutti i documenti nell'insieme di addestramento dello split denominato 'LEWISSPLIT', con valore dell'attributo 'TOPICS' uguale a 'YES' oppure 'NO'.

   Soluzione

```
SELECT *
FROM Document
WHERE lewisSplit='TRAINING'
  AND (topics='YES' OR topics='NO');
```

2. Reperire tutti i documenti nell'insieme di test dello split denominato 'LEWISSPLIT', con valore dell'attributo 'TOPICS' uguale a 'YES' oppure 'NO'.

   Soluzione

```
SELECT *
FROM Document
WHERE lewisSplit='TEST'
  AND (topics='YES' OR topics='NO');
```

3. Reperire tutti i documenti non utilizzati per la valutazione nello split denominato 'LEWISSPLIT', oppure con valore dell'attributo 'TOPICS' uguale a 'BYPASS'.

   Soluzione

```
SELECT *
FROM Document
WHERE lewisSplit='NOT-USED' OR topics='BYPASS';
```

4. Reperire tutti i documenti nell'insieme di addestramento dello split denominato 'CGI-SPLIT'.

   Soluzione

```
SELECT *
FROM Document
WHERE cgiSplit='TRAINING-SET';
```

5. Reperire tutti i documenti nell'insieme di test dello split denominato 'CGI-SPLIT'.

   Soluzione

```
SELECT *
FROM Document
WHERE cgiSplit='PUBLISHED-TESTSET';
```

6. Contare il numero di categorie appartenenti al gruppo di categorie 'TOPICS'.

   Soluzione

```
SELECT COUNT(*)
FROM Category
WHERE type='TOPICS';
```

7. Selezionare tutti gli autori degli articoli nel dataset Reuters 21578, ordinandoli per nome (fullname) non crescente (considerando l'ordine lessicografico).

   Soluzione

```
SELECT *
FROM Author
ORDER BY fullname DESC;
```

8. Selezionare i valori distinti dell'attributo type per i documenti nel dataset Reuters-21578.

   Soluzione

```
SELECT DISTINCT type FROM Document;
```

9. Estrarre i tipi di documento presenti nei diversi split (considerare i lewis split), ordinandoli per nome dello split.

   Soluzione

```
SELECT DISTINCT lewisSplit, type
FROM Document
ORDER BY lewisSplit;
```

10. Estrarre identificatori e data di tutti i documenti tali che

    - nel dataset originale al documento sia associato almeno un valore della categoria topic (attributo topics uguale a 'YES');

- il documento appartenga al test set del cgi split ('PUBLISHED-TESTSET');
- il documento abbia una struttura inusuale, limitando la possibilità di estrarre informazioni (attributo type uguale a 'UNPROC')

Soluzione

```
SELECT newId, oldId, date
FROM Document
WHERE topics='YES'
  AND cgiSplit='PUBLISHED-TESTSET'
  AND type='UNPROC';
```

11. Estrarre

    - il nuovo identificatore
    - lo split in cui il documento è stato utilizzato nel lewis split
    - lo split in cui il documento è stato utilizzato nel cgi split

    del documento con vecchio identificatore 12666, ridenominando il nuovo identificatore come 'id'.

    Soluzione

```
SELECT newId AS id, lewisSplit, cgiSplit
FROM Document
WHERE oldId=12666;
```

12. Contare il numero di documenti presenti nel training set del lewis split (attributo lewisSplit uguale a 'TRAINING').

    Soluzione

```
SELECT COUNT(*)
FROM Document
WHERE lewisSplit='TRAINING';
```

13. Estrarre la frequenza minima, la frequenza media, e la frequenza massima di comparsa di un descrittore nei documenti, dove le statistiche sono calcolate su tutti i descrittori del dataset Reuters-21578.

    Soluzione

```
SELECT MIN(frequency), AVG(frequency), MAX(frequency)
FROM hasDescriptor;
```

14. Contare il numero di documenti presenti nel training set o nel test set del Lewis split (attributo 'lewisSplit' uguale a 'TRAINING' o 'TEST').

    Soluzione

```
SELECT COUNT(*)
FROM DOCUMENT
WHERE lewisSplit='TRAINING' OR lewisSplit='TEST';
```

    oppure

```
SELECT COUNT(*)
FROM DOCUMENT
WHERE lewisSplit IN ('TRAINING','TEST');
```

15. Contare quanti documenti sono presenti in ciascuno dei sottoinsiemi basati sull'attributo 'lewisSplit'.

    Soluzione

```
SELECT lewisSplit, COUNT(*)
FROM Document
GROUP BY lewisSplit;
```

16. Contare quanti documenti sono presenti in ciascuno dei sottoinsiemi basati sull'attributo 'lewisSplit' considerando solo sottoinsiemi con più di 1000 documenti.

    Soluzione

```
SELECT lewisSplit, COUNT(*)
FROM Document
GROUP BY lewisSplit
HAVING COUNT(*)>1000;
```

17. Contare quanti dei documenti nel training set del Lewis split hanno almeno un autore.

    Soluzione

```
SELECT COUNT(DISTINCT d.newId)
FROM isAuthoredBy AS iab
  JOIN document AS d ON iab.documentId=d.newId
WHERE lewisSplit='TRAINING';
```

18. Contare il numero di documenti con data di pubblicazione tra il primo febbrario 1987 ed il primo maggio 1987.

    Soluzione

```
SELECT COUNT(*)
FROM document
WHERE date
BETWEEN '1987-02-01' AND '1987-05-01';
```

19. Estrarre i 20 descrittori che compaiono nel maggior numero di documenti del dataset, riportandone la descrizione testuale (attributo text) ed il numero di documenti in cui compaiono; nell'estrarre i primi 20 descrittori, si utilizzi come secondo criterio di ordinamento l'ordine lessicografico (crescente) delle descrizioni dei descrittori.

    Soluzione

```
SELECT de.text, COUNT(*) AS df
FROM hasDescriptor AS hs
  INNER JOIN descriptor AS de ON hs.descriptorId=de.id
GROUP BY de.text
ORDER BY df DESC, de.text ASC
LIMIT 20;
```

20. Estrarre i 30 descrittori che compaiono nel minor numero di documenti della collezione e compaiono in più di 5 documenti, ordinandoli per descrizione testuale e visualizzandone la descrizione testuale ed il numero di documenti in cui compaiono.

    Soluzione

```
SELECT de.text, COUNT(*) AS df
FROM hasDescriptor AS hs
  INNER JOIN descriptor AS de ON hs.descriptorId=de.id
GROUP BY de.text
HAVING count(*) > 5
ORDER BY df ASC, de.text ASC
LIMIT 30;
```

21. Estrarre i primi 20 descrittori ordinati per valore decrescente di punteggio, dove il punteggio è calcolato come logaritmo naturale del rapporto tra il totale dei documenti nel corpus (21578) ed il numero di documenti in cui compare il descrittore.

    Soluzione

```
SELECT de.text, ln( 21578 / COUNT(*) ) AS score
FROM hasDescriptor AS hd
  INNER JOIN descriptor AS de ON hd.descriptorId=de.id
GROUP BY de.text
ORDER BY score DESC, de.text ASC
LIMIT 20;
```

22. Estrarre i primi 20 descrittori ordinati per valore decrescente di punteggio, dove il punteggio è calcolato come il prodotto tra la frequenza media di occorrenza del termine nel documento ed il logaritmo naturale del rapporto tra il totale dei documenti nel corpus (21578) ed il numero di documenti in cui compare il descrittore:

$$avg(frequency) * ln(N/n_t), \tag{5.1}$$

con n_t numero di documenti con il descrittore t.

Soluzione

```
SELECT de.text, AVG(frequency) * ln( 21578 / COUNT(*) ) AS
    score
FROM hasDescriptor AS hd
  INNER JOIN descriptor AS de ON hd.descriptorId=de.id
GROUP BY de.text
ORDER BY score DESC
LIMIT 20;
```

23. Estrarre tutti i documenti appartenenti sia alla categoria 'corn' che alla categoria 'gas', visualizzando identificatore e titolo di tali documenti.

Soluzione

```
(
  SELECT newId, title
  FROM document AS d
    INNER JOIN inCategory AS ic ON d.newId=ic.documentId
  WHERE ic.categoryName='corn'
) INTERSECT (
  SELECT newId, title
  FROM document AS d
    INNER JOIN inCategory AS ic ON d.newId=ic.documentId
  WHERE ic.categoryName='gas'
);
```

24. Estrarre i descrittori che siano sia tra i primi 1000 descrittori ordinati per valore decrescente di punteggio $avg(frequency) * ln(N/n_t)$ estratti dai documenti nella categoria 'corn', sia tra i primi 1000 descrittori ordinati per valore decrescente di punteggio $avg(frequency) * ln(N/n_t)$ estratti dai documenti nella categoria 'cocoa'.

Soluzione

```
(
  SELECT de.text, AVG(frequency) * ln( 21578 / COUNT(*) ) AS score
  FROM inCategory AS ic
    INNER JOIN hasDescriptor AS hd ON ic.documentId=hd.documentId
    INNER JOIN descriptor AS de ON hd.descriptorId=de.id
  WHERE ic.categoryName='corn'
  GROUP BY de.text
  ORDER BY score DESC
  LIMIT 1000
) INTERSECT (
  SELECT de.text, AVG(frequency) * ln( 21578 / COUNT(*) ) AS score
  FROM inCategory AS ic
    INNER JOIN hasDescriptor AS hd ON ic.documentId=hd.documentId
    INNER JOIN descriptor AS de ON hd.descriptorId=de.id
  WHERE ic.categoryName='cocoa'
  GROUP BY de.text
  ORDER BY score DESC
  LIMIT 1000
);
```

6

Esercizi d'esame

6.1 Negozio di stampe fotografiche

Compito d'esame del 2012.01.30

Due ingegneri appassionati di fotografia decidono di intraprendere una nuova attività di sviluppo di stampe fotografiche. Dopo aver dedicato alcuni giorni allo studio del problema, decidono di sintetizzare l'analisi dei requisiti del loro database nel modo seguente:

> "Di ogni rullino (stamperemo solo analogico) è necessario conoscere la marca, il numero di foto che possono essere stampate con quel rullino (12, 24, 36), e la sensibilità della pellicola (codificata dal numero ISO 100, 200, 400, 800, 1600, 3200). Oltre alla dimensione della stampa — per l'inizio dell'attività supponiamo di avere solo quattro formati: 10x15, 11x18, 20x20, 30x30 — offriamo al cliente la possibilità di stampare su carta fotografica di qualità bassa, media, o alta. Il tipo di carta e la dimensione della stampa determinano un certo prezzo. L'ordine viene inserito nel sistema di gestione al momento della consegna del rullino, l'operatore inserisce i dati relativi al rullino e al tipo di stampa (qualità della carta e formato). Una volta che l'ordine è stato correttamente inserito, viene stampato automaticamente un talloncino che viene consegnato al cliente come ricevuta che dovrà essere riconsegnata al momento del ritiro delle foto. Cercheremo di avere dal cliente le sue generalità in maniera da proporgli ad ogni suo ritorno delle offerte. Il cliente è comunque libero di non fornire i propri estremi e in quel caso sarà sufficiente consegnarli il talloncino. Quando il cliente ritira le foto e paga, il sistema registra automaticamente il pagamento e segna l'ordine come pagato."

Le interrogazioni che più interessano sono le seguenti:

- Calcolare la spesa media degli ordini già pagati di ciascun utente registrato.
- Mostrare gli ordini che hanno più di un rullino da sviluppare.
- Mostrare il formato e il prezzo delle stampe che possono essere fatte in qualità 'alta'.

6.1.1 Individuazione delle entità principali

La prima entità che possiamo rappresentare è quella del CLIENTE. Le frasi relative sono le seguenti:

[...] offriamo al cliente la possibilità di stampare su carta fotografica di qualità bassa, media, o alta [...] Una volta che l'ordine è stato correttamente inserito, viene stampato automaticamente un talloncino che viene consegnato al cliente come ricevuta che dovrà essere riconsegnata al momento del ritiro delle foto. Cercheremo di avere dal cliente le sue generalità in maniera da proporgli ad ogni suo ritorno delle offerte. Il cliente è comunque libero di non fornire i propri estremi e in quel caso sarà sufficiente consegnarli il talloncino. Quando il cliente ritira le foto e paga, il sistema registra automaticamente il pagamento e segna l'ordine come pagato

In questo caso bisogna fare attenzione alla situazione del cliente che consegna un rullino e che decide di non fornire le proprie generalità. In una situazione reale, la richiesta di stampa di un rullino viene consegnata su un foglio di carta che ha un codice, a volte senza nemmeno dare un nome e un cognome, e quello fa da riferimento per la gestione dell'ordine. Attenzione quindi a non 'forzare' questa situazione assegnando un identificatore a qualsiasi cliente e a mantenere nella base di dati clienti ignoti. Meglio gestire il problema con l'ordine e un identificatore dell'ordine.

L'entità CLIENTE possiamo identificarla con il codice fiscale, gli altri attributi saranno quelli tradizionali di una entità persona, come ad esempio: nome, cognome, anno di nascita, indirizzo, telefono. In Figura 6.1, mostriamo un possibile esempio della modellazione del cliente.

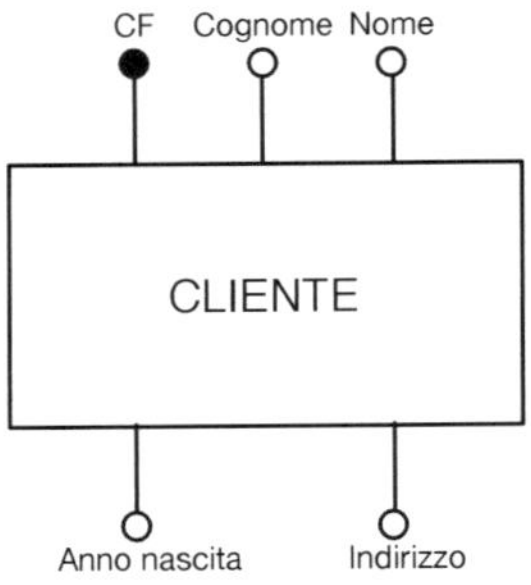

Figura 6.1: Entità CLIENTE.

La seconda entità è quella del RULLINO:

[...] Di ogni rullino è necessario conoscere la marca, il numero di foto che possono essere stampate con quel rullino (12, 24, 36), e la sensibilità della pellicola (codificata dal numero ISO 100, 200, 400, 800, 1600, 3200) [...] L'ordine viene inserito nel sistema di gestione al momento della consegna del rullino, l'operatore inserisce i dati relativi al rullino e al tipo di stampa (qualità della carta e formato).

In questo caso non è immediatamente chiaro se un rullino abbia o meno un codice identificativo. Nell'analisi dei requisiti non c'è questo dato importante, in questi casi bisognerebbe fare un secondo round di interviste con i committenti oppure approfondire la materia (ad esempio, cercando di capire se le aziende che producono rullini fotografici stampano un codice identificativo sul rullino stesso). Aggiungiamo noi un identificatore e vedremo in fase di realizzazione se sarà un identificatore dato dai produttori del rullino oppure un identificatore sintetico che gestiremo con il nostro DBMS. Un altro punto importante è la scelta di modellazione della marca, della sensibilità ISO e del numero di pose del rullino. La soluzione più semplice è quella di considerarli come attributi di RULLINO. Solo se si volesse aggiungere dei dettagli alla marca (intesa come azienda tipo Kodak, Fuji, etc.) o informazioni aggiuntive alla sensibilità ISO, si potrebbe pensare ad un'entità per ciascun elemento. Se invece il problema è quello di mantenere la consistenza nei dati inseriti (ed evitare di avere nel database la marca 'Kodak' e 'KODAK' che fanno riferimento esattamente alla stessa azienda) ricordiamoci che è possibile utilizzare una enumerazione come tipo di dato per l'attributo marca.

Un esempio di soluzione dell'entità RULLINO viene mostrato in In Figura 6.2.

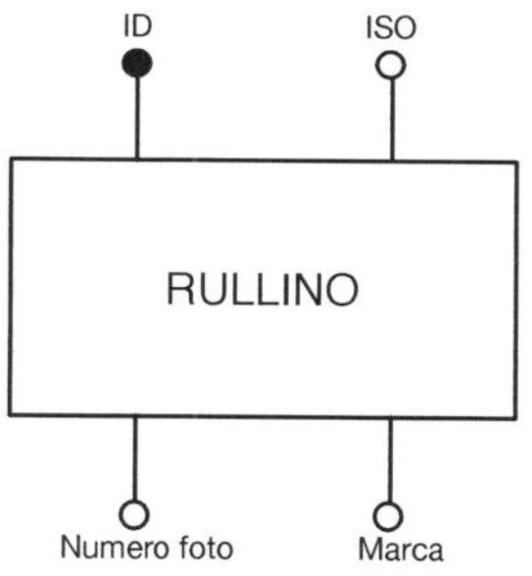

Figura 6.2: Entità RULLINO.

Altre due entità importanti sono FORMATO e CARTA:

Oltre alla dimensione della stampa — per l'inizio dell'attività supponiamo di avere solo quattro formati: 10x15, 11x18, 20x20, 30x30 — offriamo al cliente la possibilità di stampare su carta fotografica di qualità bassa, media, o alta. Il tipo di carta e la dimensione della stampa determinano un certo prezzo. L'ordine viene inserito nel sistema di gestione al momento della consegna del rullino, l'operatore inserisce i dati relativi al rullino e al tipo di stampa (qualità della carta e formato).

In questo caso si preferisce gestire la modalità di stampa con due entità distinte per rendere più flessibile la gestione del negozio. Sebbene sia appena accennata nella frase *per l'inizio dell'attività*, è probabile che i formati di stampa aumenteranno o cambieranno in futuro. Così come si potrebbe avere una qualità di carta diversa dai tre livelli iniziali (anche se non è esplicito nell'analisi dei requisiti) oppure per la stessa qualità di carta produttori o fornitori diversi (ad esempio carta Epson o carta Canon). Nell'associazione STAMPA possiamo dare un prezzo ad ogni particolare combinazione ed avere quindi il listino dei prezzi da fornire al cliente.

L'esempio mostrato in Figura 6.3 descrive questa relazione tra le entità FORMATO e CARTA.

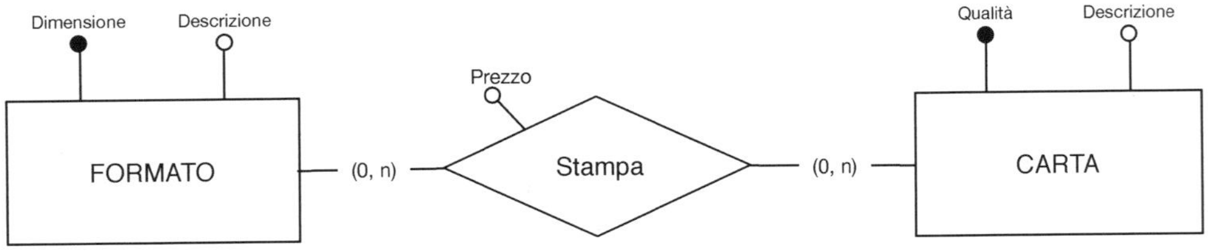

Figura 6.3: Associazione STAMPA tra le due entità FORMATO e CARTA.

Entrambe le entità partecipano all'associazione STAMPA con cardinalità $(0, n)$. In questo modo possiamo gestire l'inserimento di elementi in ciascuna delle due entità indipendentemente dall'esistenza di una possibile stampa. Ad esempio, è possibile aggiungere un formato di stampa senza necessariamente associare una qualità. Oppure, è possibile togliere tutte quante le scelte di stampa di un certo formato senza necessariamente eliminare quel formato (nel senso che potrebbe essere riutilizzato in futuro).

Infine, c'è l'entità più importante, quella che lega tutte le altre insieme e che ci permette di tenere traccia di tutte le richieste dei clienti e fare il conto dei soldi guadagnati con le stampe fotografiche, l'entità ORDINE:

L'ordine viene inserito nel sistema di gestione al momento della consegna del rullino, l'operatore inserisce i dati relativi al rullino e al tipo di stampa (qualità della carta e formato). Una volta che l'ordine è stato correttamente inserito, viene stampato automaticamente un talloncino che viene consegnato al cliente come ricevuta che dovrà essere riconsegnata al momento del ritiro delle foto. [...] Quando il cliente ritira le foto e paga, il sistema registra automaticamente il pagamento e segna l'ordine come pagato.

Per l'ordine, è ragionevole immaginare un identificatore gestito dal negozio (o dal DBMS) che identifica ciascun lavoro da fare. Inoltre, l'ordine può avere un cliente associato e può avere più di un rullino da stampare (questo punto è esplicito nella seconda interrogazione *mostrare gli ordini che hanno più di un rullino da stampare*). Nella Figura 6.4, mostriamo l'associazione tra ORDINE e CLIENTE, in particolare il fatto che un ordine può non avere clienti associati (nel caso il cliente non lasci le proprie generalità) viene rispecchiato dalla cardinalità minima pari a zero. Un cliente può fare da uno (se esiste un cliente vuol dire che ha fatto almeno un ordine) a molti ordini.

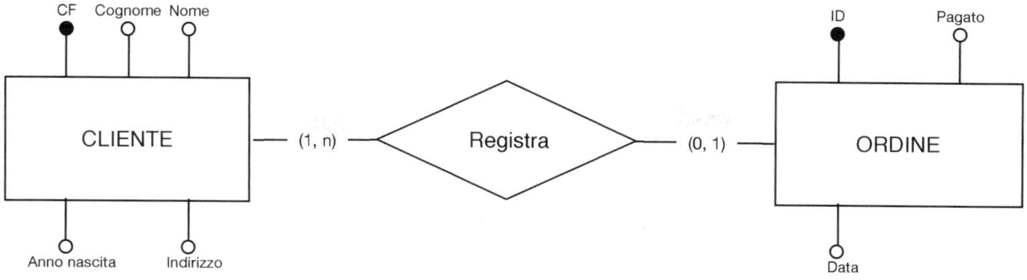

Figura 6.4: Entità ORDINE associata al CLIENTE.

6.1.2 Schema ER completo

Prima di disegnare lo schema completo ci sono un paio di aspetti importanti che vanno chiariti poiché l'analisi dei requisiti è carente: il primo è se posso stampare in formati diversi per rullini diversi, il secondo è quante stampe posso fare per lo stesso rullino (ed eventualmente se posso fare stampe in formati diversi per lo stesso rullino).

Dal momento che si tratta di un esercizio d'esame e non la realizzazione di un DBMS reale, consiglio sempre di scegliere la strada più semplice giustificando le scelte di modellazione con delle regole di vincolo che spiegano tali scelte. In questo caso, si potrebbe scegliere la seguente regola:

un ordine può contenere più rullini ma il tipo di stampa (formato e carta) sarà sempre lo stesso per quell'ordine. Nel caso in cui un cliente voglia stampare su formati diversi il negozio dovrà generare ordini diversi per ciascun rullino. Lo stesso accadrà per più stampe dello stesso rullino su formati e carta diversi.

Il diagramma ER di questa soluzione viene mostrato in Figura 6.5. Da sottolineare il fatto che il RULLINO partecipa con cardinalità minima uguale ad uno all'associazione APPARTIENE perché non vogliamo modellare situazioni in cui un rullino è senza un ordine.

Nel caso non si voglia generare più di un ordine per lo stesso cliente, cosa assolutamente comprensibile e probabilmente molto più realistica, bisogna modificare la regola di vincolo nel modo seguente:

un ordine può contenere più rullini e per ciascun rullino il cliente può scegliere formato e carta diversi per ciascuna stampa (se ne chiede più di una).

Questa soluzione è leggermente più articolata e richiede una associazione quaternaria (rara ma non per questo non corretta) che coinvolge ORDINE, RULLINO, FORMATO e CARTA. La soluzione viene mostrata in Figura 6.6.

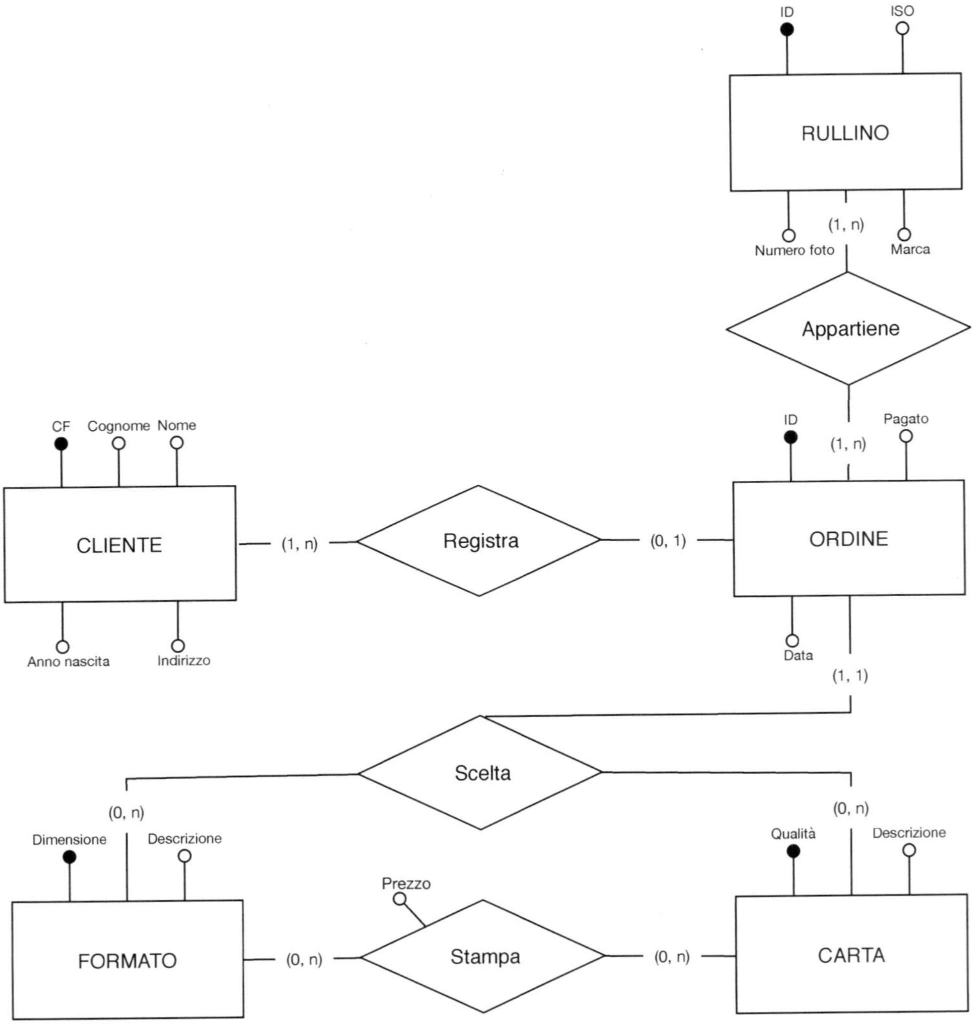

Figura 6.5: Possibile soluzione.

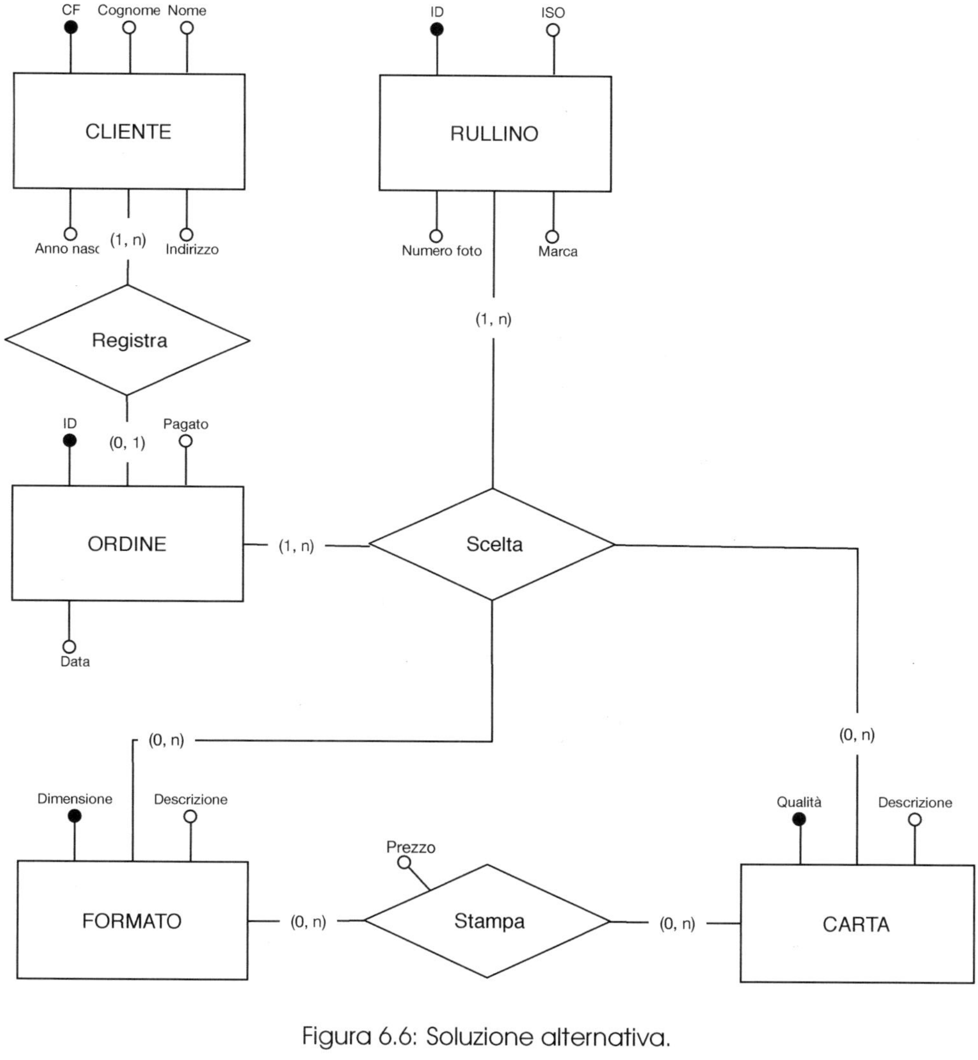

Figura 6.6: Soluzione alternativa.

6.1.3 Errori comuni

Un'imprecisione piuttosto comune è quella di considerare il talloncino come entità separata. Questo non è un errore vero e proprio, ma più una complicazione non necessaria dello schema ER (e il conseguente schema fisico). In Figura 6.7, viene mostrata un'interpretazione del talloncino come entità debole rispetto all'ordine.

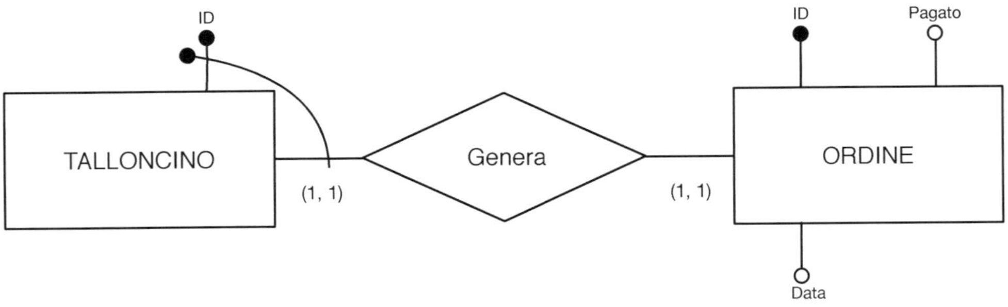

Figura 6.7: Entità TALLONCINO debole rispetto ad ORDINE.

Una situazione un po' più critica si ha quando il formato della stampa e la qualità della carta vengono modellate con un'unica entità, ad esempio con l'entità STAMPA mostrata in Figura 6.8 in cui l'attributo chiave è dato dalla coppia Formato e Qualità.

Ci sono almeno due problemi con questa modellazione. Il primo è che nel caso si voglia interrogare il database su quali siano i formati di stampa (o la qualità della carta) è necessario recuperare tutti gli elementi dell'insieme STAMPA e fare un'operazione di rimozioni di valori duplicati. Sebbene questo caso non sia particolarmente oneroso dal punto di vista computazionale (ci saranno pochissime tuple nella tabella fisica corrispondente), è bene porsi il problema per situazioni dove la numerosità dell'insieme può raggiungere le decine di milioni di elementi. Il secondo problema è che non è possibile inserire una nuovo formato di stampa indipendentemente dalla qualità della carta (e viceversa). Oppure, se in un certo momento il negozio non fornisce più un certo tipo di qualità di stampa, e quel tipo di carta era l'unico associato ad un particolare formato, siamo costretti ad eliminare l'elemento e con esso il fatto che esiste un formato di stampa al momento non disponibile.

Considerare il rullino come entità debole dell'ordine, come mostrato in Figura 6.9, potrebbe essere utile per poter tracciare il rullino con un numero e legarlo all'identificatore dell'ordine (ad esempio, i rullini numero 1 e 2 dell'ordine 14). Tuttavia, suggeriamo di fare molta attenzione all'utilizzo di entità deboli e di riflettere bene sul significato che hanno all'interno del mini-mondo preso in considerazione. In questo caso stiamo dicendo che un rullino esiste solo se abbiamo un ordine associato; questa è una soluzione che ci permette di numerare i rullini, ma è una forzatura della realtà: un rullino esiste indipendentemente dal fatto che esista l'ordine di stampa associato.

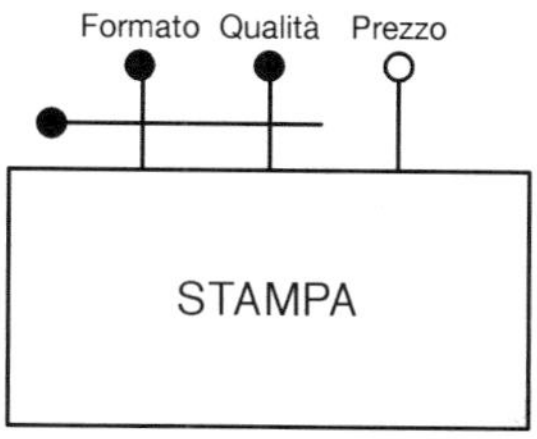

Figura 6.8: Entità STAMPA con Formato e Qualità come coppia di attributi chiave.

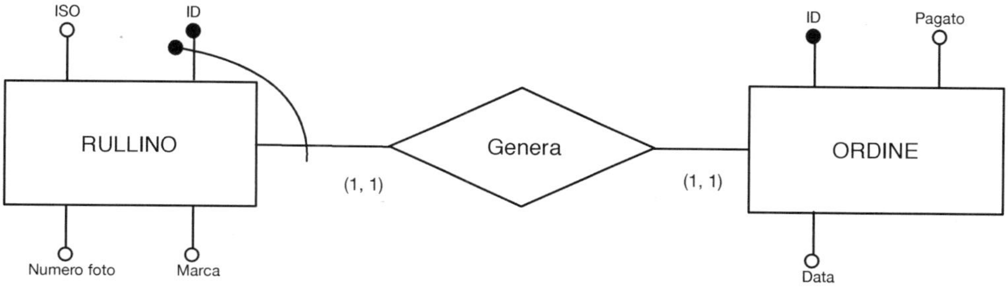

Figura 6.9: Entità RULLINO debole rispetto ad ORDINE.

Un altro esempio di forzatura della realtà d'interesse con entità deboli non necessarie viene mostrato in Figura 6.10

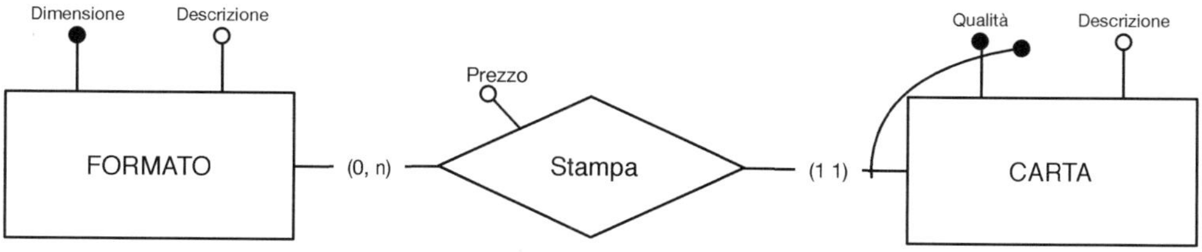

Figura 6.10: Entità STAMPA debole rispetto a FORMATO.

Questa è una variante ancor più complessa (ed errata dal punto di vista concettuale) dell'esempio mostrato in Figura 6.3. L'esistenza della qualità della stampa dipende dall'esistenza di almeno un elemento dell'insieme FORMATO e lo schema del database fisico risultante diventa inutilmente più complicato.

6.1.4 Schema relazionale

In questo primo esercizio, affrontiamo la traduzione dello schema ER in Figura 6.5 in schema relazionale seguendo passo dopo passo le indicazioni suggerite nel modello relazionale.

Si inizia quindi a tradurre le entità forti che partecipano con cardinalità massima pari ad n: RULLINO, CLIENTE, FORMATO, CARTA. Il risultato è l'insieme di relazioni mostrato qui di seguito:

RULLINO(ID, ISO, Marca, Numero Foto)

CLIENTE(CF, Cognome, Nome, Anno nascita, Indirizzo)

FORMATO(Dimensione, Descrizione)

CARTA(Qualità, Descrizione)

L'entità ORDINE la trasformiamo come ultima relazione in quanto cardine di tutto lo schema. Prima risolviamo l'associazione Scelta che è un'associazione binaria con partecipazione massima n da parte di entrambe le entità, e la sua traduzione è:

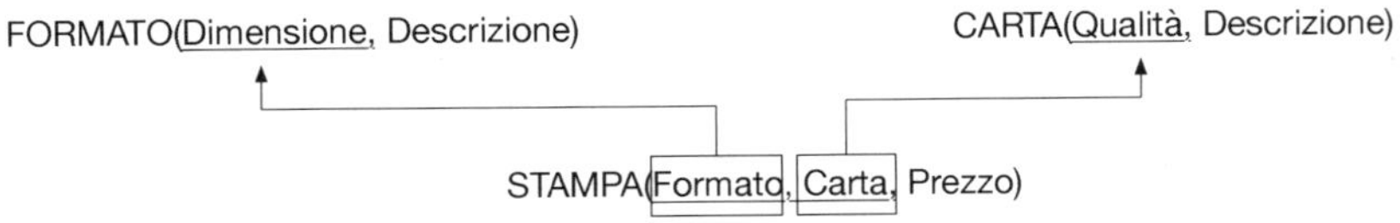

L'entità ORDINE partecipa con cardinalità $(1, 1)$ all'associazione Scelta, di conseguenza nella relazione derivante dalla trasformazione di ORDINE avremo anche le chiavi delle relazioni FORMATO e CARTA. Rimane da fare una scelta sulla partecipazione $(0, 1)$ verso l'associazione Registra. Possiamo fare delle ipotesi: visto che si tratta di un singolo negozio di fotografia, è difficile che ci sia un volume di ordini che vada oltre le decine e di migliaia l'anno, pertanto stiamo parlando di un volume relativamente piccolo di dati della tabella ordine e che la query che richiede la spesa media sugli ordini dei clienti registrati è gestibile sulla relazione stessa. Pertanto, incorporeremo nella relazione ORDINE anche la chiave primaria di CLIENTE, come mostrato nello schema seguente

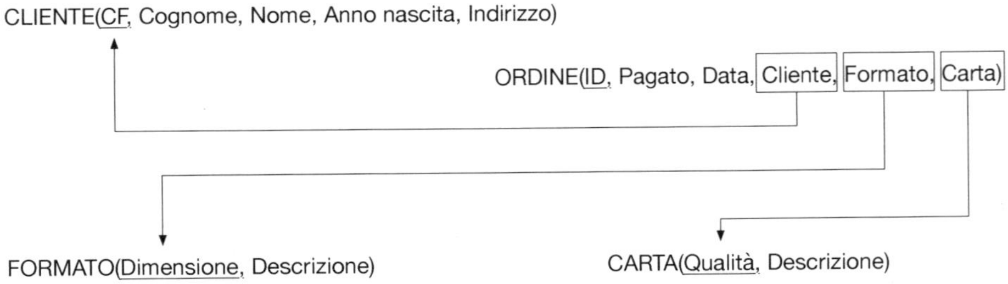

Infine, rimane l'associazione Appartiene che viene tradotta con il seguente schema relazionale

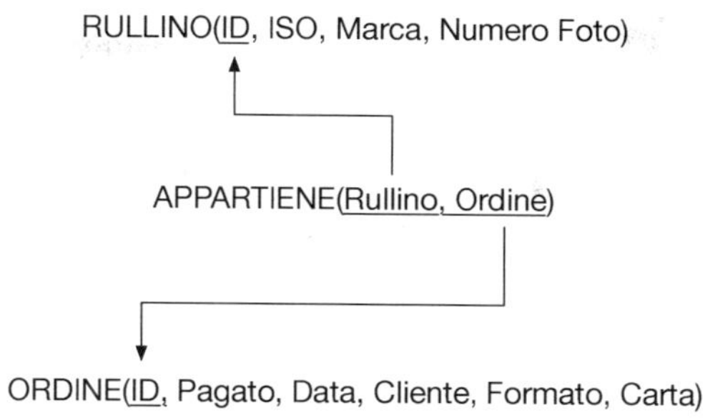

Lo schema relazionale completo viene mostrato in Figura 6.11

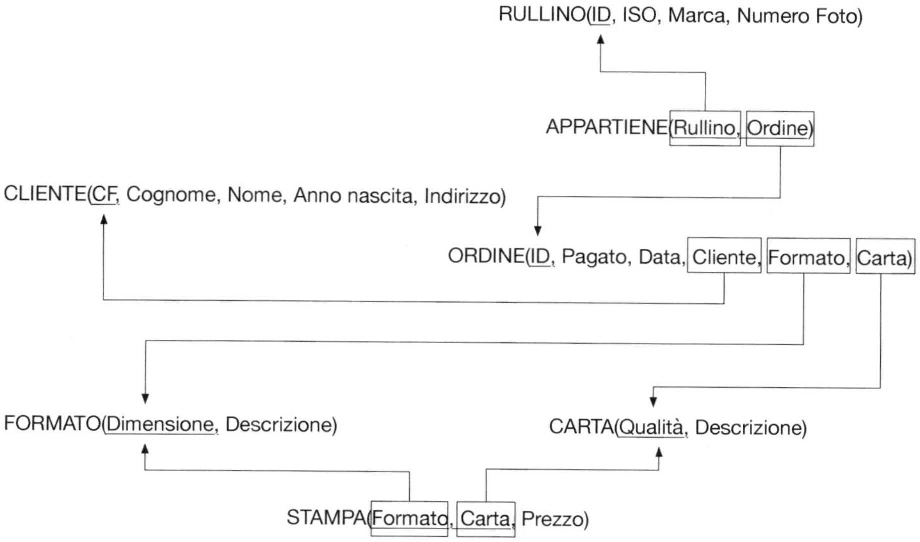

Figura 6.11: Traduzione dello schema ER in Figura 6.5.

6.1.5 Algebra relazionale

Il compito prevede tre query, la prima delle quali ci permette di fare alcune considerazioni sulla qualità dello schema (sia schema ER che schema relazionale). La query chiede la spesa media degli ordini già pagati degli utenti registrati. Per poter ragionare ad un livello più generale, proviamo a risolvere la seguente interrogazione: 'trovare la spesa media degli ordini', poiché questo ci permette di focalizzare l'attenzione su come calcolare la spesa di un ordine, operazione che può essere fatta con i passi seguenti:

- dato un ordine trovare il prezzo della combinazione formato-carta,
- moltiplicare il prezzo per il numero di foto e rullini di quell'ordine.

Questi passi possono essere tradotti nelle seguenti espressioni (faremo volutamente una sequenza di espressioni molto semplici per rendere il più chiara possibile una query che sarebbe possibile scrivere in un'unica espressione):

$$\text{COSTOSTAMPA} \leftarrow \pi_{ID,Prezzo}(\text{ORDINE} \bowtie \text{STAMPA})$$

Questa prima operazione genera la relazione CONTROSTAMPA(ID, Prezzo) per associare il costo della stampa di quel particolare formato e carta di ciascun ordine,

$$\text{NUMRULL} \leftarrow \pi_{ID,Rullino}(\text{ORDINE} \bowtie_{ID=Ordine} \text{APPARTIENE})$$

La relazione NUMRULL(ID, Rullino) tiene conto di quali rullini sono associati ad ogni ordine.

$$\text{NUMFOTO} \leftarrow \text{NUMRULL} \bowtie_{Rullino=IDR} (\rho_{IDR,NumFoto}(\pi_{ID,NumeroFoto}(\text{RULLINO})))$$

la relazione NUMFOTO$(ID, Rullino, IDR, NumFoto)$ ha il numero di foto per ciascun rullino di ogni ordine. Da notare che abbiamo dovuto fare la ridenominazione dell'attributo 'ID' dello schema RULLINO per evitare l'ambiguità tra l'identificatore del rullino e dell'ordine.

$$\text{TOTRULLINO} \leftarrow \pi_{ID,IDR,Prezzo*NumFoto}(\text{NUMFOTO} \bowtie \text{COSTOSTAMPA})$$

la relazione TOTRULLINO(ID, IDR, ?) (utilizziamo un punto interrogativo '?' per indicare che al momento non esiste un nome per l'attributo) associa ad ogni ordine il costo totale per ogni rullino.

$$\text{TOTORDINE} \leftarrow_{ID} \mathcal{F}_{SUM(totrullino)}(\rho_{ID,IDR,TotRullino}\text{TOTRULLINO})$$

quest'ultima operazione permette di calcolare il totale per ciascun ordine. A questo punto basta calcolare la media dei totali per rispondere alla nostra query modificata. La questione che vogliamo porre è la seguente: conviene fare tutta questa sequenza di operazioni per trovare il totale di un ordine? o è più efficiente aggiungere un attributo derivato (ridondante) sullo schema ORDINE per avere immediatamente il prezzo totale?

Lo schema modificato (mostriamo solo la relazione ORDINE) sarebbe:

ORDINE(<u>ID</u>, Pagato, Data, Cliente, Formato, Carta, Totale)

In questa situazione, calcolare la media della spesa degli ordini equivale alla seguente espressione:

$$_{ID}\mathcal{F}_{AVERAGE(Totale)}(\text{ORDINE})$$

Come è evidente, quest'operazione è estremamente più efficace rispetto alla sequenza di passaggi precedenti. Pertanto, se questa operazione è piuttosto frequente nel database, sarebbe opportuno aggiungere l'attributo derivato a discapito di un costo di manutenzione della coerenza dei dati (ogni volta che dobbiamo inserire il totale dell'ordine dobbiamo essere sicuri di inserire il totale giusto).

Con questa modifica, la media degli ordini già pagati degli utenti registrati si risolve nel modo seguente:

$$_{Cliente}\mathcal{F}_{AVERAGE(Totale)}(\sigma_{(Cliente\ IS\ NOT\ NULL)\ \text{AND}\ (Pagato=TRUE)}(\text{ORDINE}))$$

dove prima si selezionano i clienti registrati e gli ordini già pagati, e poi di calcola la media dei totali raggruppati per cliente.

La seconda query chiede di mostrare gli ordini che hanno più di un rullino da sviluppare. La soluzione è:

$$\sigma_{NumRullini>1}(\rho_{Ordine,NumRullini}(_{Ordine}\mathcal{F}_{COUNT(*)}(\text{APPARTIENE})))$$

in cui prima si contano il numero di rullini per ciascun ordine (funzione COUNT sul raggruppamento di Ordine), poi si ridenomina per avere un nome per l'attributo sul quale si vuole selezionare, e filtrare solo le tuple che hanno un valore maggiore di 1.

L'ultima query chiede di mostrare il formato e il prezzo delle stampe che possono essere fatte in qualità 'alta'. L'espressione dell'algebra relazionale che la realizza è la seguente:

$$\pi_{Formato,Prezzo}(\sigma_{Carta=`alta'}(\text{STAMPA}))$$

Questa è sicuramente la query più semplice tra le tre, dal momento che richiede solamente una selezione sulla relazione STAMPA.

6.2 Mensa universitaria

Compito d'esame del 2012.02.13

La mensa universitaria ha deciso di dotarsi di un sistema informatizzato per la gestione dei pasti in maniera da rendere più efficiente il servizio ed abbassare i costi di esercizio.

Dopo lunghe trattative con il Centro di Calcolo del Giro Vita, si è deciso di procedere con la progettazione del database della mensa con i seguenti requisiti:

> "Ci interessa gestire sia i rifornimenti del magazzino che i pasti per gli studenti. Di ogni ingrediente che abbiamo acquistato (come mensa) per rifornire la dispensa vogliamo sapere se si trova nel magazzino grande e/o nei due magazzini piccoli. I magazzini differiscono per posizione (sono in edifici diversi), metri quadri e quantità di ingredienti che possono essere conservati. Un ingrediente ha un costo unitario (il prezzo che paga la mensa per acquistarlo) e può essere presente in quantità diverse nei tre magazzini. Ogni giorno la mensa può preparare dei piatti a scelta da due menù: vegetariano e non. Ogni menù è composto da quattro piatti che hanno un nome ed appartengono ad una categoria (primo, secondo, contorno, dolce); ogni piatto ha un costo (il prezzo che paga lo studente). Un menù può essere riproposto in giorni diversi e di ogni piatto sappiamo da quanti e quali ingredienti è composto. Infine, ogni giorno vogliamo registrare quali piatti tra i menù disponibili sono stati ordinati dagli studenti (uno studente non deve necessariamente prendere tutti i piatti proposti nel menù)".

Le interrogazioni di interesse sono le seguenti:

- calcolare la quantità totale di ogni ingrediente immagazzinato.
- mostrare i piatti del menù vegetariano di oggi.
- calcolare quanto hanno speso in media gli studenti che hanno ordinato un primo di un menù non vegetariano.

6.2.1 Individuazione delle entità principali

L'organizzazione del testo ci permette di suddividere il problema in tre parti: la gestione del magazzino, la preparazione dei piatti del menù, la gestione degli ordini degli studenti.

La prima prima parte richiede la modellazione delle due entità magazzino e ingrediente:

Di ogni ingrediente che abbiamo acquistato (come mensa) per rifornire la dispensa vogliamo sapere se si trova nel magazzino grande e/o nei due magazzini piccoli. I magazzini differiscono per posizione (sono in edifici diversi), metri quadri e quantità di ingredienti che possono essere conservati. Un ingrediente ha un costo unitario (il prezzo che paga la mensa per acquistarlo) e può essere presente in quantità diverse nei tre magazzini.

Teniamo anche presente che esiste una query specifica (la prima) sulla quantità di ingredienti per magazzino: *calcolare la quantità totale di ogni ingrediente immagazzinato.*

In Figura 6.12, mostriamo le due entità MAGAZZINO e INGREDIENTE collegate dall'associazione CONSERVA. Entrambe le partecipazioni minime sono pari a zero per gestire i seguenti casi: un magazzino è senza ingredienti, un ingrediente non è in nessuno magazzino (è terminato). Abbiamo reso esplicito il massimo numero di magazzini in cui si può trovare un ingrediente. Il nome dell'ingrediente è anche attributo chiave dell'entità, nell'ipotesi che non ci siano due o più ingredienti con lo stesso nome. Questa è probabilmente una semplificazione che porta a problemi in casi reali; pensiamo ad esempio all'ingrediente 'farina 00' che potrebbe avere vari fornitori e/o produttori.

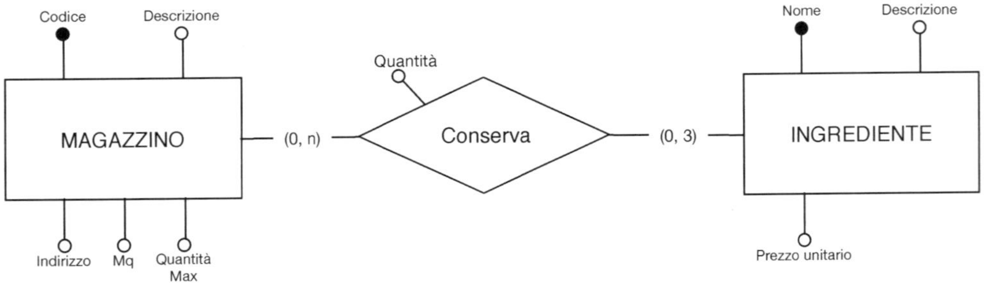

Figura 6.12: Entità MAGAZZINO e INGREDIENTE.

Per la seconda parte del problema, gestione dei menù, cerchiamo di affrontare prima il problema della creazione dei piatti con i relativi ingredienti:

Ogni menù è composto da quattro piatti che hanno un nome ed appartengono ad una categoria (primo, secondo, contorno, dolce); ogni piatto ha un costo (il prezzo che paga lo studente). [...] di ogni piatto sappiamo da quanti e quali ingredienti è composto.

Una possibile soluzione viene mostrata in Figura 6.13 in cui il piatto deve avere almeno un ingrediente per poter essere considerato tale (un piatto vuoto non è considerato valido!), mentre un ingrediente potrebbe non essere ancora presente in alcuna ricetta (lo abbiamo in magazzino ma ancora non lo abbiamo utilizzato) oppure un piatto che preparavamo in passato e che richiedeva quel particolare ingrediente ora non viene più proposto.

Figura 6.13: Entità PIATTO e INGREDIENTE.

La creazione di un menù viene descritta dalle frasi seguenti:

Ogni giorno la mensa può preparare dei piatti a scelta da due menù: vegetariano e non. Ogni menù è composto da quattro piatti [...]

Facciamo quindi attenzione a non confondere la creazione del menù con la proposta del menù agli studenti (terza ed ultima parte dello schema ER). In questo caso, un menù è una semplice composizione di 4 piatti (con il vincolo non esplicito che siano di quattro categorie diverse, un primo, un secondo, un contorno e un dolce). La soluzione proposta viene mostrata in Figura 6.14. In questa versione, abbiamo fatto una piccola modifica all'entità PIATTO aggiungendo l'attributo vegetariano per permettere una più facile gestione dei menù vegetariano da parte degli utenti finali del DB.

L'ultima parte del database prevede la modellazione del menù proposto agli studenti giorno per giorno e la scelta dei piatti da parte degli studenti: *Un*

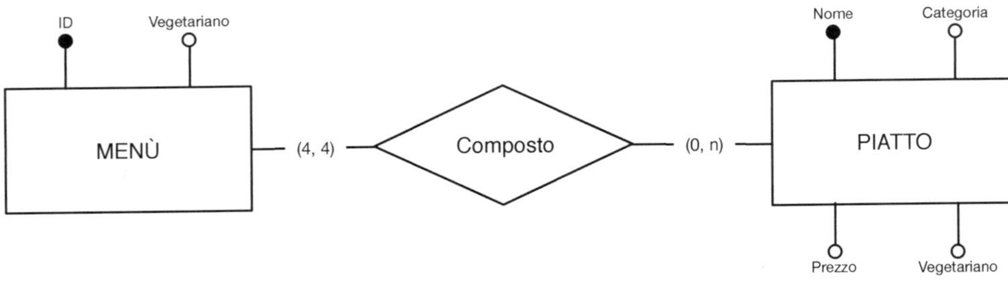

Figura 6.14: Composizione di un MENÙ.

menù può essere riproposto in giorni diversi e di ogni piatto sappiamo da quanti e quali ingredienti è composto. Infine, ogni giorno vogliamo registrare quali piatti tra i menù disponibili sono stati ordinati dagli studenti (uno studente non deve necessariamente prendere tutti i piatti proposti nel menù).

Inoltre, ci sono le ultime due query da tenere in considerazione:

- *mostrare i piatti del menù vegetariano di oggi,*
- *calcolare quanto hanno speso in media gli studenti che hanno ordinato un primo di un menù non vegetariano.*

La modellazione dei menù proposti quotidianamente agli studenti è forse la parte più complicata del compito (anche se la sua realizzazione è estremamente semplice una volta capito il problema). Quello che si vuole gestire è la possibilità di poter ripresentare esattamente lo stesso menù in giorni diversi (ad esempio il menù del lunedì potrebbe essere la stessa sequenza di piatti ripetuta ogni settimana dell'anno). Per realizzare ciò, è necessaria un'entità debole MENÙ DEL GIORNO che ha come attributo chiave l'identificatore del menù e il giorno in cui è stato proposto in mensa, come mostrato in Figura 6.15.

Infine, lo studente che sceglie un piatto dal menù del giorno viene modellato con l'associazione ternaria SCEGLIE disegnata in Figura 6.16. In questo caso, gli elementi dell'associazione SCEGLIE dovranno far riferimento agli elementi dell'associazione COMPOSTO: un piatto preso da un menù del giorno "deve" essere presente nel menù corrispondente, e cioè non dovrebbe essere possibile da un menù vegetariano un secondo di carne (anche se sia il menù che il piatto esistono indipendentemente l'uno dall'altro).

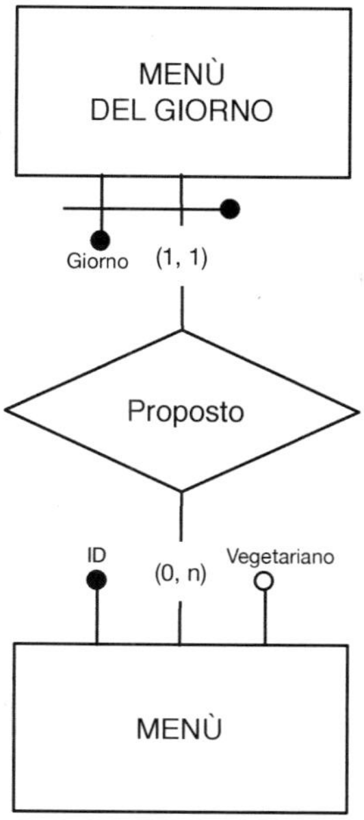

Figura 6.15: Entità debole MENÙ DEL GIORNO.

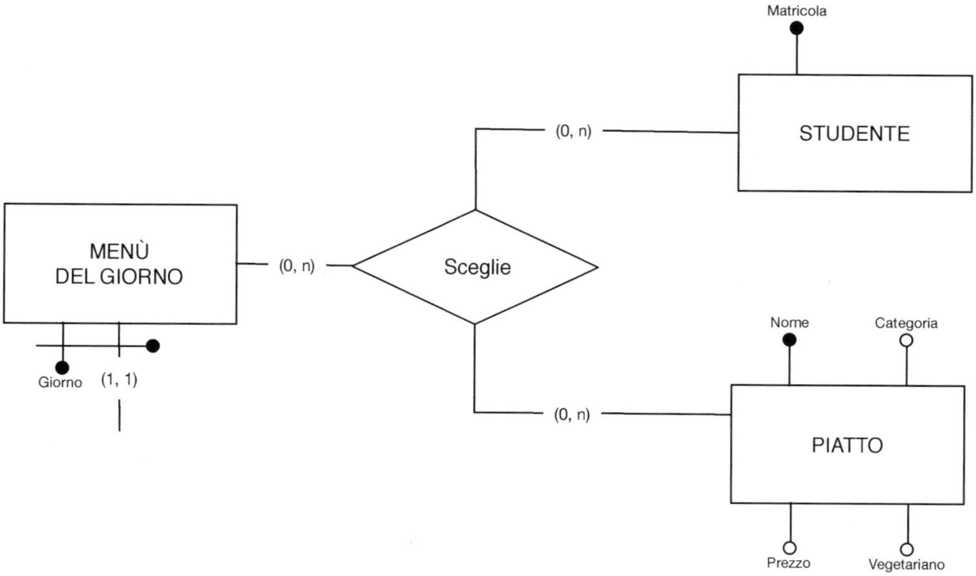

Figura 6.16: Scelta di un PIATTO da un MENÙ DEL GIORNO.

6.2.2 Schema ER completo

Lo schema ER completo viene presentato in Figura 6.17. Ci sono ancora alcuni commenti che si possono fare, oltre a quelli che abbiamo già fatto presentando la costruzione dello schema punto per punto. Il primo è che abbiamo scelto come cardinalità minima della partecipazione di STUDENTE all'associazione SCEGLIE un valore pari a zero poiché immaginiamo che un database come questo debba essere gestito dall'Università che lo ha commissionato o da un ente che collabora con l'Università. Il che vuol dire che il committente ha a disposizione le matricole degli studenti iscritti e che gli studenti sono inseriti nel database anche se non vengono a mensa. Questa è una ipotesi plausibile ma non sarebbe sbagliata la scelta della cardinalità minima pari ad uno: uno studente è nel database 'solo' se ha fatto almeno una scelta, cioè se si è presentato alla mensa almeno una volta. Tutte e due le scelte sono valide, bisognerebbe migliorare l'analisi dei requisiti per poter effettuare la decisione finale.

Fate attenzione alla differenza tra uno studente che può non aver fatto un ordine (perché già inserito nel database dell'Università) con un piatto che può non essere in un menù (nell'associazione COMPOSTO). Nel secondo caso, abbiamo scelto cordialità minima uguale a zero per comodità di gestione degli inserimenti di elementi in PIATTO (non dobbiamo preoccuparci immediatamente di associare un piatto ad un menù). Per lo stesso motivo, tuttavia, si potrebbe fare esattamente il ragionamento contrario: inseriamo un piatto solo se c'è un menù che lo propone (non vogliamo fare un ricettario di piatti!). Oppure. si potrebbe presentare il problema analogo a quello degli ingredienti, e cioè c'è un piatto che viene proposto solo in un menù e ad un certo punto quel menù viene tolto dalle proposte settimanali. In questo caso cosa bisogna fare? Tenere il piatto o rimuoverlo? Questo problema è più difficile di quel che sembra, poiché la rimozione di un menù potrebbe portare in cascata la rimozione di un menù del giorno e tutte le ordinazioni legate ad esso. Sembra quindi improbabile che si possa cancellare un menù senza conseguenze. Ricordatevi che cancellare dei dati da un database è un'operazione molto delicata!

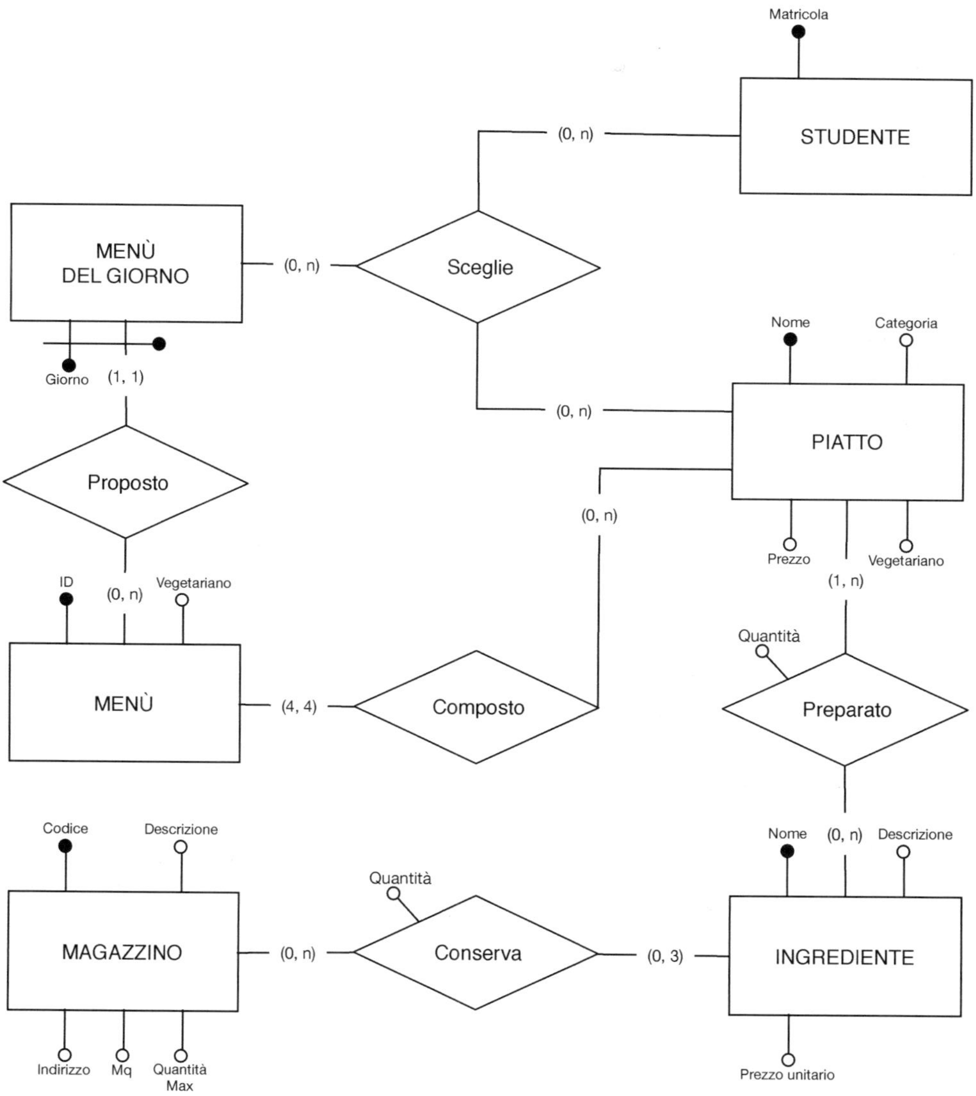

Figura 6.17: Possibile soluzione.

6.2.3 Errori comuni

Una scelta di modellazione che potrebbe portare a imprecisioni (e a volte errori) è quella di modellare l'entità PIATTO come generalizzazione di quattro entità: PRIMO, SECONDO, CONTORNO e DOLCE. Questa soluzione viene mostrata in figura

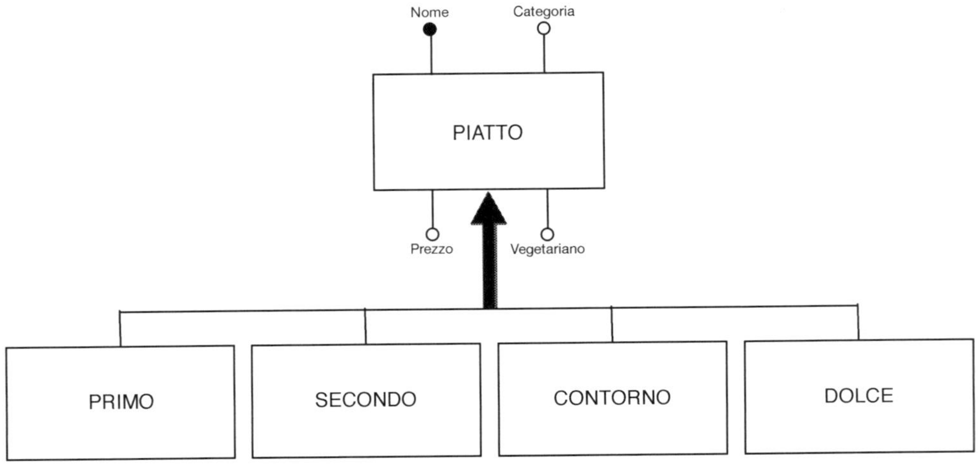

Figura 6.18: Generalizzazione dell'entità PIATTO.

In realtà questa sarebbe anche la scelta ottimale per una prima bozza di schema ER perché permette di evidenziare le quattro categorie che poi vengono condensate nell'attributo 'Categoria' dell'entità PIATTO, secondo la ristrutturazione che accorpa le entità figlie nell'entità padre, come mostrato in precedenza. Il rischio di questa soluzione (che diventa quasi una certezza in un compito d'esame) è quello di creare una associazione per ciascuna entità figlia e complicare notevolmente lo schema ER senza trarne alcun vantaggio ed anzi, portare ad errori gravi. Lo schema in Figura 6.19, mostra il risultato di questa modellazione con quattro associazioni collegate all'entità MENU. Cosa sarebbe successo se avessimo avuto dieci categorie invece di quattro? Cosa accade se un giorno la mensa decide di aggiungere la categoria 'frutta' alle quattro già presenti? Dal punto di vista dello schema ER è sufficiente aggiungere una entità figlia al PIATTO e una associazione che la collega al MENÙ. Dal punto di vista dell'implementazione fisica è un problema non da poco poiché dobbiamo modificare la struttura della tabella ed aggiungere una colonna (operazione non banale) e inserire dei valori (nulli? valori di default?) nel campo 'frutta' di tutte le tuple già presenti nel database. Immaginate questa situazione con una tabella con milioni di tuple e vi renderete immediatamente conto del costo di questa operazione.

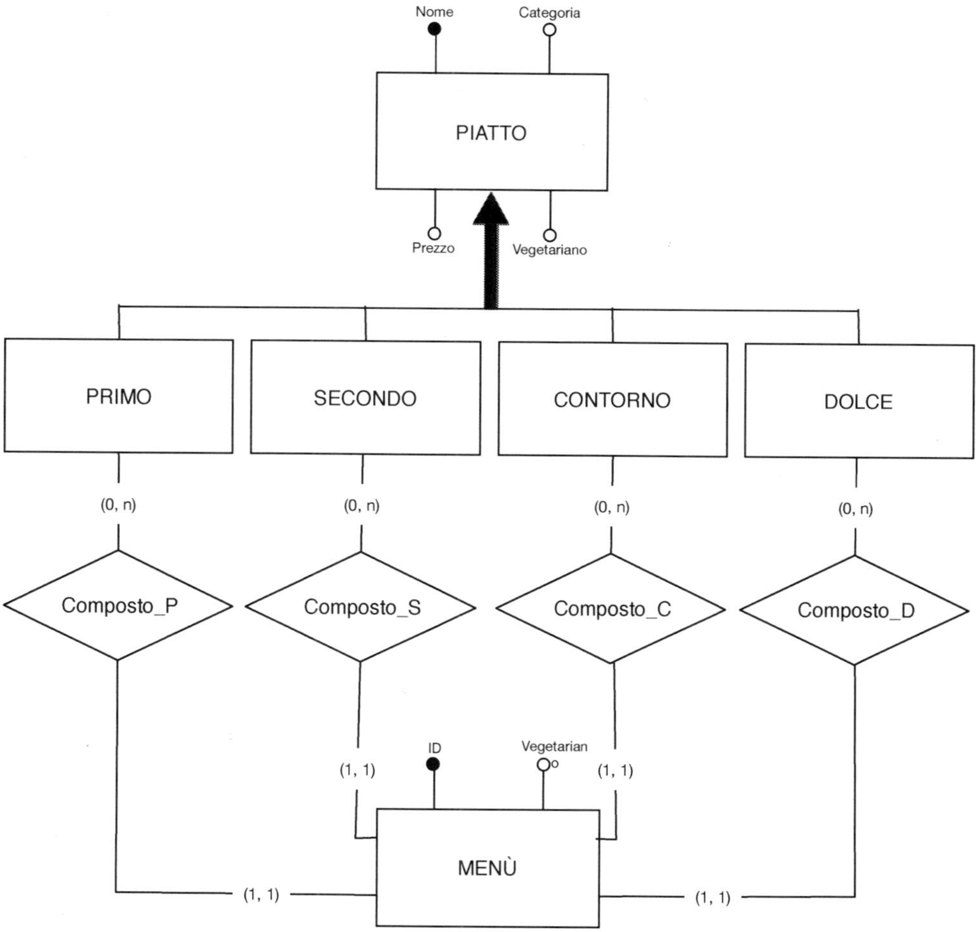

Figura 6.19: Generalizzazione dell'entità PIATTO con MENÙ.

6.2.4 Schema relazionale

Nello schema ER proposto come soluzione in Figura 6.17 ci sono tutte entità forti che partecipano con cardinalità massima pari ad n ed una sola entità debole. Le prime sono tradotte con i seguenti schemi relazionali:

STUDENTE(Matricola)

PIATTO(Nome, Categoria, Prezzo, Vegetariano)

INGREDIENTE(Nome, Descrizione, Prezzo unitario)

MENU(ID, Vegetariano)

MAGAZZINO(Codice, Descrizione, Indirizzo, Mq, Quantità Max)

L'entità debole MENÙ DEL GIORNO viene tradotta in uno schema relazionale che ha come parte della chiave primaria la chiave della relazione MENU:

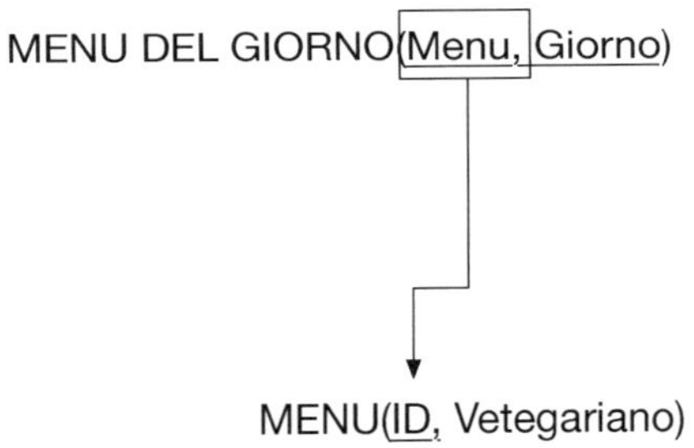

Le associazioni Composto, Preparato, Conserva sono tutte associazioni binarie con partecipazione massima maggiore di 1 da parte di tutte le entità. Ricordiamo che una partecipazione con cardinalità non generica, ad esempio $(4,4)$ del menù, è un caso particolare di (n,m) e non va confuso con la partecipazione $(1,1)$ che ha una traduzione nello schema relazionale diversa. Le tre associazioni si traducono nel modo seguente:

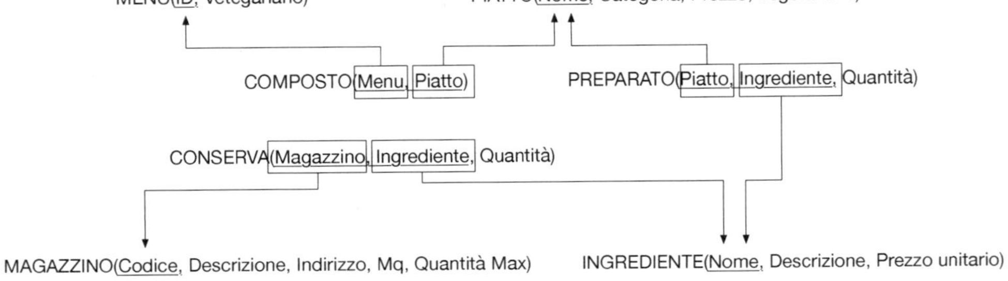

L'associazione ternaria Sceglie vede la partecipazione delle entità con una cardinalità massima pari ad n, questo corrisponde alla creazione di un quarto schema relazionale (oltre alle tre entità coinvolte) come mostrato nella figura seguente:

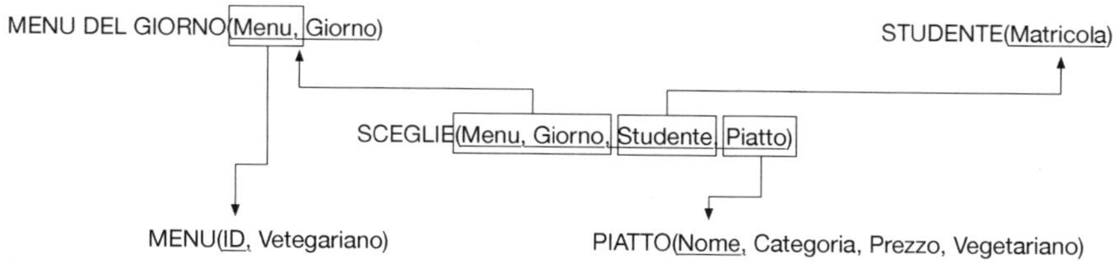

Lo schema completo viene mostrato in Figura 6.20.

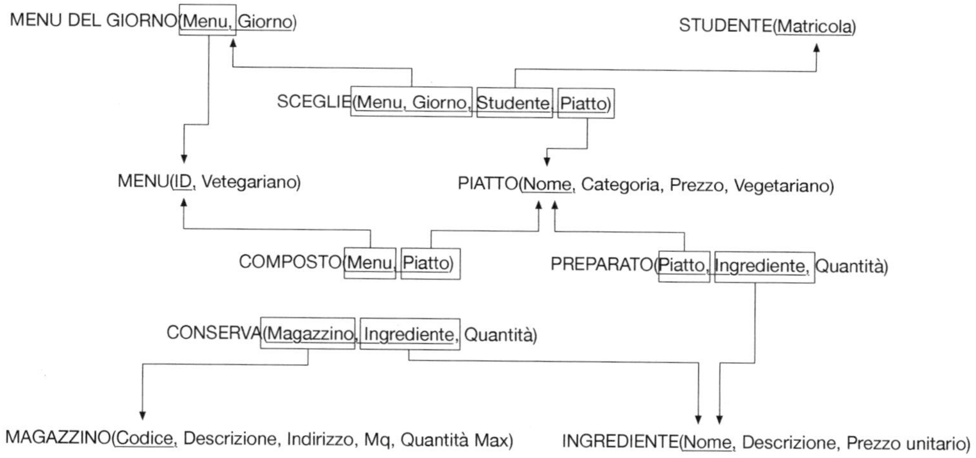

Figura 6.20: Traduzione dello schema ER in Figura 6.17.

6.2.5 Algebra relazionale

Le tre query del compito sono in ordine di difficoltà crescente. La prima richiede di calcolare la quantità di ogni ingrediente presente nei magazzini, e potrebbe avere due soluzioni a seconda di come la si interpreta. Se è la quantità totale presente in tutti i magazzini, l'espressione è:

$$_{Ingrediente}\mathcal{F}_{SUM(Quantita)}(\text{CONSERVA})$$

l'interpretazione alternativa è quella di calcolare la quantità presente in ciascun magazzino:

$$_{Ingrediente,Magazzino}\mathcal{F}_{SUM(Quantita)}(\text{CONSERVA})$$

e la differenza è negli attributi di raggruppamento.

La seconda query chiede di visualizzare i piatti del menù vegetariano di un certo giorno. Il primo passo dell'espressione in algebra relazionale potrebbe essere quello di selezionare i piatti dei menù vegetariani:

$$\text{MENUVEG} \leftarrow \pi_{Menu,Piatto}(\sigma_{Vegetariano=TRUE}(\text{MENU}) \bowtie_{ID=Menu} \text{COMPOSTO}))$$

e di seguito selezionare tra tutti i menù solo il menù di oggi (o un giorno in particolare), ad esempio

$$\text{MENUVEG} \bowtie (\sigma_{Giorno=\text{`2012/02/13'}}(\text{MENU DEL GIORNO}))$$

L'ultima query è quella più complessa che richiede il calcolo della spesa media per gli studenti che hanno ordinato un primo di un menù non vegetariano. Il primo passo potrebbe essere quello di selezionare solo i primi ordinati da un menù vegetariano:

$$\text{MENUVEG} \leftarrow \sigma_{Vegetariano=TRUE}(\text{MENU}) \bowtie_{ID=Menu} \text{SCEGLIE}$$

In questo caso bisogna fare attenzione al fatto che la selezione va fatta sul menù e non sul piatto. Non è detto infatti che un primo non vegetariano faccia parte di un menù non vegetariano. L'operazione successiva è quella di correlare i dati dei menù vegetariani con i primi piatti:

$$\text{PREZZOPIATTO} \leftarrow \text{MENUVEG} \bowtie_{Piatto=Nome} (\sigma_{Categoria=\text{`primo'}}(\text{PIATTO}))$$

La parte finale dell'espressione è il calcolo della media della spesa per ciascuno studente

$$_{Studente}\mathcal{F}_{AVERAGE(Prezzo)}(\text{PREZZOPIATTO}))$$

Questa soluzione è valida sotto l'ipotesi che lo studente abbia preso solo il primo. Se invece quello che stiamo chiedendo è la spesa media su tutto il menù ordinato, servirebbe recuperare il prezzo del menù. La query diventerebbe molto più complessa e il risultato dell'analisi sarebbe simile a quello mostrato nel compito precedente, e cioè che sarebbe necessario un attributo derivato per tenere conto del totale di un menù.

6.3 Stabilimento balneare

Compito d'esame del 2012.06.18

Lo stabilimento balneare "Bella Napoli" a Jesolo ha intenzione di informatizzare la prenotazione dei posti ombrellone per rendere più efficiente la gestione fiscale. Alcuni giovani ingegneri hanno accettato il lavoro e hanno deciso di progettare il database dello stabilimento in base ai seguenti requisiti:

> "Ci interessa gestire i posti ombrellone delle stagioni estive a partire dall'anno corrente. Ogni ombrellone è identificato da un numero e può avere zero, uno o due lettini al massimo, anche i lettini hanno un numero che li identifica. Lo stabilimento ha a disposizione un certo numero di posti ombrellone che può variare da stagione a stagione (Bella Napoli ha intenzione di chiedere una concessione per l'utilizzo di spazi adiacenti). Se una persona vuole occupare un ombrellone deve lasciare gli estremi di un documento, è sufficiente un documento solo anche nel caso in cui ci siano due persone per lo stesso ombrellone. Il prezzo di un ombrellone è di 5 euro all'ora. È possibile prendere in prestito dei teli da mare per il modico prezzo di 3 euro a telo (e non è detto che i prezzi non aumentino già dal prossimo anno). I teli da mare non sono molti, sicuramente meno dei lettini a disposizione. Per ogni persona che prende un ombrellone si registra sia l'orario di entrata che quello di uscita per poter eventualmente prenotare lo stesso ombrellone più volte nell'arco di una giornata."

Sono di interesse le seguenti query:

- Calcolare quanti lettini sono stati utilizzati il 18 giugno 2012.
- Controllare che ad una certa ora del giorno il numero di teli da mare prestati non sia superiore al massimo numero di teli a disposizione.
- Calcolare l'età media delle persone che hanno prenotato un ombrellone.

6.3.1 Individuazione delle entità principali

I requisiti presentati in questo breve frammento di testo permettono molteplici soluzioni a seconda di come si interpreta il problema. In questi casi è sempre bene esplicitare quali sono state le scelte fatte attraverso un elenco di regole di vincolo per lo schema concettuale.

Iniziamo a raggruppare alcune informazioni riguardanti l'ombrellone:

Ci interessa gestire i posti ombrellone delle stagioni estive a partire dall'anno corrente. Ogni ombrellone è identificato da un numero e può avere zero, uno o due lettini al massimo [...] Lo stabilimento ha a disposizione un certo numero di posti ombrellone che può variare da stagione a stagione (Bella Napoli ha intenzione di chiedere una concessione per l'utilizzo di spazi adiacenti). Se una persona vuole occupare un ombrellone deve lasciare gli estremi di un documento [...] Il prezzo di un ombrellone è di 5 euro all'ora. Per ogni persona che prende un ombrellone si registra sia l'orario di entrata che quello di uscita per poter eventualmente prenotare lo stesso ombrellone più volte nell'arco di una giornata."

Come si può vedere, l'entità OMBRELLONE è legata a molti altri concetti d'interesse per il database un questione. Iniziamo con una scelta che semplifica il problema: un posto ombrellone e un ombrellone sono la stessa cosa. Non sarebbe sbagliata la scelta che porta a distinguere i due concetti, ma ricordiamoci che si tratta di un compito d'esame e ogni complicazione che deriva da una interpretazione (e non dal testo) è sempre rischiosa (vedremo nella sezione imprecisioni ed errori comuni a cosa porta questa interpretazione). La seconda cosa che vogliamo modellare è il fatto che il numero di posti ombrellone può variare di stagione in stagione. Una possibile soluzione viene mostrata in Figura 6.21 in cui l'entità OMBRELLONE è debole rispetto all'entità STAGIONE. In questo modo possiamo tenere traccia di quanti posti abbiamo per ogni stagione estiva.

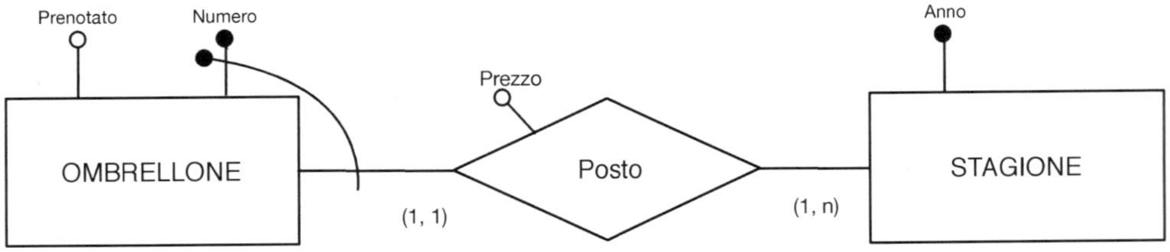

Figura 6.21: Entità debole OMBRELLONE ed entità STAGIONE.

Una scelta alternativa potrebbe essere quella di considerare OMBRELLONE come entità forte e far partecipare questa entità con una cardinalità $(1, n)$ all'associazione POSTO, come mostrato in Figura 6.22. Tuttavia, questa soluzione ci porterebbe portare ad una complicazione nei passi successivi, poiché la prenotazione di un ombrellone, di per sé, non ci permette di stabilire quale è la stagione alla quale facciamo riferimento (dichiariamo solo di aver preso un posto all'ombrellone 5, ma non sappiamo in quale stagione).

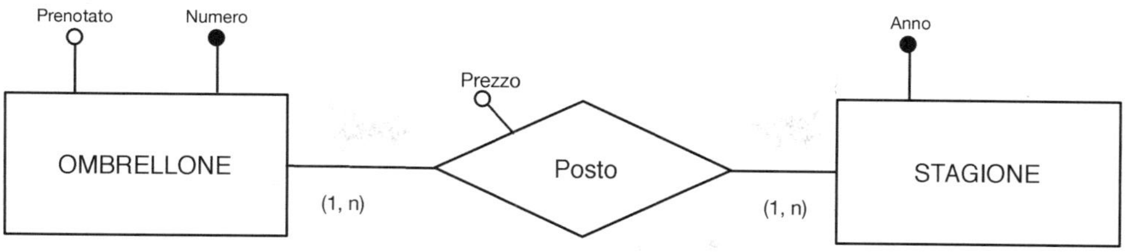

Figura 6.22: Entità OMBRELLONE forte ed entità STAGIONE.

In entrambi i casi non abbiamo ancora modellato la parte dei lettini perché è necessaria una regola di vincolo. I requisiti non chiariscono se il numero di lettini associato ad un posto ombrellone è fisso (zero, uno o due) oppure può cambiare a seconda della richiesta del cliente. Ci sembra più realistico modellare la seconda opzione. Riprendiamo la parte di testo che riguarda questo problema:

Ogni ombrellone è identificato da un numero e può avere zero, uno o due lettini al massimo, anche i lettini hanno un numero che li identifica. [...] È possibile prendere in prestito dei teli da mare per il modico prezzo di 3 euro a telo (e non è detto che i prezzi non aumentino già dal prossimo anno). I teli da mare non sono molti, sicuramente meno dei lettini a disposizione. Per ogni persona che prende un ombrellone si registra sia l'orario di entrata che quello di uscita per poter eventualmente prenotare lo stesso ombrellone più volte nell'arco di una giornata."

Una parte della soluzione viene mostrata in Figura 6.23. La PRENOTAZIONE partecipa all'associazione REGISTRA con cardinalità $(1, 1)$ poiché se esiste una prenotazione è perché è entrato un cliente allo stabilimento e vuole un posto ombrellone. Come attributo chiave abbiamo scelto un numero progressivo e manteniamo anche l'informazione dell'ingresso e dell'uscita (quest'ultimo attributo opzionale visto che verrà inserita la data e l'ora dell'uscita solo quando il cliente lascerà lo stabilimento). Il CLIENTE partecipa con cardinalità $(1, n)$ poiché se il cliente esiste è perché è venuto al nostro stabilimento (non vogliamo tenere traccia dei clienti che non sono mai andati allo stabilimento). Al contrario, un ombrellone può non avere prenotazioni e clienti associati poiché ci potrebbero essere casi sfortunati per i quali un posto ombrellone non è mai stato richiesto.

Il fatto che un ombrellone abbia dei lettini associati può essere modellato sull'entità PRENOTAZIONE anziché sull'entità OMBRELLONE. Infatti, non ci interessa sapere se l'ombrellone 10 della stagione 2014 ha due lettini, bensì ci interessa sapere se un cliente ha chiesto (durante la prenotazione di un ombrellone) dei lettini e quanti teli da mare sono associati a quella prenotazione. In Figura 6.24, viene mostrata l'entità LETTINO e PRENOTAZIONE. Il LETTINO può essere associato a più di una PRENOTAZIONE, mentre quest'ultima può avere al massimo due lettini associati.

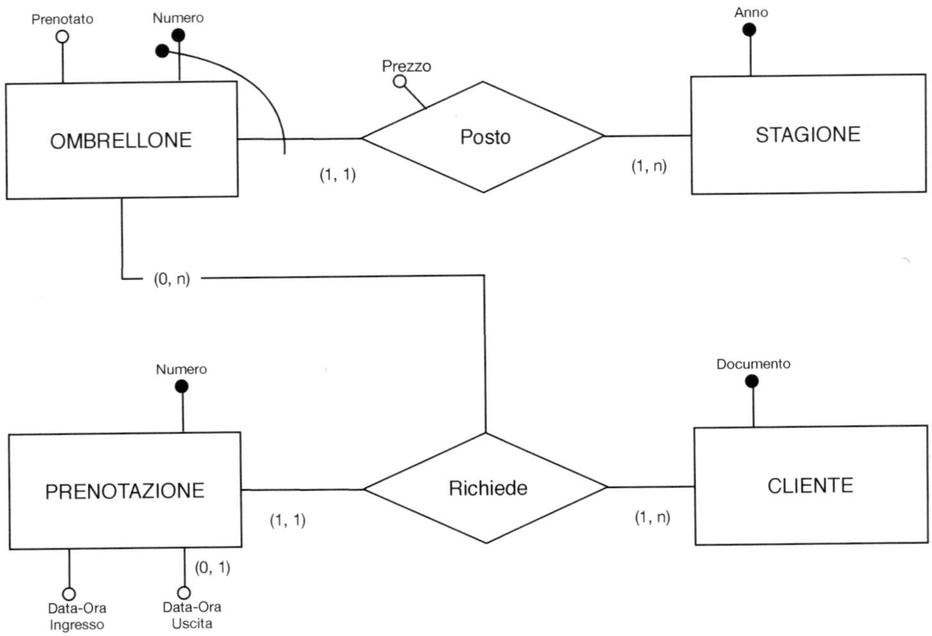

Figura 6.23: Entità PRENOTAZIONE e CLIENTE.

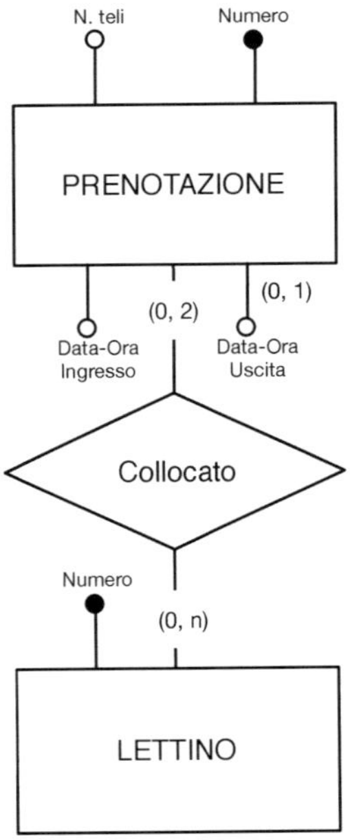

Figura 6.24: Entità LETTINO

6.3.2 Schema ER completo

Lo schema completo viene mostrato in Figura 6.25. Prima di mettere insieme tutti gli elementi in un unico schema ER, non dobbiamo dimenticare di rivedere anche le interrogazioni di interesse per poter ottimizzare lo schema nel caso ce ne fosse bisogno:

- *Calcolare quanti lettini sono stati utilizzati il 18 giugno 2012.*
- *Controllare che ad una certa ora del giorno il numero di teli da mare prestati non sia superiore al massimo numero di teli a disposizione.*
- *Calcolare l'età media delle persone che hanno prenotato un ombrellone.*

La prima query è facilmente risolvibile con l'associazione COLLOCATO. Per la seconda query manca un'informazione: quanti teli da mare ci sono in una stagione. La terza query richiede l'aggiunta di un attributo 'Data di nascita' all'entità CLIENTE per poter sapere l'età. Infine, si potrebbe spostare la posizione dell'attributo 'Prezzo' dell'entità OMBRELLONE sulla STAGIONE, visto che tutti gli ombrelloni di una stagione avranno lo stesso prezzo (scartiamo l'ipotesi che durante una stagione si possa cambiare prezzo). Allo stesso modo, il prezzo di un telo (che ancora non avevamo modellato) può essere aggiunto come attributo a STAGIONE.

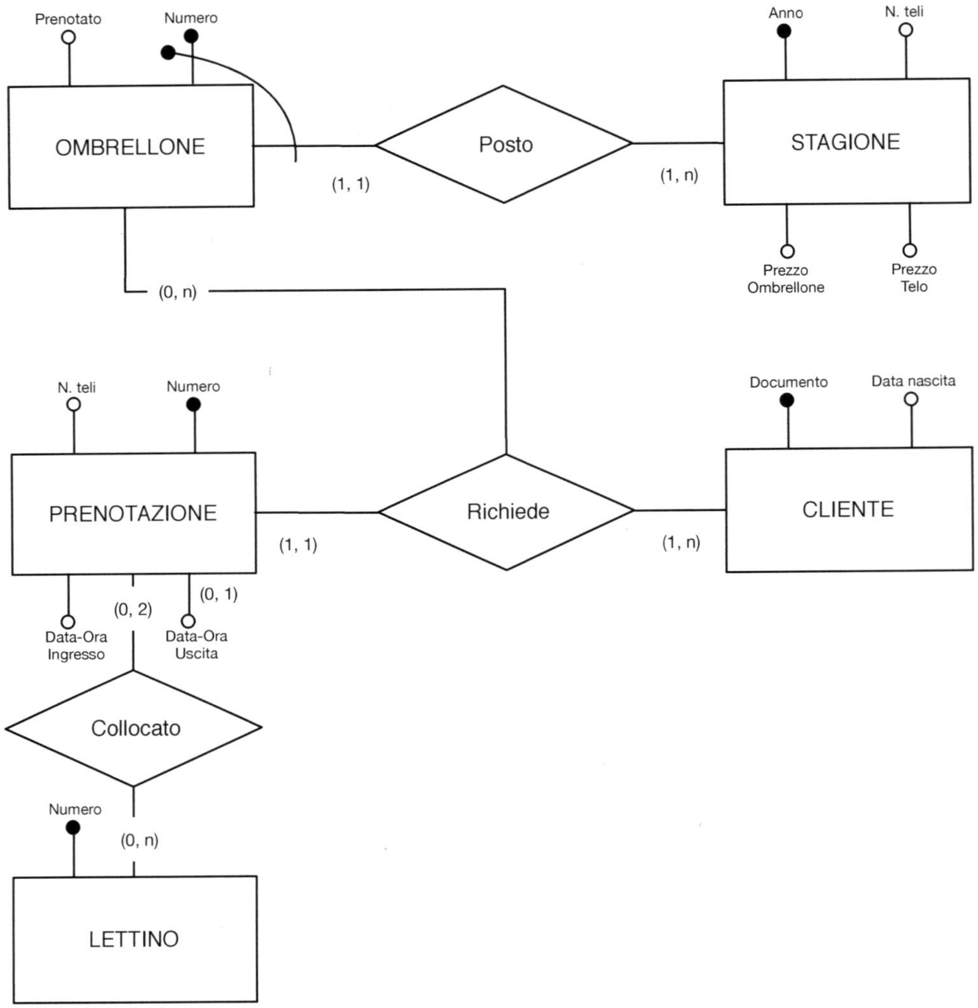

Figura 6.25: Soluzione completa

6.3.3 Errori comuni

Un esempio di una modellazione non corretta degli ombrelloni e dei lettini viene mostrata in Figura 6.26. In questa soluzione, un ombrellone può avere due lettini associati, il problema è che stiamo forzando i lettini ad essere sempre posizionati vicino allo stesso ombrellone, e l'ombrellone ad avere sempre lo stesso numero di lettini. Di conseguenza, la prenotazione di un ombrellone da parte di un cliente non permette la scelta del numero di lettini. Infine, attenzione a non complicare eccessivamente lo schema con entità deboli. Un lettino è veramente un concetto che per essere identificato ha bisogno dell'ombrellone? Nel testo viene detto esplicitamente che ogni lettino ha un identificatore, pertanto non si capisce il motivo di tale scelta.

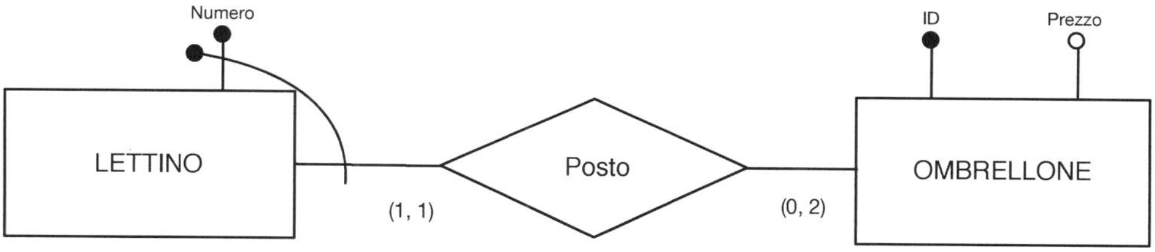

Figura 6.26: Entità LETTINO debole rispetto a OMBRELLONE

Un'altra soluzione che non è di per sé scorretta ma complica notevolmente lo svolgimento del compito è la scelta dell'aggiunta dell'entità POSTAZIONE come area dove poter mettere un ombrellone. L'esempio viene mostrato in Figura 6.27. Una postazione può avere un solo ombrellone associato, questo è corretto per ogni singola stagione ma in questo modo possiamo avere le informazioni solo sull'ultima stagione (nel senso che non sappiamo un anno fa quale era l'ombrellone associato alla postazione numero 5). Sicuramente questa è una soluzione molto generale che permette di gestire gli spazi a disposizione (se viene aggiunta l'informazione della stagione) e la posizione degli ombrelloni in questi spazi. La gestione delle prenotazioni di ombrelloni si complica a meno che non si aggiungano delle regole di vincolo sulla posizione degli ombrelloni fissa per ogni stagione.

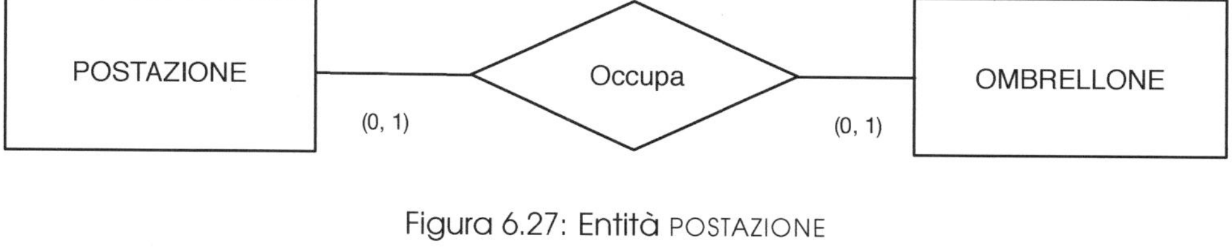

Figura 6.27: Entità POSTAZIONE

L'esempio in Figura 6.28 mostra uno degli errori più comuni in generale della modellazione di una base di dati. Il problema è quello dell'ingresso (e dell'uscita) di un CLIENTE allo stabilimento e della prenotazione di un OMBRELLONE. Fate molta attenzione a quando ci sono date e orari come attributi di un'associazione. A prima vista questo esempio potrebbe sembrare corretto, il problema nasce quando un cliente torna allo stabilimento e vuole prenotare nuovamente lo stesso ombrellone (il problema è uguale per la postazione). Poiché esiste già un elemento nell'insieme PRENOTA con quel cliente e quell'ombrellone, non possiamo inserirne un secondo identico anche se i valori di 'Entrata' e 'Uscita' sono diversi. L'unica soluzione sarebbe quella di cancellare i valori precedenti di 'Entrata' e 'Uscita' e aggiornarli con quelli nuovi. Questa operazione può essere utile in alcune situazioni (quando ad esempio non vogliamo tenere traccia di ciò che è accaduto in passato), ma in questo caso sarebbe un errore poiché perderemmo le informazioni dei clienti che sono venuti nel nostro stabilimento con la conseguente perdita dei dati sugli incassi dei mesi passati.

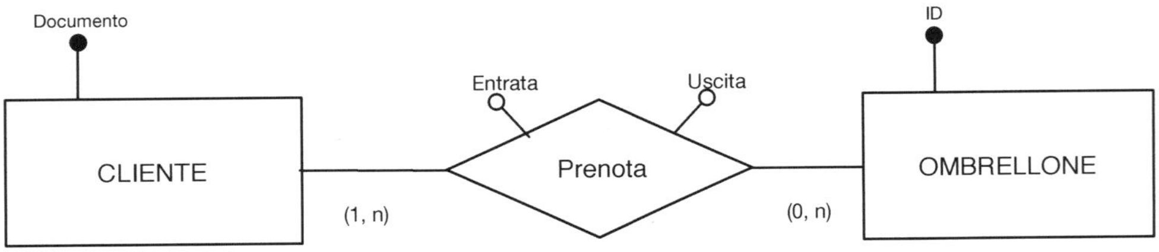

Figura 6.28: Entità CLIENTE

Un caso analogo, che però non coinvolge attributi di tipo data e che è meno grave in termini di modellazione, è presentato in Figura 6.29 dove il CLIENTE può fare al massimo una PRENOTAZIONE. Se un cliente torna allo stabilimento non può avere associata una seconda prenotazione, oltretutto è previsto l'inserimento di clienti che non hanno mai fatto alcuna prenotazione. Questa soluzione presenta meno problemi rispetto alla precedente perché abbiamo comunque l'entità PRENOTAZIONE che ci permette di gestire gli ingressi e le uscite dei clienti.

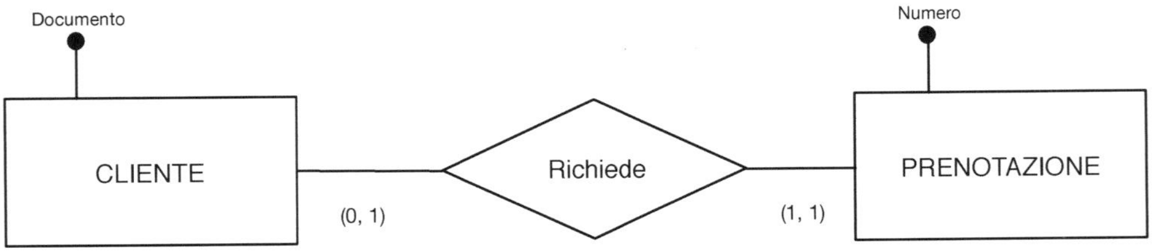

Figura 6.29: Entità CLIENTE

Infine, in Figura 6.30 mostriamo il caso di una PRENOTAZIONE debole rispetto al CLIENTE con attributi chiave di 'Ingresso' e 'Uscita'. Il primo errore è che il valore dell'attributo 'Uscita' è noto solo quando il cliente lascia lo stabilimento e pertanto non può essere utilizzato come parte di un attributo chiave. In aggiunta, questa modellazione permette ingressi multipli (sovrapposti) durante la giornata. Quest'ultimo problema può essere risolto aggiungendo una regola di vincolo che impone una particolare combinazione di valori 'Ingresso' e 'Uscita' dato lo stesso cliente.

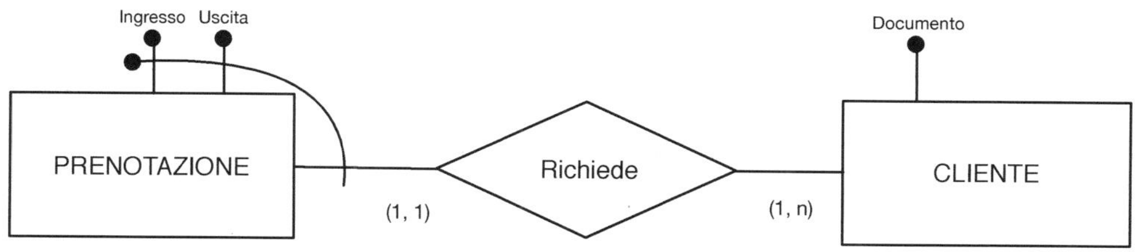

Figura 6.30: Entità PRENOTAZIONE debole rispetto a CLIENTE

6.3.4 Schema relazionale

Lo schema relazionale presenta tre entità forti che partecipano con cardinalità massima pari ad n a tutte le associazioni nelle quali sono coinvolte. Le tre entità vengono trasformate nei seguenti schemi relazionali:

STAGIONE(Anno, N teli, Prezzo Ombrellone, Prezzo Telo)

CLIENTE(Documento, Data nascita)

LETTINO(Numero)

Di seguito, possiamo trasformare l'entità debole OMBRELLONE:

OMBRELLONE(Numero, Stagione, Prenotato) → STAGIONE(Anno, N teli, Prezzo Ombrellone, Prezzo Telo)

A questo punto tra le due associazioni rimaste bisognerebbe iniziare con quella dove c'è la partecipazione $(1, 1)$ dell'entità PARTECIPAZIONE poiché questo ci permette di dare la struttura definitiva della relazione corrispettiva:

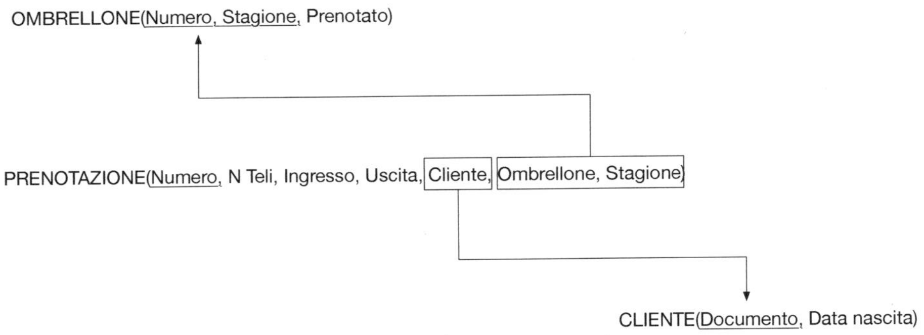

Infine, rimane l'unica associazione binaria con partecipazione delle entità con cardinalità massima maggiore di uno, COLLOCATO:

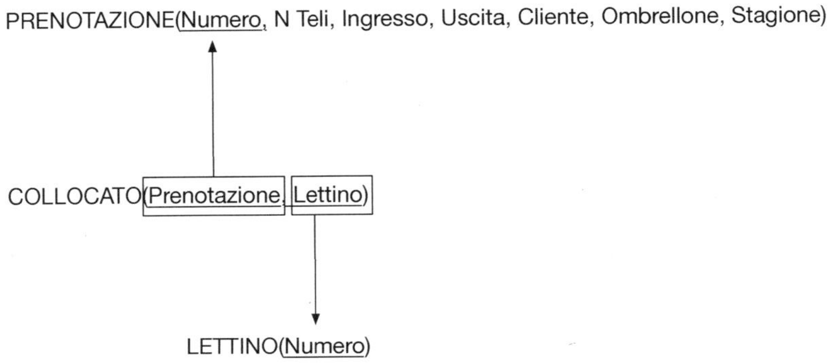

Lo schema completo vine mostrato in Figura 6.31

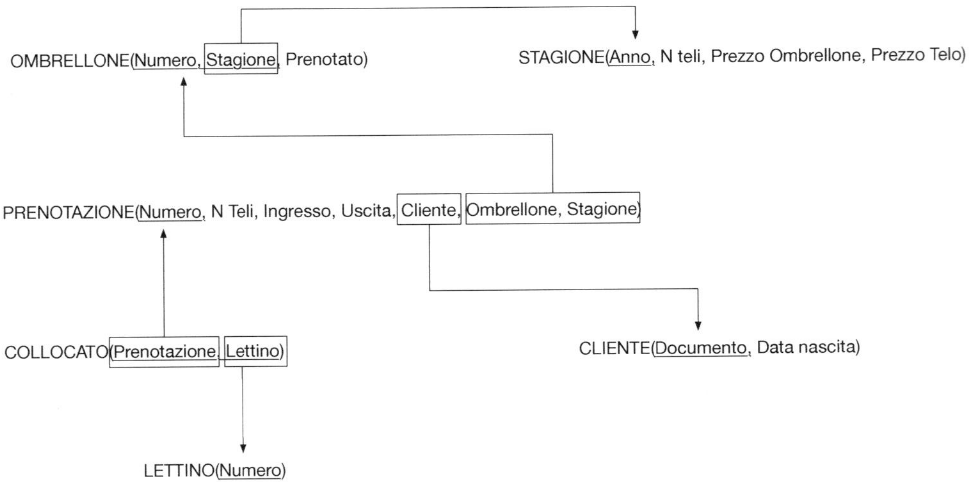

Figura 6.31: Traduzione dello schema ER in Figura 6.25

6.3.5 Algebra relazionale

La prima delle tre query, quella che richiede quanti lettini sono stati utilizzati un certo giorno, ha due possibili interpretazioni. Una è quella che conta il totale dei lettini utilizzati, anche se lo stesso lettino è stato utilizzato più volte in prenotazioni diverse lo stesso giorno. L'espressione dell'algebra relazionale che realizza questa interpretazione è la seguente (suddivisa su due righe per motivi di spazio):

$$\mathcal{F}_{COUNT(*)}(\text{COLLOCATO} \bowtie_{Prenotazione=Numero} \\ (\sigma_{Ingresso=\text{'2012/06/18'}}(\text{PRENOTAZIONE}))$$

La query seleziona prima le prenotazioni del giorno scelto, poi concatena le tuple selezionate con i dati presenti nella tabella COLLOCATO, e si conclude con il conteggio delle tuple.

L'interpretazione alternative conta il numero di lettini 'distinti' che sono stati utilizzati un certo giorno, pertanto se un lettino è stato utilizzato in più di una prenotazione lo stesso giorno viene contato una volta sola. L'espressione è uguale alla precedente con un una proiezione in più:

$$\mathcal{F}_{COUNT(*)}(\pi_{Lettino}(\text{COLLOCATO} \bowtie_{Prenotazione=Numero} \\ (\sigma_{Ingresso=\text{'2012/06/18'}}(\text{PRENOTAZIONE})))$$

La proiezione sui lettini del risultato del JOIN produce un insieme di tuple distinte relative al codice dei lettini da mare, il conteggio viene fatto su questo insieme.

La seconda query è la più complessa delle tre, poiché richiede di controllare che ad una certa ora del giorno il numero di teli da mare prestati non sia superiore al massimo numero di teli a disposizione. Proviamo a risolvere per passi, recuperando prima di tutto il numero dei teli a disposizione per una certa stagione:

$$TELI \leftarrow \pi_{Nteli}(\sigma_{Ingresso=\text{'2012/06/18'}}(\text{PRENOTAZIONE}) \bowtie_{Stagione=Anno} \text{STAGIONE})$$

Date le prenotazioni di un certo giorno, possiamo risalire alle informazioni della stagione e proiettare tutto su un unico attributo 'N teli'. Il risultato sarà una relazione con un'unica tupla (visto che il numero di teli di una stagione è uguale per tutte le prenotazoni). Per la seconda parte della query si può, anche in questo caso, dare una doppia interpretazione, una è che il conteggio dei teli da mare va fatto a partire dall'ora di apertura dello stabilimento (perché magari anche se i teli vengono restituiti non possono essere riutilizzati lo stesso giorno perché devono essere lavati):

$$TELIUSATI \leftarrow \mathcal{F}_{SUM(NTeli)}(\sigma_{Ingresso=\text{'2012/06/18'}}(\text{PRENOTAZIONE}))$$

in alternativa, si vogliono contare solo i teli delle prenotazioni dei clienti che non sono ancora usciti:

$$TELIUSATI \leftarrow \mathcal{F}_{SUM(NTeli)}(\sigma_{Uscita\ IS\ NULL}(\text{PRENOTAZIONE}))$$

In entrambi i casi, il risultati del numero di teli usati è nell'unica tupla presente nella relazione TELIUSATI. La query è risolta, nel senso che si hanno tutte le informazioni per rispondere se ci sono ancora teli disponibili confrontando i due valori.

L'ultima query è la più semplice da implementare ma richiederebbe una piccola modifica alla base di dati per poterla realizzare con la stessa facilità in algebra relazionale. Calcolare l'età di una persona a partire dall'anno di nascita è possibile in SQL con una funzione apposita che però non è una funzione standard nell'algebra relazionale. A questo punto si può decidere di aggiungere un attributo 'Età' nello schema relazionale, questa scelta va fatta in base alla frequenza dell'operazione. In questo caso, per non appesantire lo schema, mostriamo un'espressione dell'algebra relazionale un po' inusuale che utilizza la funzione *age*, presente in SQL, per calcolare l'età di una persona:

$$\mathcal{F}_{AVERAGE(age(Annonascita))}(\text{CLIENTE})$$

Questo esempio ci permette anche di fare una considerazione. L'algebra relazionale è un potente strumento formale che permette di valutare l'efficienza di un DB e ottimizzare le query che poi dovranno essere implementate. In alcuni casi, come questo e in parte anche quello della seconda query, è molto meno costoso trovare una soluzione ad un livello più vicino all'applicazione e/o all'implementazione piuttosto che modificare lo schema della base di dati (ad esempio aggiungendo un attributo in più per l'età derivato dall'anno di nascita).

6.4 Gestione blog

Compito d'esame del 2012.09.21

L'azienda informatica "Bloggher" vuole progettare un servizio online per la creazione di blog personali o aziendali. La gestione di questo servizio deve essere realizzata con una base di dati che rispetti i seguenti requisiti:

Ogni utente registrato al servizio online avrà la possibilità di creare uno o più blog. Il blog avrà come dominio il nome (unico) scelto dall'utente seguito dalla sequenza di caratteri .bloggher.it *(ad esempio,* mionome.bloggher.it*), ed avrà una data di apertura. L'impostazione grafica del blog può essere scelta da un insieme di temi predefiniti suddivisi per stili, ad esempio: commerciale, personale, sportivo, fotografia, ecc. Ogni stile può avere delle opzioni, ad esempio: colore sfondo, dimensione font, ecc. Il tema grafico del blog può essere modificato ogni volta che si vuole (il contenuto del blog viene mantenuto, cambia solo l'impostazione della pagina) ma nella base di dati si vuole mantenere solo l'ultima volta che è stato modificato, e non tutta la storia delle modifiche. Il cambiamento di una o più opzioni di un tema non è considerato una modifica di tema, semplicemente un aggiornamento delle opzioni. Un utente può scrivere un post sul proprio blog oppure può scrivere un commento in risposta ad un post (del proprio blog oppure del blog di qualche altro utente). Un post è identificato da un codice hash di 12 byte. Un post può avere più commenti, così come un commento può ricevere a sua volta delle risposte. Non è possibile scrivere post o commentare se non si è registrati al servizio. Un post e un commento non sono considerate entità diverse.*

Le seguenti interrogazioni sono di particolare interesse per la costruzione del DB:

- Calcolare quali temi sono stati scelti per i blog che sono stati aperti dopo il 1 settembre 2012.
- Visualizzare, per ciascun utente, i dati anagrafici e il post che ha ricevuto più commenti (si considerino solo i commenti di "primo livello", non quelli innestati).
- Calcolare quanti post ha in media un blog.

6.4.1 Individuazione delle entità principali

La difficoltà in questo compito è nella quantità del testo che bisogna analizzare non nella struttura del DB. In questi casi bisogna leggere molto attentamente tutte i periodi, anche molte volte, e cercare di costruire lo schema ER passo dopo passo, senza tentare una soluzione immediata (che nel 99% dei casi non sarà corretta).

Cominciamo con un'entità semplice, l'utente che vuole aprire un blog e/o scrivere un messaggio:

Ogni utente registrato al servizio online avrà la possibilità di creare uno o più blog. Il blog avrà come dominio il nome (unico) scelto dall'utente seguito dalla sequenza di caratteri .bloggher.it *(ad esempio,* mionome.bloggher.it*), ed avrà una data di apertura. [...] Un utente può scrivere un post sul proprio blog oppure può scrivere un commento in risposta ad un post (del proprio blog oppure del blog di qualche altro utente). [...] Non è possibile scrivere post o commentare se non si è registrati al servizio.*

In Figura 6.32 viene mostrata l'entità CLIENTE legata all'altra entità BLOG tramite l'associazione CREA. L'utente può anche non avere nessun blog associato; in effetti, sappiamo che l'utente 'deve' essere iscritto al servizio online per poter scrivere un post, ma non è esplicito il fatto che debba essere anche proprietario di almeno un blog (e non ci sembra realistico imporre questo vincolo). Per l'entità BLOG vale il vincolo che solo un utente può essere il creatore del blog.

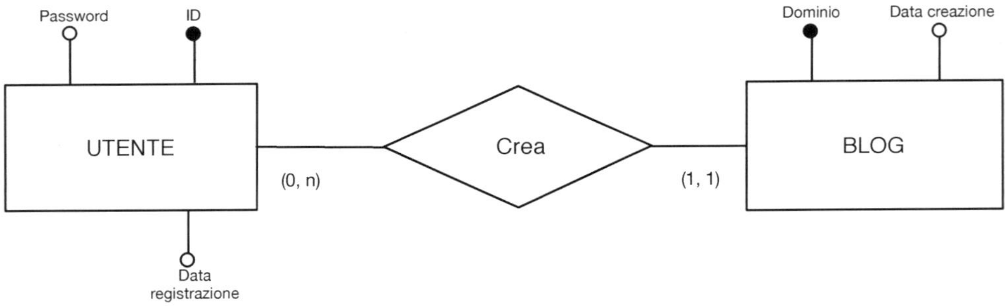

Figura 6.32: Entità UTENTE e BLOG.

Ora affrontiamo il problema della scrittura di un post su un blog: *Un utente può scrivere un post sul proprio blog oppure può scrivere un commento in risposta ad un post (del proprio blog oppure del blog di qualche altro utente). Un post è identificato da un codice hash di 12 byte. Un post può avere più commenti, così come un commento può ricevere a sua volta delle risposte. Non è possibile scrivere post o commentare se non si è registrati al servizio. Un post e un commento non sono considerate entità diverse.*

Avendo già affrontato il problema della registrazione dell'utente al servizio (attributo 'Data registrazione' dell'entità UTENTE) possiamo concentrarci sul fatto che un post debba avere un utente come autore e debba far riferimento ad un blog. In Figura 6.33 viene mostrata l'entità POST collegata, tramite l'associazione SCRIVE, alle due entità BLOG e UTENTE.

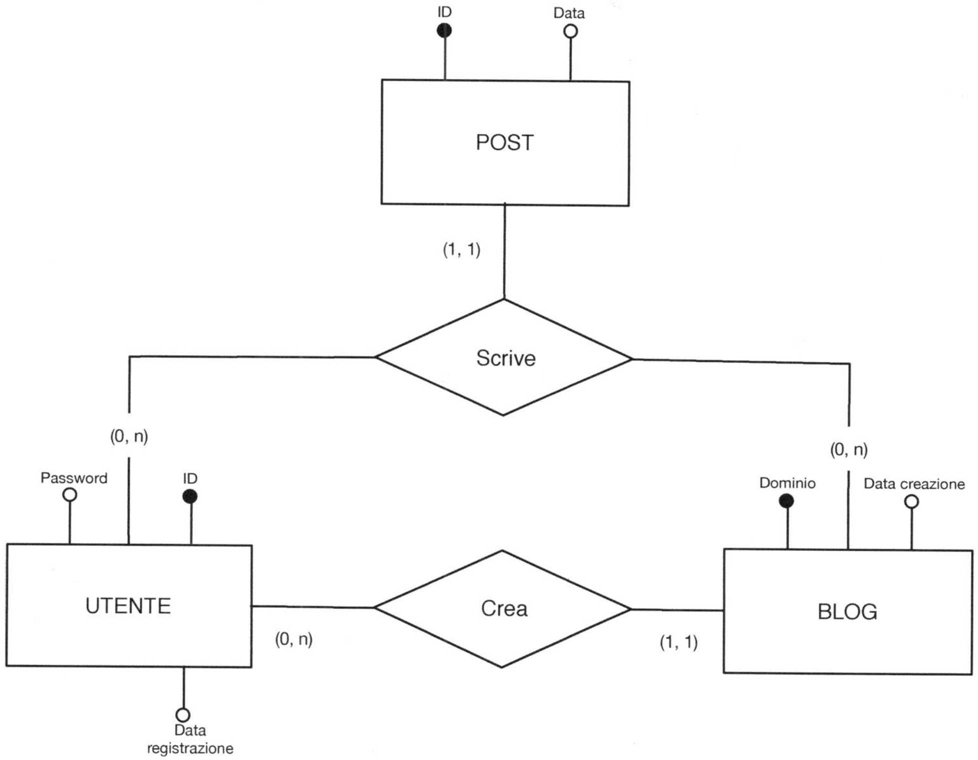

Figura 6.33: Entità POST associata ad un UTENTE e ad un BLOG.

Prima di procedere con la modellazione del commento in risposta ad un post, vogliamo soffermarci un secondo su una questione puramente concettuale: gli attributi 'data' e data creazione' rispettivamente di POST e BLOG sono attributi delle entità o delle associazioni a cui partecipano le entità stesse? A nostro parere, non esiste una risposta definitiva a questo problema che si ripresenta ogniqualvolta c'è una entità che partecipa con cardinalità $(1, 1)$ ad una associazione. Tutto dipende dall'interpretazione che si vuole dare all'attributo: è più un attributo che caratterizza l'entità oppure è più una proprietà dell'azione (l'associazione) che coinvolge le entità? L'alternativa altrettanto valida viene presentata in Figura 6.34. Ricordiamo che dal punto di vista logico e di implementazione fisica, le due soluzioni sono esattamente le stesse (l'attributo viene incorporato nella tabella dell'entità che partecipa con cardinalità $(1, 1)$ all'associazione coinvolta).

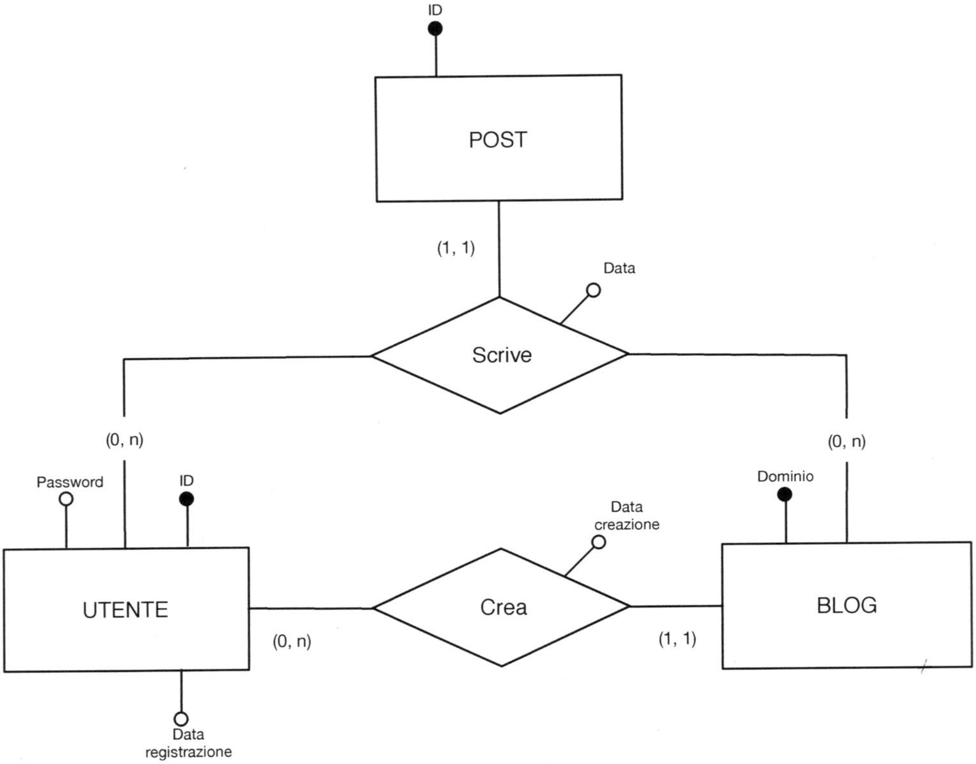

Figura 6.34: Attributi 'Data' e 'Data creazione' sulle associazioni SCRIVE e CREA.

La soluzione del commento ad un post, è una semplice relazione ricorsiva sull'entità POST come mostrato in Figura 6.35. I due 'versi' di lettura dell'associazione ricorsiva sono: se un messaggio è un commento ad un post, allora lo può essere solo per un post ('in risposta a'); se un messaggio è un post, allora può avere più di un commento ('ha come commento').

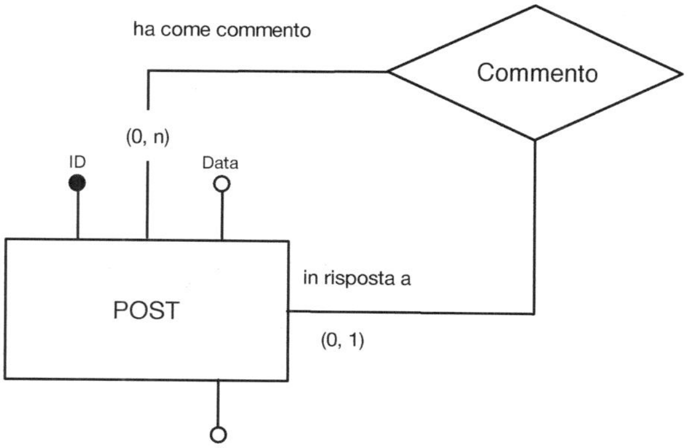

Figura 6.35: Associazione ricorsiva COMMENTO.

Infine, modelliamo la parte relativa agli stili del blog: *[...] L'impostazione grafica del blog può essere scelta da un insieme di temi predefiniti suddivisi per stili, ad esempio: commerciale, personale, sportivo, fotografia, ecc. Ogni stile può avere delle opzioni, ad esempio: colore sfondo, dimensione font, ecc. Il tema grafico del blog può essere modificato ogni volta che si vuole (il contenuto del blog viene mantenuto, cambia solo l'impostazione della pagina) ma nella base di dati si vuole mantenere solo l'ultima volta che è stato modificato, e non tutta la storia delle modifiche. Il cambiamento di una o più opzioni di un tema non è considerato una modifica di tema, semplicemente un aggiornamento delle opzioni.*

Anche in questo caso, come spesso accade, la soluzione può essere più o meno complicata a seconda delle ipotesi che si fanno sull'analisi dei requisiti. Una ipotesi che rende il diagramma più semplice è quella che gli stili grafici hanno tutti lo stesso insieme di opzioni. Pertanto, se un utente crea un blog, ha la possibilità di scegliere da un insieme di stili e, indipendentemente dallo stile, un certo numero di opzioni. La soluzione proposta viene presentata in Figura 6.36. Coerentemente con quanto fatto prima, abbiamo deciso di tenere l'attributo 'Data scelta tema' sull'entità BLOG invece di posizionarlo sull'associazione SCEGLIE.

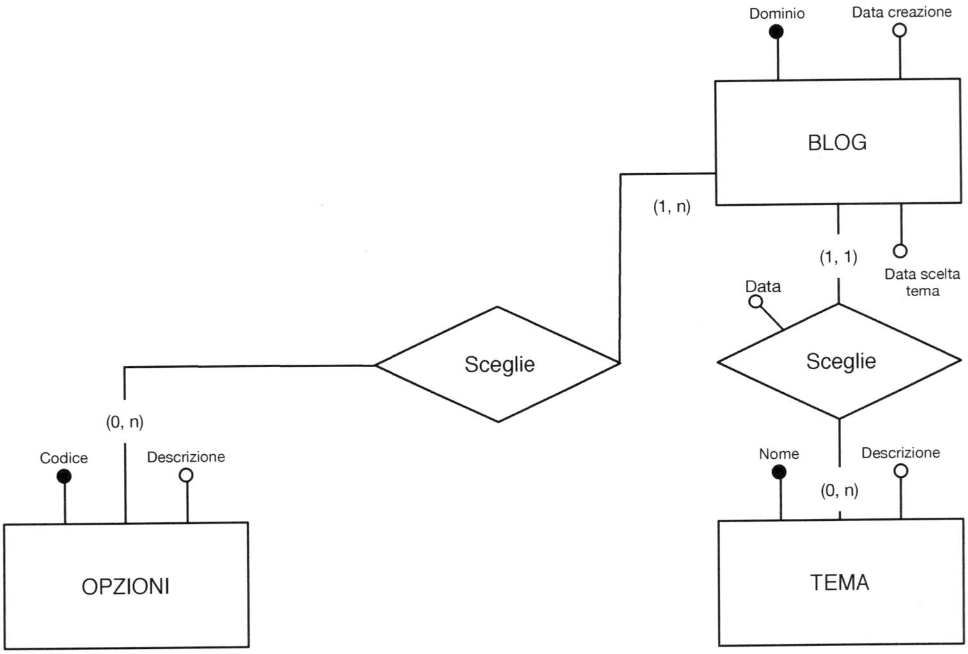

Figura 6.36: Entità TEMA e OPZIONE di un BLOG.

6.4.2 Schema ER completo

In Figura 6.37 mostriamo l'intero diagramma ER della soluzione analizzata punto per punto nella sezione precedente.

Una possibile variante, mostrata in Figura 6.38, considera la possibilità di avere opzioni diverse per temi grafici diversi. L'associazione binaria COMBINA modella le varie opzioni degli stili (con la scelta implicita che se c'è un tema grafico allora ci deve essere almeno un'opzione, e se esiste un'opzione questa deve essere associata ad almeno uno stile), mentre l'associazione ternaria SCEGLIE modella la selezione delle opzioni grafiche di un blog per un certo tema. Affinché la selezione sia valida, tutti gli elementi dell'associazione SCEGLIE (in particolare la coppia tema-opzione) devono essere elementi dell'associazione COMBINA. Inoltre, questa soluzione alternativa prevede il posizionamento degli attributi 'Data' e 'Data creazione' sulle associazioni anziché sulle entità corrispondenti. Fate attenzione ad un particolare, la 'Data scelta tema' non dovrebbe essere messa sull'associazione SCEGLIE poiché risulterebbe ridondante (la cardinalità della partecipazione di BLOG non è $(1,1)$. Infatti, ogni elemento relativo ad una opzione di un blog avrebbe con sé anche la data (sempre la stessa per quel blog).

Controlliamo che le interrogazioni siano risolvibili:

- *Calcolare quali temi sono stati scelti per i blog che sono stati aperti dopo il 1 settembre 2012.* Dal BLOG recuperare quelli aperti dopo il 1 settembre 2012 e trovare i temi associati a quei blog.

- *Visualizzare, per ciascun utente, i dati anagrafici e il post che ha ricevuto più commenti (si considerino solo i commenti di "primo livello", non quelli innestati).* Innanzitutto contiamo quanti commenti ha avuto ciascun post e recuperiamo quello con il valore massimo. Dal post recuperiamo il blog che lo contiene e dall'associazione CREA arriviamo fino ai dati dell'UTENTE.

- *Calcolare quanti post ha in media un blog.* Per ogni blog trovare tutti i post attraverso l'associazione SCRIVE e calcolare la media.

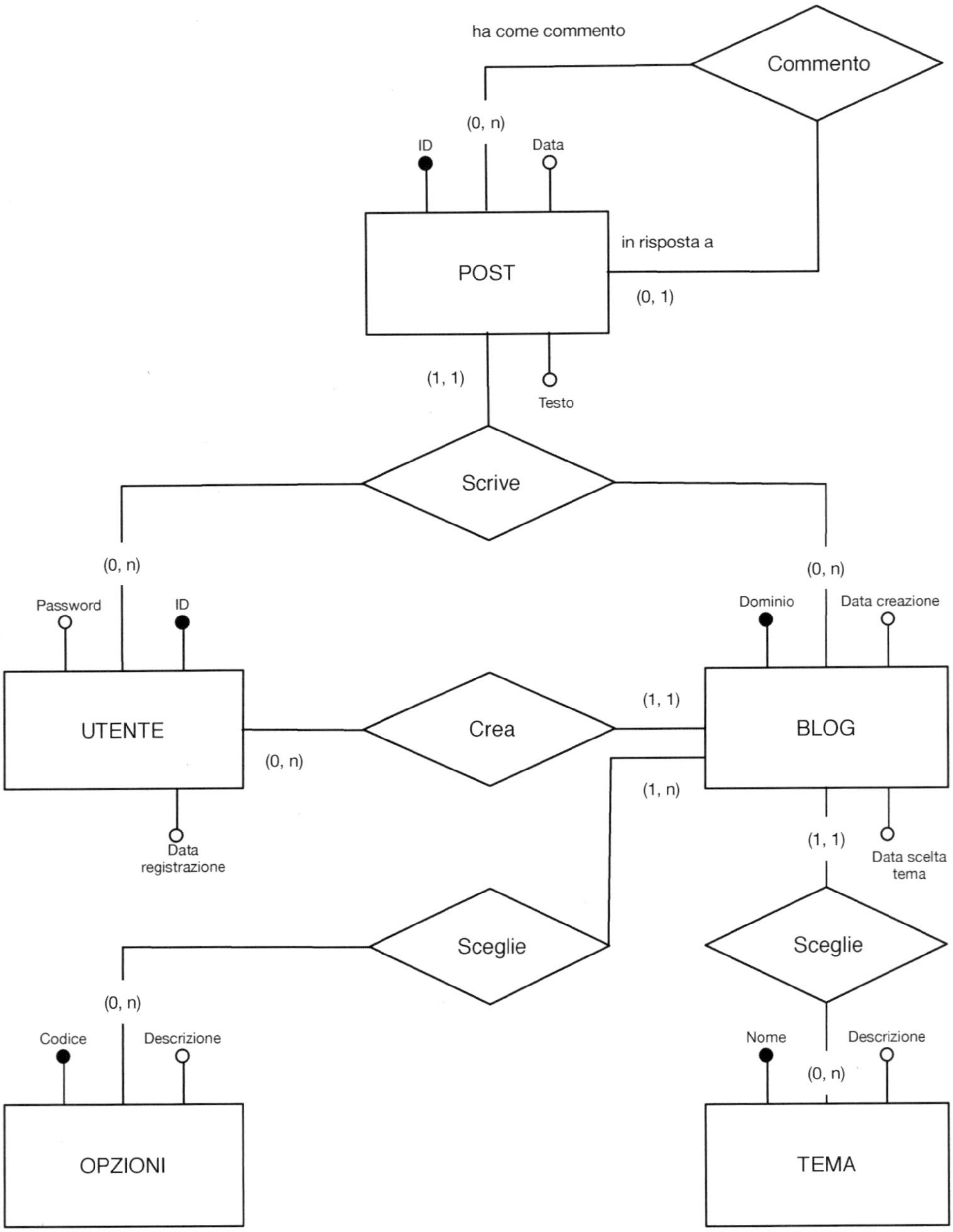

Figura 6.37: Possibile soluzione.

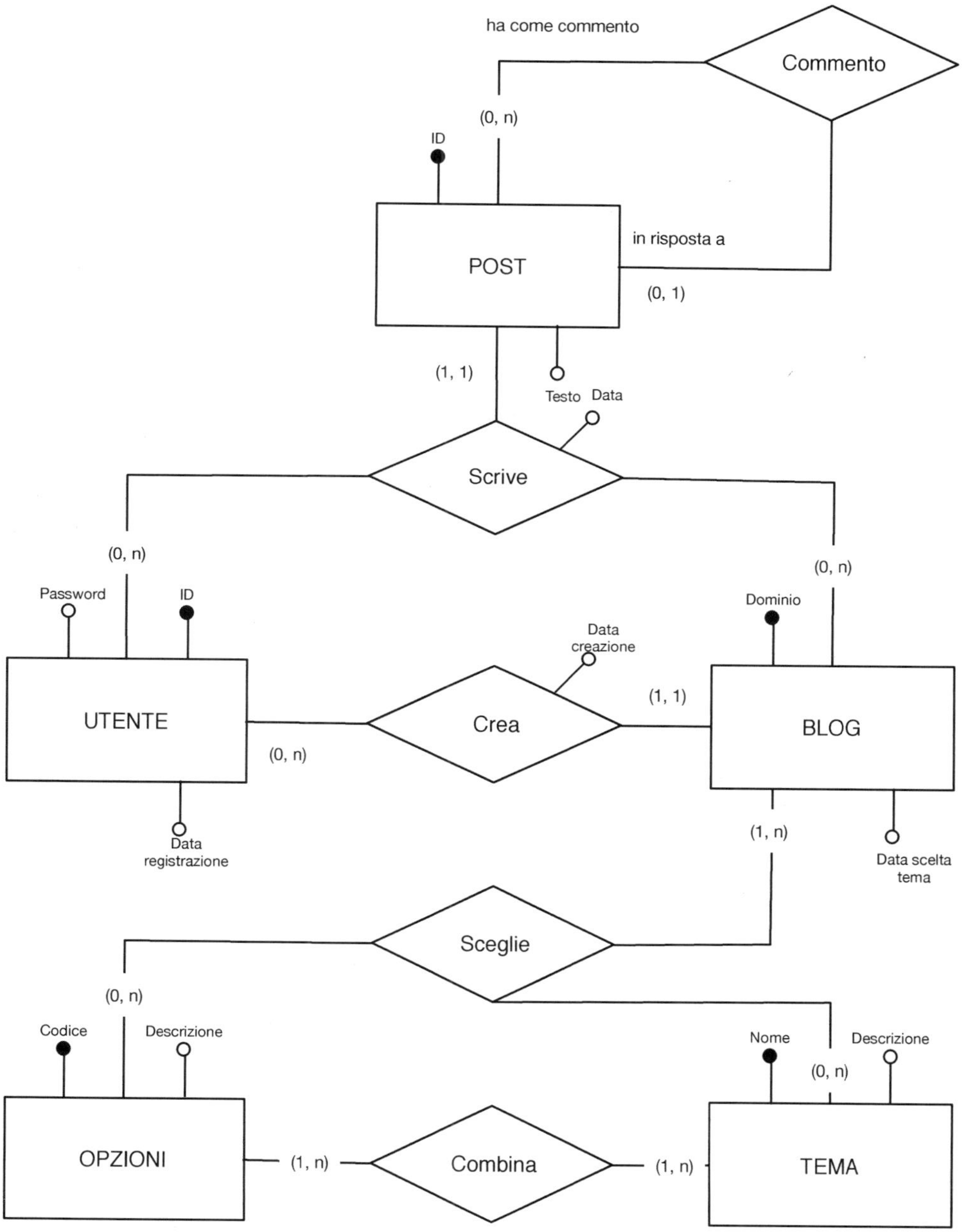

Figura 6.38: Soluzione alternativa.

6.4.3 Errori comuni

Gli errori più frequenti di questo compito sono sull'associazione ricorsiva COMMENTO. L'imprecisione più comune è la cardinalità della partecipazione dell'entità POST. Se la cardinalità minima del ramo 'è in risposta a' è uguale ad uno, stiamo dicendo che ogni messaggio è sempre un commento, mentre con la stessa cardinalità minima sul ramo 'ha come commento' genera dei messaggi che devono almeno avere un commento associato immediatamente (non possono esistere dei post senza commenti). Entrambi casi sono chiaramente delle imprecisioni.

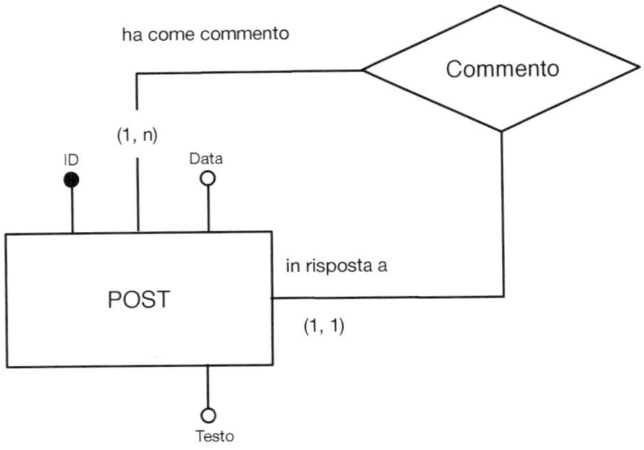

Figura 6.39: Imprecisioni sulla cardinalità della partecipazione dell'entità POST.

Un esempio di utilizzo scorretto di un'entità debole viene mostrato in Figura 6.40. Il BLOG viene identificato dal 'Dominio' e dall'utente che lo ha generato. Il problema di questa soluzione è che un blog può avere più di un creatore (possiamo infatti avere molteplici combinazioni di 'nomedominio.it' con qualsiasi nome utente). questa scelta non solo non rispecchia i requisiti (non è scritto da nessuna parte che un blog possa essere creato da più utenti) ma complica la realizzazione fisica aggiungendo un campo all'attributo chiave di blog che dovrà essere gestito in tutte le tabelle collegate alla tabella blog (pensiamo ad esempio la tabella 'post' che dovrà avere per ogni messaggio non solo il dominio del blog ma anche il suo creatore!).

Un ultimo esempio di errore di modellazione viene mostrato in Figura 6.41. Il fatto che l'associazione SCRIVE non colleghi anche l'entità BLOG non ci permette di sapere su quale blog stia scrivendo un utente.

6.4.4 Schema relazionale

In questo schema abbastanza complesso ci sono tre entità forti che partecipano con cardinalità massima n, UTENTE, OPZIONI, e TEMA:

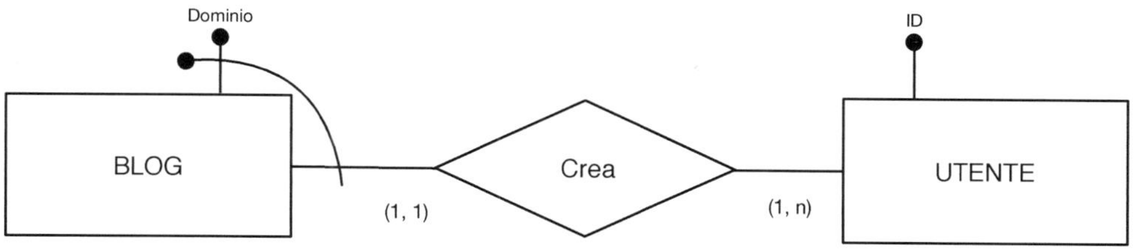

Figura 6.40: Entità BLOG debole rispetto a UTENTE.

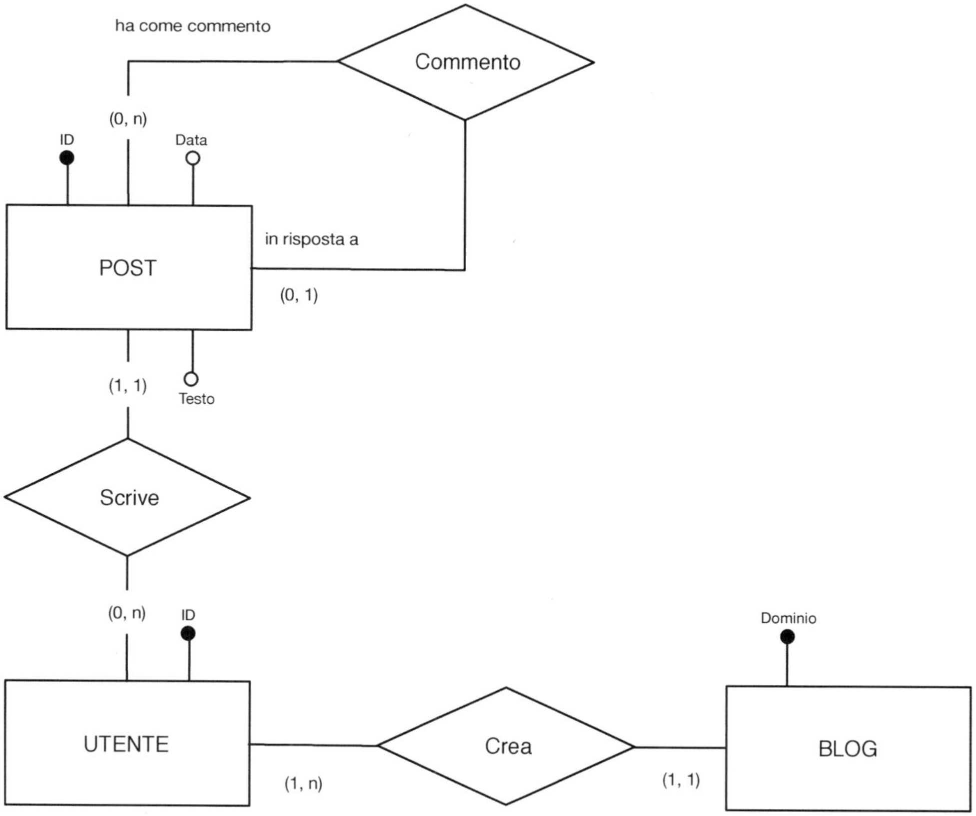

Figura 6.41: Entità POST separata dal BLOG.

UTENTE(ID, Password, Data registrazione)

OPZIONI(Codice, Descrizione)

TEMA(Nome, Descrizione)

L'unica associazione binaria con cardinalità massima n da parte di entrambe le entità è combina:

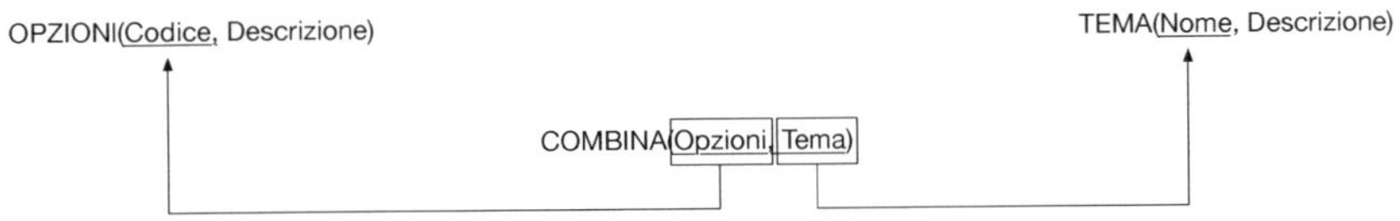

Possiamo trasformare l'entità BLOG incorporando la chiave di UTENTE nello schema relazionale:

È interessante studiare il caso dell'entità POST che ha un'associazione ricorsiva con partecipazione $(0, 1)$ da un ramo. Un elemento dell'insieme POST partecipa con cardinalità 0 se è un messaggio principale del blog, mentre partecipa con cardinalità 1 se è un commento in risposta a qualche altro post (che può essere un messaggio principale oppure un commento). La scelta qui è decidere se aggiungere un attributo alla relazione POST oppure se aggiungerne un'altra per evitare valori nulli. La seconda scelta sarebbe più conveniente nel caso si volessero trovare immediatamente tutti i messaggi in risposta a qualche altro messaggio. In mancanza di informazioni sul volume di dati e la frequenza di operazioni, scegliamo la strada più semplice e costruiamo una sola tabella. In aggiunta, dobbiamo tenere conto del fatto che la stessa entità partecipa con cardinalità $(1, 1)$ all'associazione Scrive:

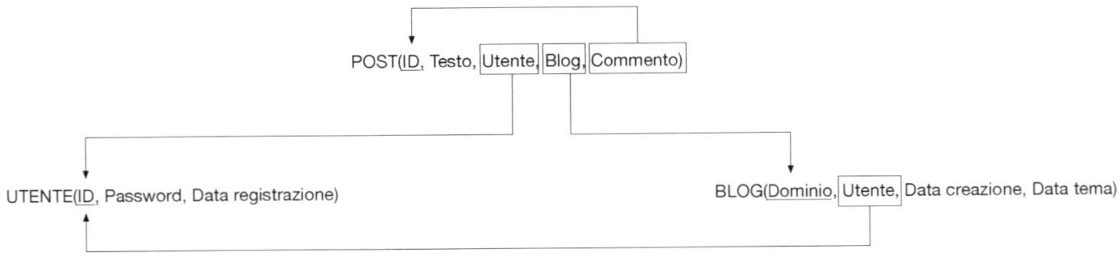

rimane l'ultima associazione ternaria Sceglie che si trasforma nella seguente relazione:

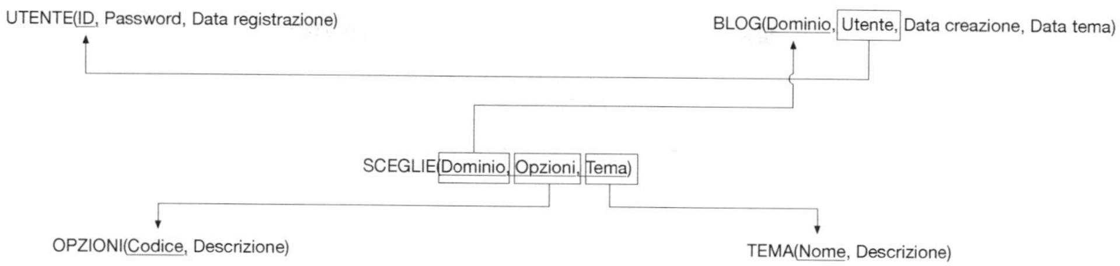

Quando le linee dei vincoli di integrità referenziale si incrociano, come nel caso precedente, la cosa migliore dal punto di vista grafico è disegnare una piccola 'cunetta' dove le linee si toccano. Questo serve ad evitare che ci sia un incrocio ad angolo retto tra linee che renderebbe difficile la lettura (soprattutto in casi molto più complicati con molte linee).

La soluzione completa viene mostrata in Figura 6.42.

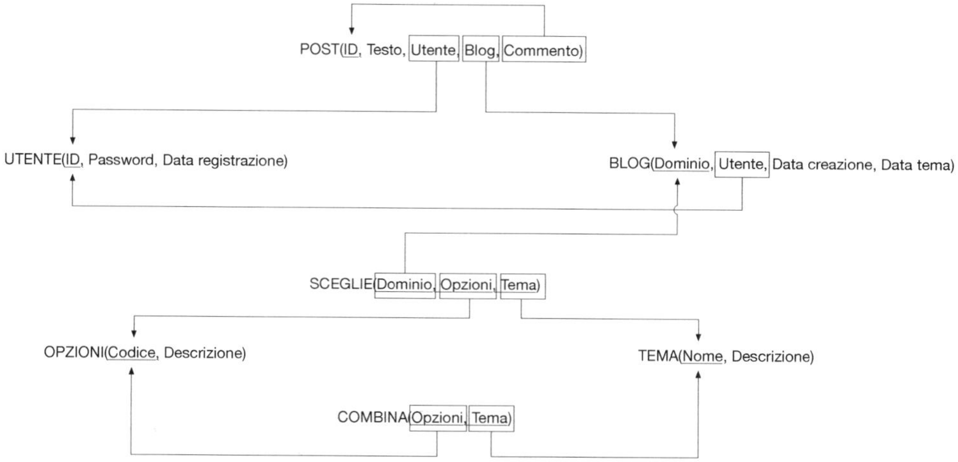

Figura 6.42: Traduzione dello schema ER in Figura 6.37

6.4.5 Algebra relazionale

La prima delle tre query chiede di trovare quali temi sono stati scelti per i blog che sono stati aperti dopo il 1 settembre 2012:

$$\pi_{Dominio,Tema}(\sigma_{Data\ creazione > \text{‘2012/09/01’}}(\text{BLOG}) \bowtie \text{SCEGLIE})$$

Lasciamo la seconda query per ultima e risolviamo prima la terza query. L'ultima query chiede di calcolare in media quanti post ha un blog. Supponendo che per post si intendano solo i messaggi esclusi i commenti, possiamo spezzare l'interrogazione in due parti, nella prima calcoliamo quanti messaggi ha ciascun blog:

$$\text{BLOGPOST} \leftarrow \rho_{Dominio,Npost}({}_{Dominio}\mathcal{F}_{COUNT(*)}(\sigma_{Commento\ IS\ NULL}(\text{POST})))$$

nella seconda parte calcoliamo la media dei post

$$\mathcal{F}_{AVERAGE(Npost)}(\text{BLOGPOST})$$

La seconda query è molto complicata e richiede una serie di passaggi che analizzeremo passo passo. La richiesta è quella di visualizzare, per ciascun utente, i dati anagrafici e il post che ha ricevuto più commenti, considerando come commenti solo le risposte di "primo livello". Il primo passo è generare un tabella con solo i messaggi, ridenominando gli attributi per l'utilizzo successivo:

$$\text{MESSAGGI} \leftarrow \rho_{IDM,UtenteM,BlogM,CommentoM}(\sigma_{Commento\ IS\ NULL}(\text{POST}))$$

Il secondo passo è generare una tabella con tutti i commenti di primo livello:

$$\text{COMMENTI} \leftarrow \pi_{ID,Utente,IDM}(\text{POST} \bowtie_{Commento=IDM} \text{MESSAGGI})$$

A questo punto è possibile contare quanti commenti ha ogni messaggio:

$$\text{SOMMAC} \leftarrow \rho_{Utente,IDM,NumComm}({}_{Utente,IDM}\mathcal{F}_{COUNT(*)}(\text{COMMENTI}))$$

La parte più complessa è tenere solo le tuple di questa relazione che rappresentano il messaggio con il maggior numero di commenti. Quest'operazione si può fare con la seguente elaborazione:

- si fa un join sulla stessa tabella mettendo in relazione gli elementi che hanno conteggio diverso,
- si proietta su una parte del join per trovare i messaggi che hanno un numero di commenti minore del massimo,
- si fa la differenza tra SOMMAC e il risultato dell'ultimo passaggio.

Il primo passaggio si realizza nel modo seguente:

$$\text{CONFRONTO} \leftarrow \text{SOMMAC} \bowtie_{IDM \neq I\ \text{AND}\ NumComm<N} (\rho_{U,I,N}(\text{SOMMAC}))$$

La condizione di JOIN permette di generare una tabella che contiene tutte le possibili combinazioni di messaggi di ciascun utente (attributi Utente, IDM, NumComm) che hanno meno commenti di altri messaggi sempre dello stesso utente (attributi U, I, N). Questo vuol dire che nella parte sinistra della tabella (attributi Utente, IDM, NumComm) abbiamo i dati dei post di un utente che sicuramente non sono quelli più commentati. Per differenza, con la tabella SOMMA, possiamo trovare quali sono i messaggi più commentati.

Il secondo e terzo passaggio si possono fare in un'espressione sola:

$$\text{MAXM} \leftarrow \text{SOMMAC} \setminus (\pi_{Utente,IDM,NumComm}(\text{CONFRONTO}))$$

La query è completa aggiungendo le informazioni dell'utente:

$$\text{MAXM} \bowtie_{Utente=ID} \text{UTENTE}$$

6.5 Scuola di canto

Compito d'esame del 2013.01.29

La scuola di canto "Zerovarianza" vuole realizzare un database per gestire le lezioni dei suoi allievi, i brani cantati e le serate nei locali dove gli allievi si esibiscono. La gestione di questo servizio deve essere realizzata con una base di dati che rispetti i seguenti requisiti:

La scuola dà la possibilità di certificare i livelli di preparazione per ciascuno studente. Ogni livello è identificato da un codice e possiede una descrizione che specifica gli obiettivi didattici che devono essere raggiunti. Per ogni livello ci sono dei brani musicali che lo studente dovrà interpretare per poter ricevere il certificato che attesta di aver raggiunto un certo livello di preparazione. Per ogni studente della scuola, identificato dal codice fiscale, è necessario sapere quando è stato superato un certo livello di preparazione. Ogni studente ha un proprio repertorio di brani, che non necessariamente devono coincidere con quelli dei livelli di preparazione. Oltre ad un codice identificativo, ogni brano deve avere il titolo, la durata, l'artista o il gruppo che esegue la canzone. I locali sono identificati da un nome (si suppone che non ci siano due locali con lo stesso nome) e possono organizzare delle serate per far esibire i cantanti della scuola. Per ogni studente si vuole registrare la serata in cui si è esibito e le canzoni che ha cantato. Per ogni serata si vuole sapere il numero di consumazioni vendute per poter permettere al locale di richiamare i cantanti che richiamano più pubblico.

Sono di interesse le seguenti interrogazioni:

- Mostrare i locali che hanno organizzato delle serate con più di 100 consumazioni.
- Quali sono le canzoni che sono state cantate il '2012-01-29' dagli studenti che hanno raggiungo il livello più alto della scuola.
- nel locale 'X' e giorno 'Y', quante canzoni sono state cantate da ciascuno studente.

6.5.1 Individuazione delle entità principali

Questo compito ha due sottoproblemi ben distinti: uno riguarda la modellazione della scuola di canto con i livelli di preparazione e gli studenti, l'altro è inerente alle serate che può fare un cantante nei vari locali. Iniziamo ad affrontare il primo, in particolare la parte dei brani e dei livelli della scuola:

[...] Ogni livello è identificato da un codice e possiede una descrizione che specifica gli obiettivi didattici che devono essere raggiunti. Per ogni livello ci sono dei brani musicali che lo studente dovrà interpretare per poter ricevere il certificato che attesta di aver raggiunto un certo livello di preparazione. [...] Oltre ad un codice identificativo, ogni brano deve avere il titolo, la durata, l'artista o il gruppo che esegue la canzone.

In Figura 6.43 viene mostrato lo schema delle due entità coinvolte unite dall'associazione RICHIEDE. Un LIVELLO deve avere almeno un BRANO associato, mentre un brano può anche non essere associato ad un livello (ricordiamoci che esistono brani del repertorio degli studenti che possono non essere in alcun livello). Implicitamente abbiamo ipotizzato che un brano può essere richiesto solo da un livello, ma nulla vieta che lo stesso brano possa essere in livelli diversi (magari un brano presenta diverse difficoltà adatte a cantanti più o meno esperti). Artista e Gruppo sono stati raccolti in un unico attributo poiché dall'analisi dei requisiti non sembra fondamentale mantenere le informazioni dettagliate degli autori dei brani che gli studenti devono eseguire.

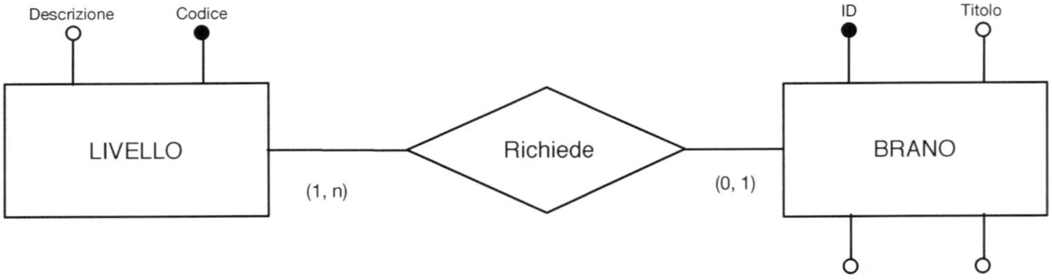

Figura 6.43: Entità LIVELLO e BRANO.

Passiamo ora alla modellazione dello studente che è iscritto ad un livello della scuola:

La scuola dà la possibilità di certificare i livelli di preparazione per ciascuno studente. [...] Per ogni livello ci sono dei brani musicali che lo studente dovrà interpretare per poter ricevere il certificato che attesta di aver raggiunto un certo livello di preparazione. Per ogni studente della scuola, identificato dal codice fiscale, è necessario sapere quando è stato superato un certo livello di preparazione. Ogni studente ha un proprio repertorio di brani, che non necessariamente devono coincidere con quelli dei livelli di preparazione.

La parte di iscrizione al livello viene presentata in Figura 6.44. In questa modellazione, è sufficiente sapere che lo STUDENTE è iscritto ad un livello per sapere automaticamente, se esiste una 'Data superamento esame' valida, che ha piena conoscenza dei brani collegati a quel LIVELLO. Una modellazione più accurata potrebbe portare ad un'ulteriore associazione ternaria tra studente, livello e brano per sapere quando lo studente ha superato a pieni voti un certo brano (senza necessariamente aver preso la certificazione del livello). Abbiamo aggiunto un attributo 'Data registrazione' per separare tenere traccia di quando l'utente si è iscritto e quando l'utente ha passato l'esame per superare quel livello. La 'Data superamento esame' è un attributo opzionale poiché tale data sarà nota solo al momento della certificazione del livello per quello studente. Dall'analisi dei requisiti sembra non sia necessario mantenere traccia degli esiti negativi degli esami degli studenti.

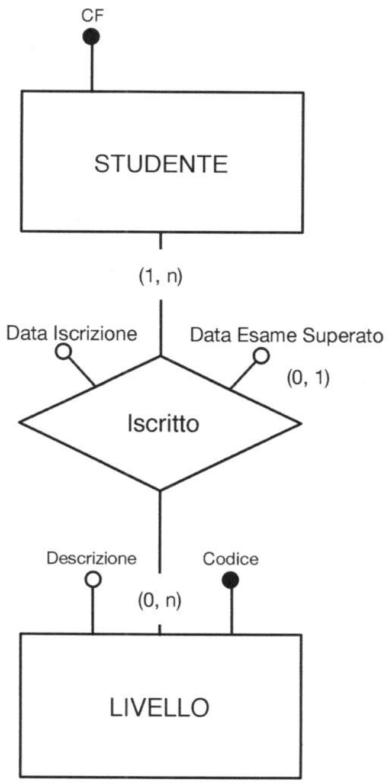

Figura 6.44: Entità STUDENTE.

La parte di schema ER relativa allo studente e alle conoscenze dei brani musicali, inteso come repertorio, viene mostrato in Figura 6.45. È importante far notare che l'entità BRANO partecipa con cardinalità $(0, 1)$ all'associazione RICHIEDE e con cardinalità $(0, n)$ all'associazione REPERTORIO. Questo non deve trarre in inganno, è necessario aggiungere una regola di vincolo che renda esplicito il fatto che un brano 'deve' essere presente almeno in una delle due associazioni (non è l'obiettivo di questo database quello di avere una lista di brani da cui scegliere un repertorio).

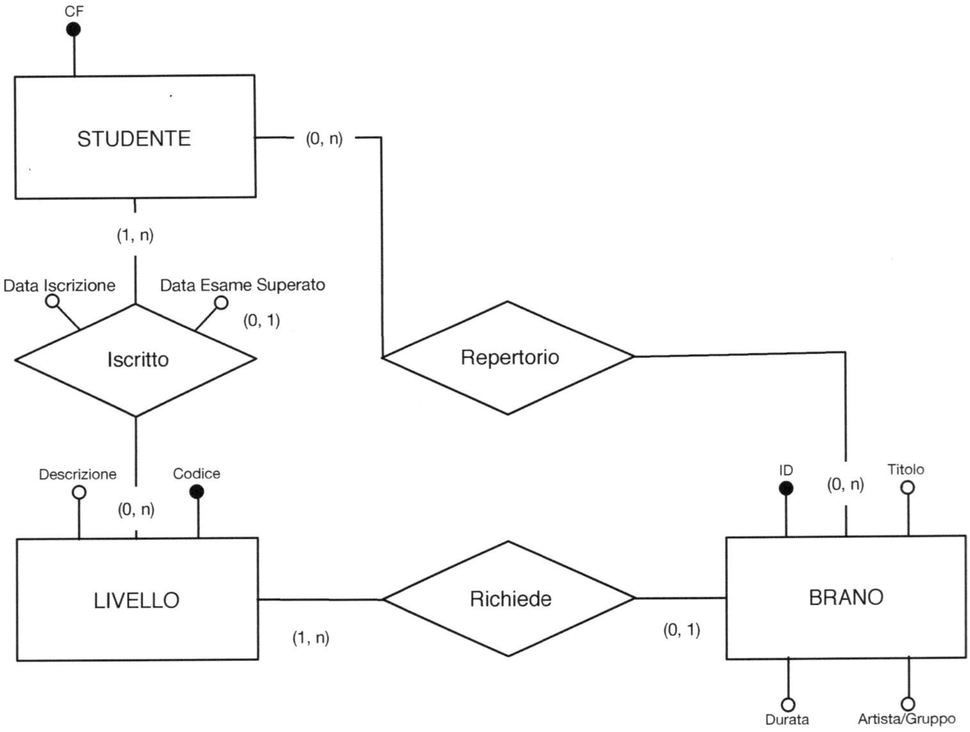

Figura 6.45: Entità STUDENTE completa di REPERTORIO.

Vediamo ora di analizzare i requisiti della parte dello schema relativa ai locali e alle serate in cui si esibiscono i cantanti:

[...] I locali sono identificati da un nome (si suppone che non ci siano due locali con lo stesso nome) e possono organizzare delle serate per far esibire i cantanti della scuola. Per ogni studente si vuole registrare la serata in cui si è esibito e le canzoni che ha cantato. Per ogni serata si vuole sapere il numero di consumazioni vendute per poter permettere al locale di richiamare i cantanti che richiamano più pubblico.

La parte organizzativa relativa al LOCALE che organizza una SERATA viene mostrata in Figura 6.46. Una serata non è altro che un giorno della settimana in cui un locale decide di organizzare un evento. In questo caso, l'entità debole può essere la soluzione migliore per evitare controlli sul fatto che non possano esserci più eventi nella stessa serata e stesso locale (non che sia impossibile, semplicemente non sembra realistico visto il problema in questione).

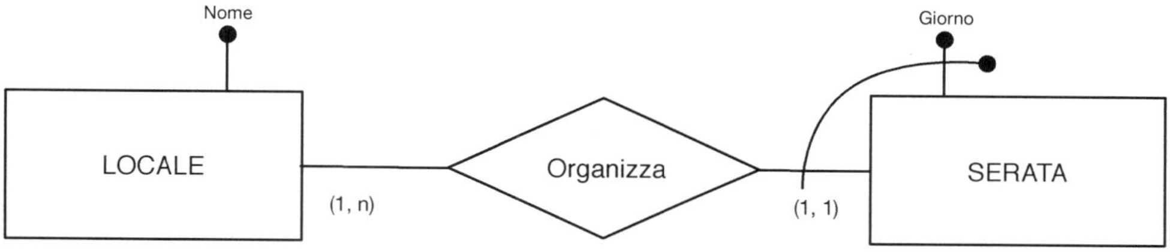

Figura 6.46: Entità LOCALE e SERATA.

Per quel che riguarda la partecipazione di uno STUDENTE ad una serata, abbiamo scelto di modellare la partecipazione di uno STUDENTE e la scelta dei brani con una associazione ternaria, come mostrato in Figura 6.47. Questa associazione vede la partecipazione di tutte e tre le entità coinvolte con una cardinalità $(0, n)$. Due delle cardinalità sono piuttosto dirette: uno studente può cantare vari brani in varie serate, un brano può essere cantato da vari studenti in varie serate. La partecipazione dell'entità SERATA richiede un minimo di attenzione. Se ipotizziamo che in una serata c'è un solo cantante, allora dovremo aggiungere come regola di vincolo il fatto che per una serata (giorno e nome locale) non posso avere nomi di cantanti diversi (ma canzoni diverse sì). Alternativamente, se ci possono essere più cantanti per la stessa serata, non c'è bisogno di alcuna regola di vincolo, ma diventa più articolata la gestione del numero di consumazioni di una serata nel caso si voglia sapere esattamente quante consumazioni sono state fatte per ogni cantante.

Se scegliamo la prima opzione, è forse più agevole una soluzione con due associazioni binarie per evitare di ripetere il nome del cantante tante volte quante sono le canzoni che canta in una serata. Questa soluzione viene mostrata in Figura 6.48

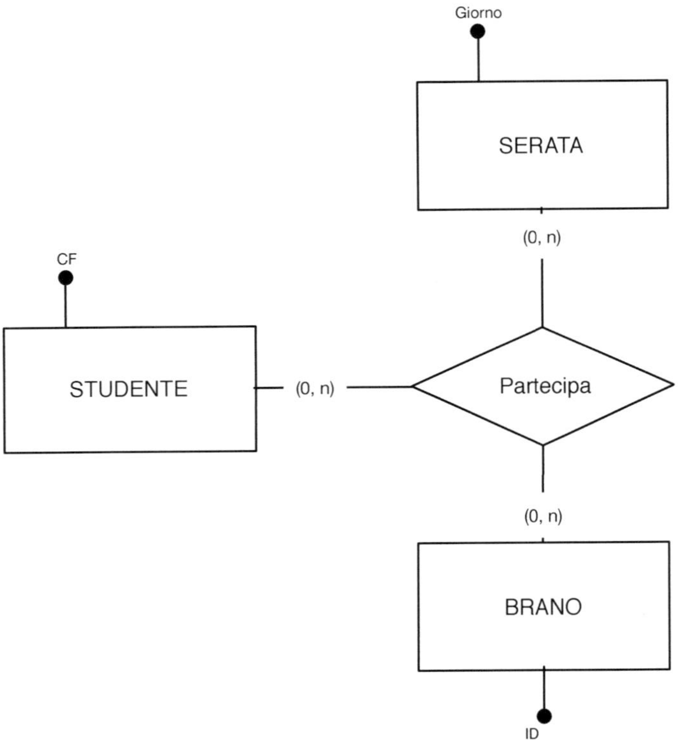

Figura 6.47: Partecipazione di uno STUDENTE ad una SERATA.

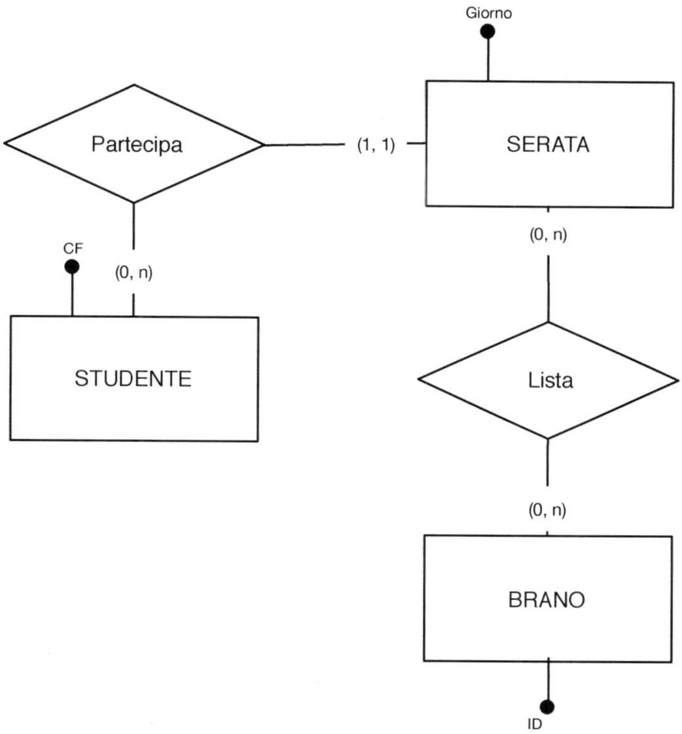

Figura 6.48: Partecipazione di uno STUDENTE ad una SERATA con due associazioni binarie.

6.5.2 Schema ER completo

Lo schema ER completo viene presentato in Figura 6.49. Rispetto alla discussione fatta nella sezione precedente, è stata corretta una cardinalità: la partecipazione di SERATA all'associazione LISTA è ora $(1, n)$. Sembra più logico avere almeno una canzone per una serata, dal momento che una serata viene fatta apposta per poter far cantare un cantante. È stato aggiunto anche l'attributo 'Consumazioni' per poter sapere quanto successo ha avuto un cantante in una certa serata.

Verifichiamo che tutte le query si possano risolvere.

- *Mostrare i locali che hanno organizzato delle serate con più di 100 consumazioni.* Dall'entità SERATA è possibile ricavare il nome del locale e calcolare quali tra i locali ha avuto serate con più di 100 consumazioni.
- *Quali sono le canzoni che sono state cantate il '2012-01-29' dagli studenti che hanno raggiungo il livello più alto della scuola.* Questa query potrebbe essere ambigua perché non si capisce se la data fa riferimento al superamento dell'esame o alla data della serata. Supponiamo che sia la seconda opzione. Dalla serata possiamo prendere tutte i brani che sono stati cantati il giorno 2012-01-29 e selezionare solo gli studenti che hanno una 'Data esame superato' valida per il livello più alto.
- *nel locale 'X' e giorno 'Y', quante canzoni sono state cantate da ciascuno studente.* Questa query ci permette di fare una considerazione. Bisognerebbe modificare lo schema ER per poter permettere più cantanti per una stessa serata e sapere quali brani ha cantato ciascun cantante. La soluzione potrebbe essere una semplice ternaria tra SERATA, STUDENTE e BRANO.

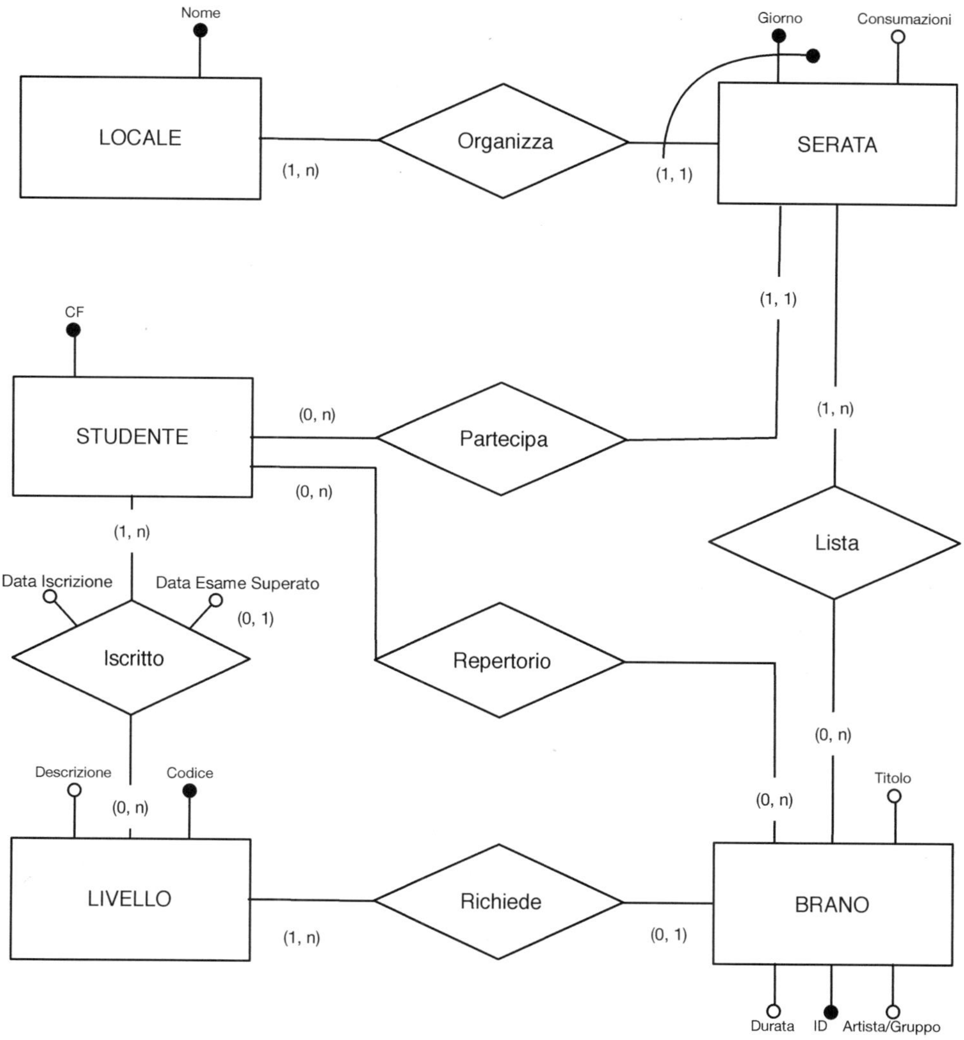

Figura 6.49: Partecipazione di uno STUDENTE ad una SERATA con due associazioni binarie.

6.5.3 Errori comuni

La scelta dell'entità debole SERATA permette di gestire in maniera agevole le date e i locali. La scelta alternativa, quella di rendere forte l'entità SERATA come mostrato in Figura 6.50, complica la gestione del database. In questo caso non si vede la necessità di introdurre un identificatore per rendere forte l'entità, oltretutto in questo modo è possibile creare più serate per lo stesso giorno e lo stesso locale.

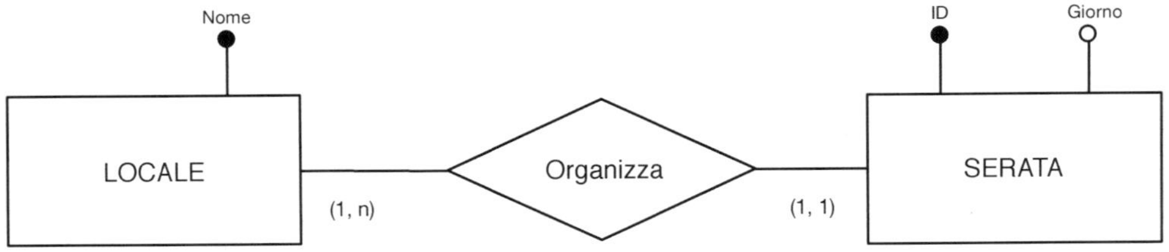

Figura 6.50: Entità SERATA come entità forte.

Una imprecisione piuttosto comune è quella di scegliere come cardinalità minima della partecipazione di BRANO alla associazione ternaria PARTECIPA una cardinalità pari ad uno, come mostrato in Figura 6.51. Questa è una imprecisione poiché forziamo ogni brano ad essere cantato almeno una volta in una delle serate fatte dagli studenti della scuola di canto. Tuttavia, ricordiamovi che l'entità BRANO contiene anche le canzoni del repertorio di ciascuno studente e dei livelli della scuola, non è detto che tutte queste canzoni vengano scelte per le serate. Lo stesso errore può essere fatto sulle associazioni REPERTORIO e RICHIEDE dello schema in Fig. 6.49.

Altro errore possibile sulla stessa associazione ternaria è considerare la partecipazione dell'entità SERATA pari a $(1, 1)$, come mostrato in Figura 6.52. Questo errore deriva da una modellazione (sbagliata) di una ipotesi (valida): in una serata ci può essere solo uno studente. La cardinalità scelta soddisfa questa ipotesi ma non permette ad una serata di avere più coppie (studente, brano) e cioè uno studente può cantare solo un brano in una serata. Quest'ultimo vincolo potrebbe essere aggiunto come regola di vincolo ma sarebbe sicuramente una forzatura della realtà troppo forte da giustificare una scelta di questo tipo.

Sempre in tema di cardinalità sulle associazioni, attenzione alla cardinalità massima della partecipazione dello STUDENTE all'associazione ISCRITTO. La Figura 6.53 mostra questo possibile errore. Una cardinalità massima pari ad uno non permette di tenere traccia degli esami passati dello studente ma solo dell'ultimo esame superato (oppure solo del primo esame superato, a seconda di quale politica di aggiornamento viene scelta).

6.5.4 Schema relazionale

Le entità forti che possono essere tradotte subito in schemi relazionali sono tre:

LOCALE(<u>Nome</u>)

STUDENTE(<u>CF</u>)

LIVELLO(<u>Codice</u>, Descrizione)

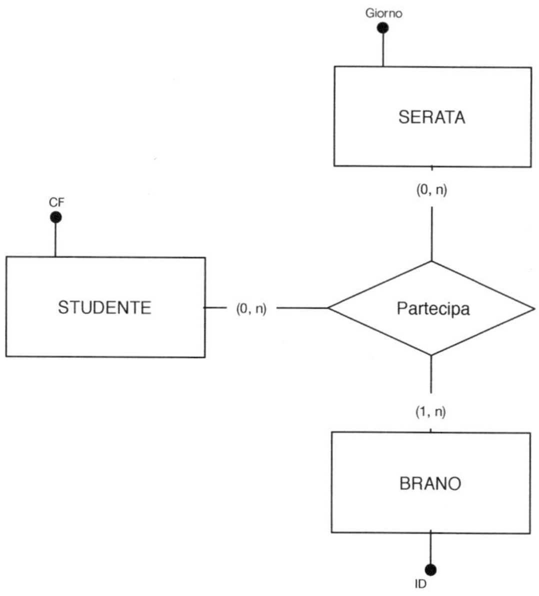

Figura 6.51: Cardinalità della partecipazione BRANO.

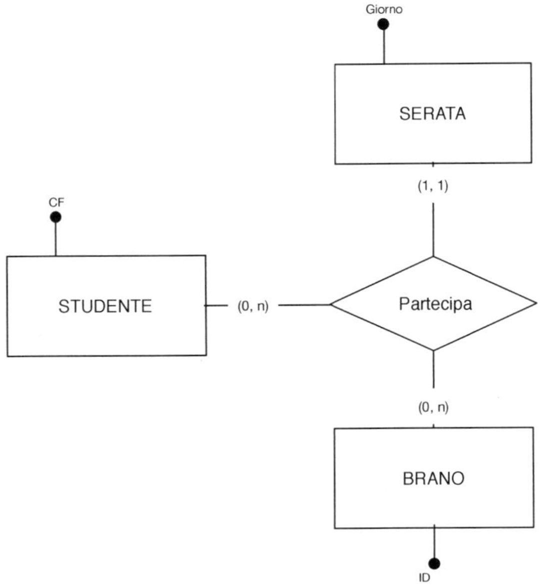

Figura 6.52: Cardinalità della partecipazione SERATA.

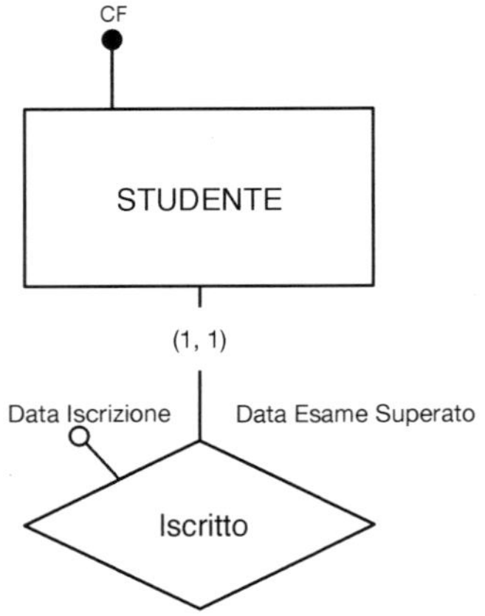

Figura 6.53: Cardinalità della partecipazione BRANO.

Successivamente, è opportuno decidere quale scelta fare per l'entità BRANO che partecipa con cardinalità $(0, 1)$ verso l'associazione Richiede. Visto che i brani rappresentano una relazione di cardinalità potenzialmente molto elevata e dal momento che i brani per un livello della scuola di canto saranno molto meno di tutti i brani, in questo caso potrebbe essere una buona scelta creare una relazione a parte RICHIEDE per evitare di ricercare all'interno dei brani quelli dei livelli di canto:

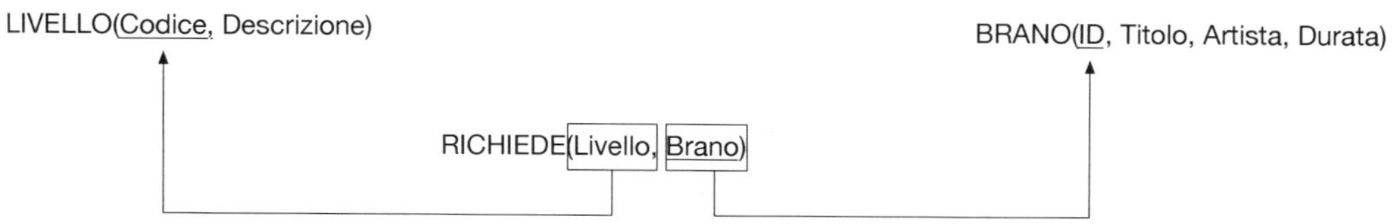

L'entità debole SERATA si risolve incorporando nella relazione anche la chiave primaria di STUDENTE:

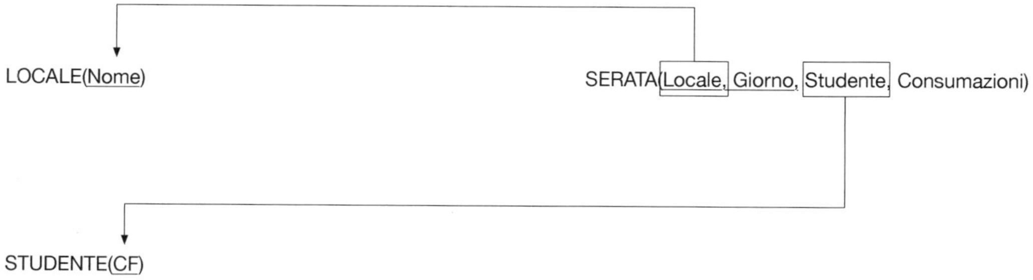

La lista dei brani di una serata si trasforma nel modo seguente:

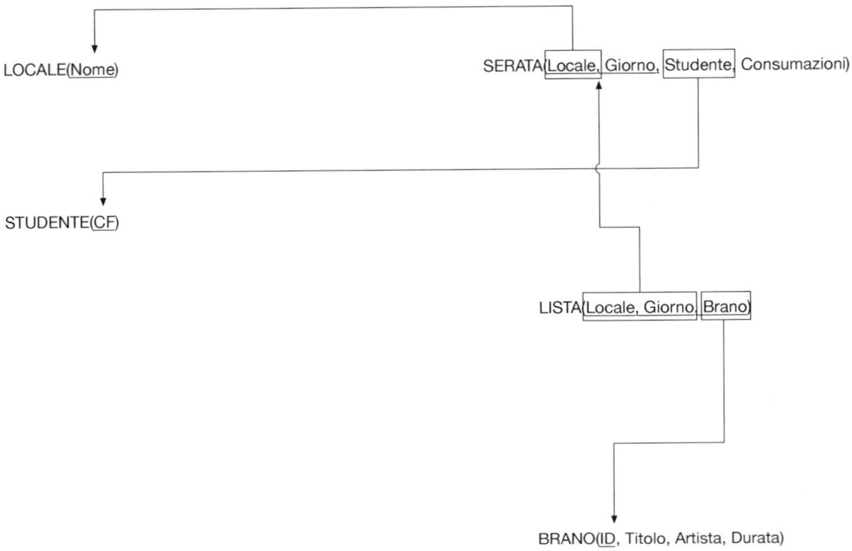

mentre le ultime due associazioni binarie, Repertorio e Iscritto, diventano:

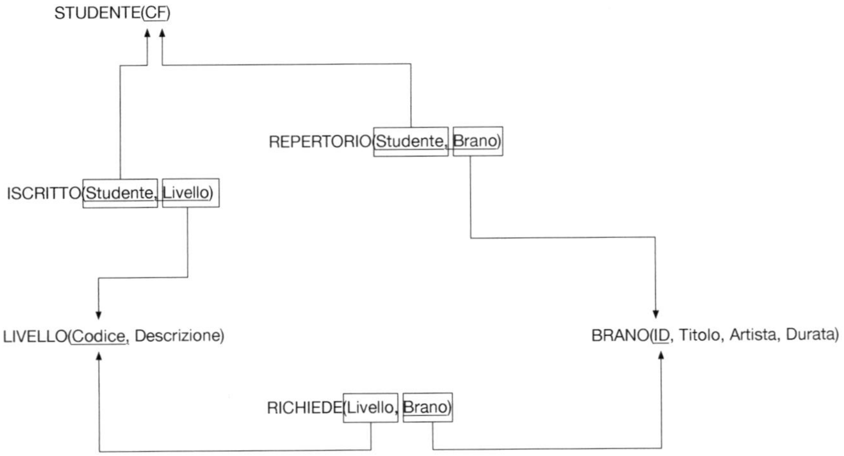

Lo schema completo viene mostrato in Figura 6.54.

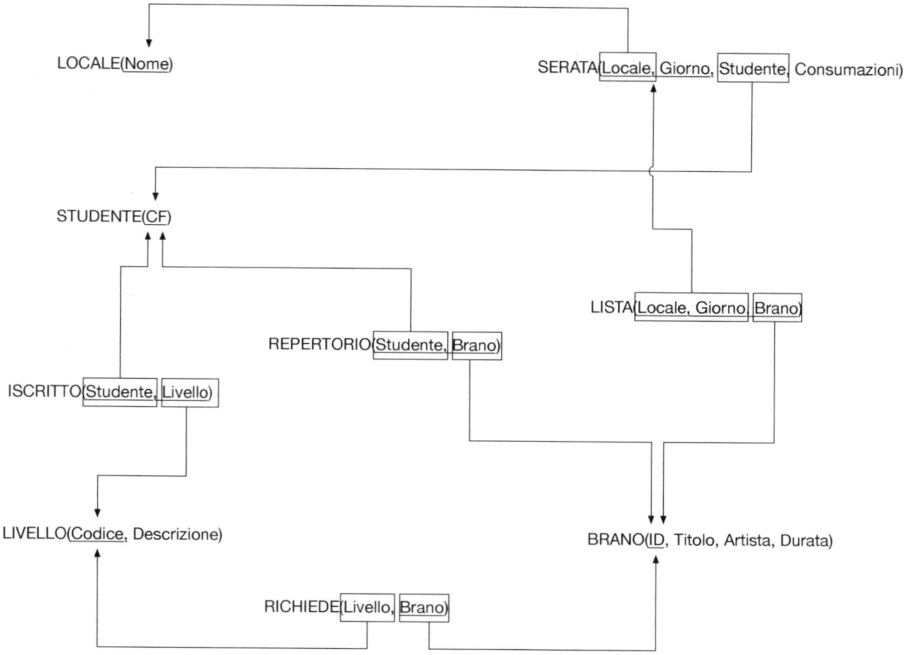

Figura 6.54: Traduzione dello schema ER in Figura 6.49

6.5.5 Algebra relazionale

La prima query chiede di mostrare i locali che hanno organizzato delle serate con più di 100 consumazioni. La soluzione è una semplice selezione seguita da una proiezione:

$$\pi_{Locale}(\sigma_{Consumazioni>100}(\text{SERATA}))$$

Con la seconda query vogliamo trovare le canzoni che sono state cantate il '2012-01-29' dagli studenti che hanno raggiungo il livello più alto della scuola. Il primo passo può essere quello di trovare i locali in cui si sono esibiti quel giorno gli studenti che hanno raggiunto il livello più alto:

$$\text{SERATE} \leftarrow \sigma_{Livello>`Alto'}(\text{ISCRITTO}) \bowtie \sigma_{Giorno=`2012/01/29'}(\text{SERATA})$$

Il secondo passo che fornisce la risposta finale è quello di fare un JOIN con la lista dei brani cantati durante quelle serate:

$$\pi_{Brano}(\text{SERATE} \bowtie \text{LISTA})$$

L'ultima query chiede di contare quante canzoni sono state cantate da ciascuno studente un certo giorno in un certo locale. L'interrogazione è un po' ambigua poiché nel nostro database abbiamo un solo studente che si esibisce in un locale in un certo giorno. Pertanto, daremo come interpretazione la seguente: calcoliamo quante canzoni ha cantato ciascuno studente in ogni locale in cui si è esibito.

$$\text{ESIBIZIONI} \leftarrow_{Locale,Giorno,Studente} \mathcal{F}_{COUNT(*)}(\text{SERATA}) \bowtie \text{LISTA})$$

avendo i dati di tutti i locali e tutte le serate si potrebbe a questo punto selezionare il locale e il giorno desiderato

$$\sigma_{Locale=`X' \text{ AND } Giorno=`Y'}(\text{ESIBIZIONI})$$

6.6 Seggi elettorali

Compito d'esame del 2013.02.11

Per le prossime elezioni nazionali, un gruppo di volenterosi ingegneri sta progettando un database per la gestione dei seggi elettorali, delle votazioni e dello spoglio delle schede (il database verrà utilizzato solo in questa elezione, non si vuole tenere traccia del passato). Armati di buona pazienza e dopo molte ore passate a studiare il problema, creano la seguente lista di requisiti che la base di dati dovrà rispettare:

L'Ufficio elettorale di sezione (detto comunemente "seggio elettorale") è il luogo in cui gli elettori esprimono il loro voto tramite le schede elettorali. I seggi si trovano spesso in edifici utilizzati per altri scopi, come ad esempio le scuole, uffici governativi, ospedali , ecc. Il seggio è identificato da un numero e dal comune in cui si trova. Ogni seggio è composto da un presidente, quattro scrutatori (di cui uno, a scelta del presidente, assume le funzioni di vicepresidente), da un segretario e dai rappresentanti di lista. Il rappresentante di lista viene nominato da un partito ed è la persona incaricata di seguire le operazioni di voto presso un ufficio elettorale di sezione e di verificare eventuali irregolarità. Per i componenti del seggio è necessario avere il codice fiscale, il cognome, il nome, e la residenza. Ogni elettore appartiene ad un ufficio elettorale di sezione e può votare solo in quel seggio (non vengono presi in considerazioni cambi di seggi anche se sono possibili). Per ogni elettore è necessario sapere il codice fiscale, il cognome, il nome, il comune di residenza, il seggio cui afferisce, se e quando ha votato. Ogni partito che si presenta può appartenere ad una coalizione. Partititi e coalizioni sono identificati da un nome. Alla fine delle votazioni si passa allo scrutinio dei voti. Per ogni ufficio è necessario sapere quanti voti sono stati assegnati ai partiti e quante schede nulle ci sono state. Infine, all'uscita dei seggi si chiede agli elettori un indicazione sul voto che hanno dato per poter fare delle proiezioni sui risultati. All'elettore che esce non si chiede il nome (la proiezione deve essere anonima) ma semplicemente se vuole rispondere all'inchiesta e, in caso affermativo, per quale partito ha votato.

Si vuole anche rispondere alle seguenti interrogazioni:

- Mostrare quanti scrutatori hanno deciso di non votare.
- La media dei voti di ciascun partito nei seggi della provincia di Padova.
- Le proiezioni dei voti dei partiti che fanno parte di una coalizione su tutto il territorio nazionale.

6.6.1 Individuazione delle entità principali

Il problema affrontato in questo compito d'esame è più semplice di quello che sembra, c'è molto testo per chiarire alcuni dettagli meno noti (come ad esempio i rappresentanti di lista) e alcune definizioni di base ma per il resto la risoluzione è piuttosto diretta, tenendo del fatto che tutti quanti dovrebbero avere chiaro il problema. Partiamo dalla modellazione dell'ufficio elettorale e della sua posizione nel comune:

L'Ufficio elettorale di sezione (detto comunemente "seggio elettorale") è il luogo in cui gli elettori esprimono il loro voto tramite le schede elettorali. I seggi si trovano spesso in edifici utilizzati per altri scopi, come ad esempio le scuole, uffici governativi, ospedali , ecc. Il seggio è identificato da un numero e dal comune in cui si trova. [...]

I requisiti che abbiamo a disposizione ci dicono che del COMUNE interessa solo il nome (ipotizzando che non ci siano due comuni con lo stesso nome). In aggiunta, abbiamo messo due attributi 'Provincia' e 'Regione' per rendere più utilizzabile il DB in fase di interrogazione (una 'vera' implementazione richiederebbe anche le entità provincia e regione). In Figura 6.55 mostriamo il collegamento tra COMUNE e SEGGIO, quest'ultimo modellato con una entità debole che ha come parte dell'attributo chiave l'attributo 'Numero'.

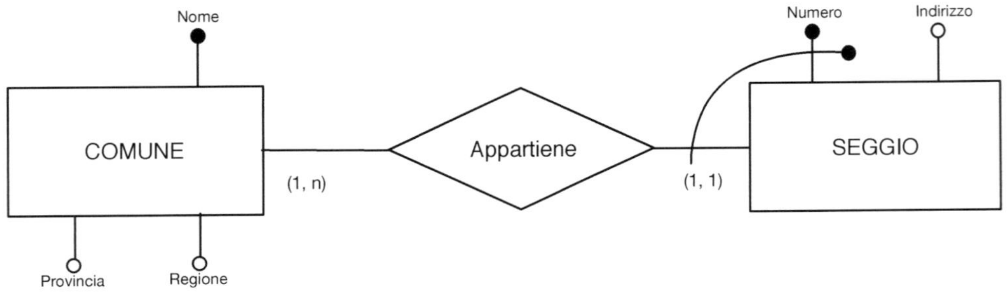

Figura 6.55: Entità SEGGIO associata al COMUNE.

Vediamo ora di modellare il cittadino che appartiene ad un seggio elettorale e che (potenzialmente) fa anche parte della composizione del seggio:

[...] Ogni seggio è composto da un presidente, quattro scrutatori (di cui uno, a scelta del presidente, assume le funzioni di vicepresidente), da un segretario e dai rappresentanti di lista. Il rappresentante di lista viene nominato da un partito ed è la persona incaricata di seguire le operazioni di voto presso un ufficio elettorale di sezione e di verificare eventuali irregolarità. Per i componenti del seggio è necessario avere il codice fiscale, il cognome, il nome, e la residenza. Ogni elettore appartiene ad un ufficio elettorale di sezione e può votare solo in quel seggio (non vengono presi in considerazioni cambi di seggi anche se sono possibili). Per ogni elettore è necessario sapere il codice fiscale, il cognome, il nome, il comune di residenza, il seggio cui afferisce, se e quando ha votato.

I componenti di un seggio sono anche loro degli elettori, come mostrato nella generalizzazione in Figura 6.56. Gli attributi in comune sono stati inseriti nell'entità padre, l'attributo 'Vicepresidente' dell'entità SEGRETARIO permette di distinguere chi è il vicepresidente tra tutti i segretari del seggio.

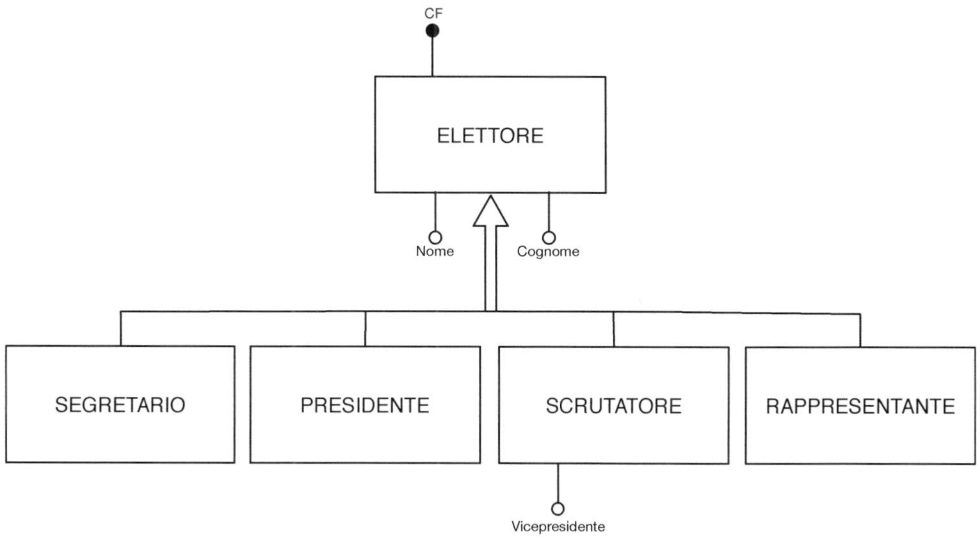

Figura 6.56: Entità ELETTORE.

La residenza e l'afferenza di un ELETTORE ad un seggio, e se l'elettore ha votato, vengono modellate con delle associazioni verso le rispettive entità di interesse, come mostrato in Figura 6.57. Vogliamo sottolineare il fatto che questa modellazione presenterebbe una ridondanza: il comune è associato due volte all'elettore, una direttamente tramite l'associazione RESIDENZA, l'altra indirettamente tramite l'entità debole SEGGIO. In realtà, questa ridondanza ci permette di modellare la situazione più generale (e realistica) di un elettore che vota in un seggio diverso da quello di residenza. Il testo indica esplicitamente che non è necessario modellare questa situazione, ma visto che ci deriva da un ragionamento corretto non vediamo il bisogno di cambiare lo schema.

Passiamo alla modellazione dei partiti, delle coalizioni e dei voti che hanno preso in ciascun seggio.

[...] Ogni partito che si presenta può appartenere ad una coalizione. Partititi e coalizioni sono identificati da un nome. Alla fine delle votazioni si passa allo scrutinio dei voti. Per ogni ufficio è necessario sapere quanti voti sono stati assegnati ai partiti e quante schede nulle ci sono state. Infine, all'uscita dei seggi si chiede agli elettori un indicazione sul voto che hanno dato per poter fare delle proiezioni sui risultati. All'elettore che esce non si chiede il nome (la proiezione deve essere anonima) ma semplicemente se vuole rispondere all'inchiesta e, in caso affermativo, per quale partito ha votato.

In Figura 6.58 viene mostrata la scelta fatta. Il fatto che un partito possa (non debba) partecipare ad una coalizione viene modellata con la cardinalità minima pari a zero della partecipazione all'associazione FORMA. Per ogni partito abbiamo sull'associazione ESITO due attributi: 'Numero voti' che rappresenta il numero di voti presi in quel seggio dal partito, 'Numero voti proiezione' è il numero di volte che un elettore di quel seggio ha detto di aver assegnato la sua preferenza a quel partito.

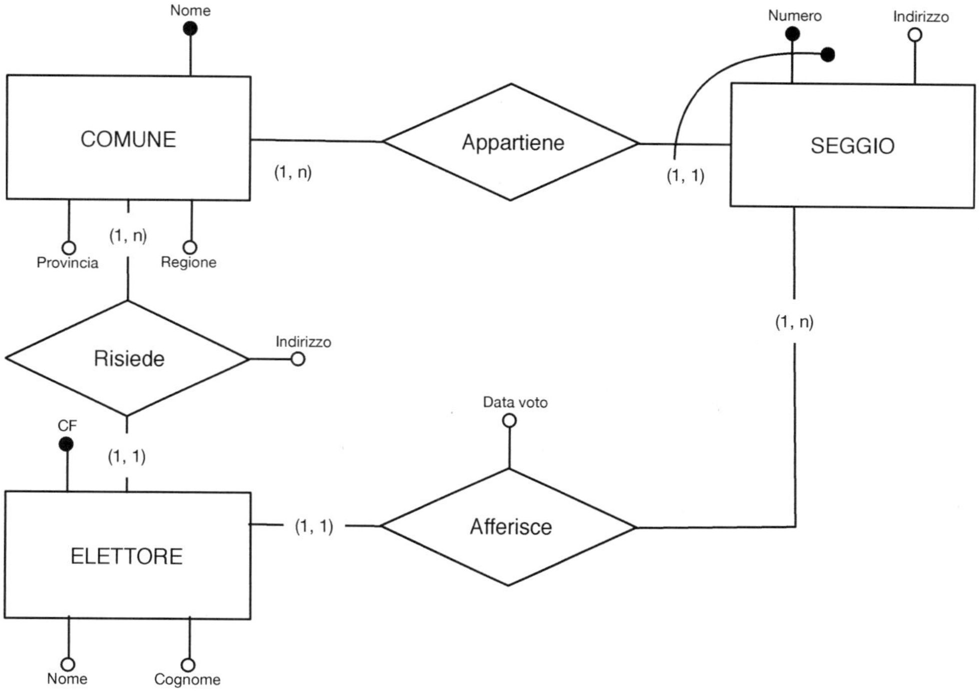

Figura 6.57: Entità ELETTORE con la residenza, l'afferenza e il voto presso il SEGGIO.

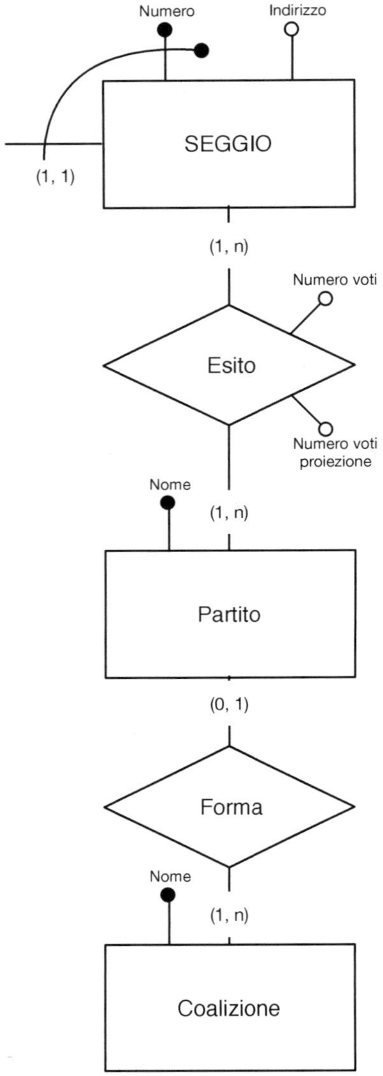

Figura 6.58: Entità PARTITO e i voti presi per ciascun SEGGIO.

6.6.2 Schema ER completo

Lo schema ER finale viene mostrato in Figura 6.59 dove, per questioni di stampa, le entità figlie di ELETTORE sono state riorganizzate. Rispetto ai diagrammi parziali presentati in precedenza, abbiamo aggiunto l'attributo 'Schede bianche' sull'entità SEGGIO per tenere conto del numeri di schede bianche di quel seggio (come scritto nell'analisi dei requisiti). Inoltre, abbiamo aggiunto l'associazione NOMINA tra RAPPRESENTANTE e PARTITO per sapere di quale partito del rappresentante di lista.

Tutte e tre le query possono essere risolte agevolmente:

- *Mostrare quanti scrutatori hanno deciso di non votare.* In questo caso è sufficiente partire dall'entità SCRUTATORE per arrivare all'associazione AFFERISCE per sapere se la 'Data voto' è nulla oppure ha un valore (e quindi l'elettore ha votato).
- *La media dei voti di ciascun partito nei seggi della provincia di Padova.* Dall'entità COMUNE recuperiamo tutti quelli della provincia di Padova, per ciascuno di essi passiamo attraverso l'entità SEGGIO per arrivare all'associazione ESITO dove sono i dati che ci interessano.
- *Le proiezioni dei voti dei partiti che fanno parte di una coalizione su tutto il territorio nazionale.* A partire dall'entità COALIZIONE passiamo per l'entità PARTITO e arriviamo nuovamente all'associazione ESITO.

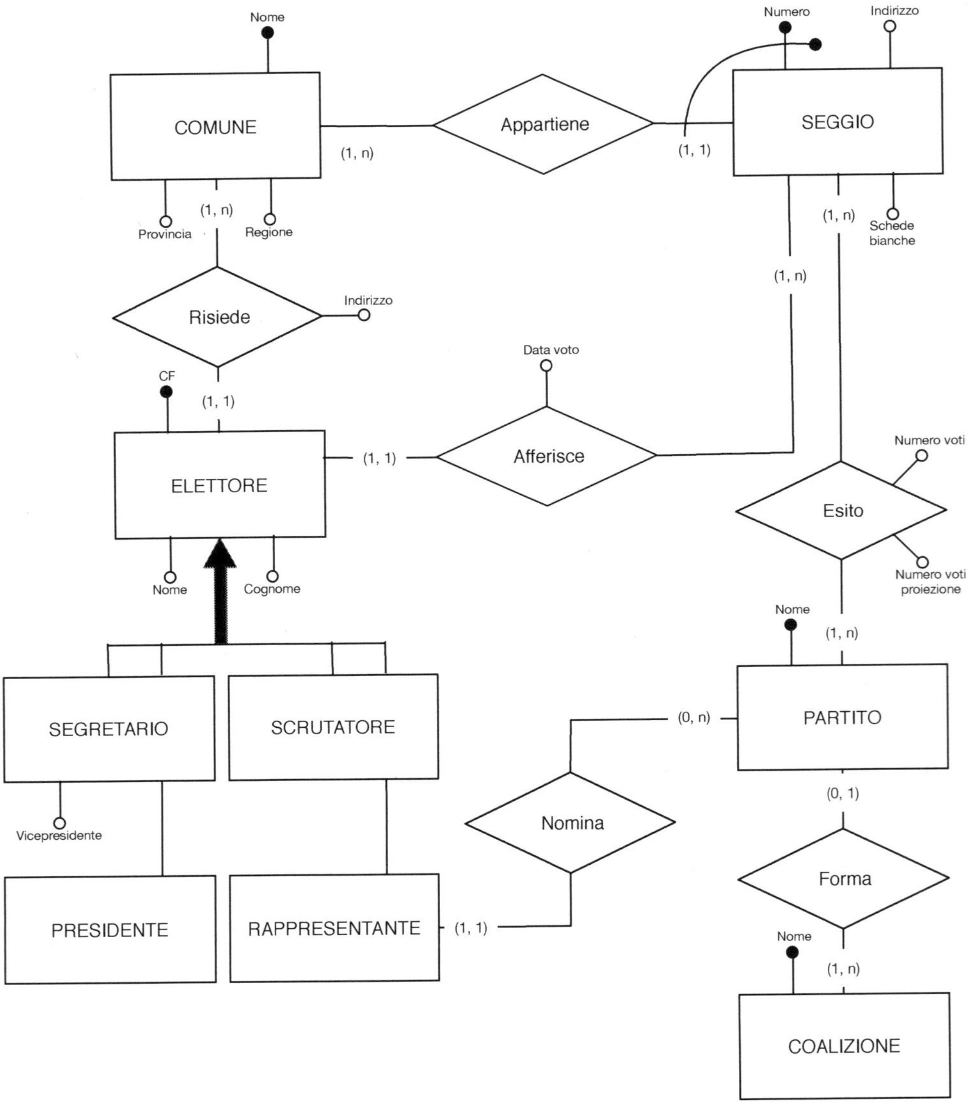

Figura 6.59: Soluzione possibile.

6.6.3 Errori comuni

Uno degli errori più comuni, sorprendentemente, è quello di modellare il fatto che un elettore voti un partito o che, allo stesso modo, esprima una preferenza all'uscita del seggio. Questa soluzione viene mostrata nell'associazione VOTO in Figura 6.60. Ricordiamo una elezione prevede il voto segreto (non a caso esiste una cabina elettorale), e lo steso vale l'exit poll all'uscita dei seggi elettorali.

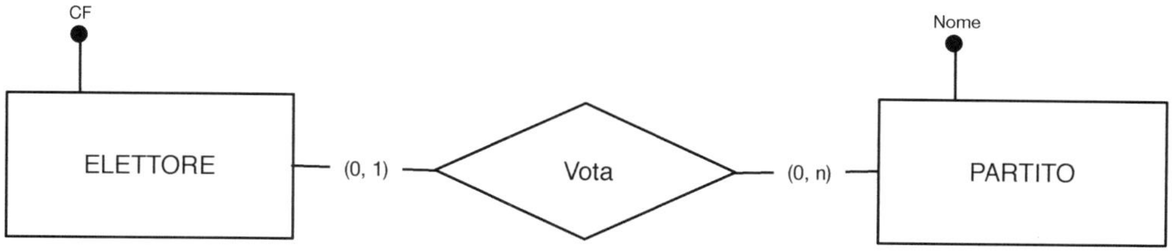

Figura 6.60: Entità ELETTORE collegata direttamente al PARTITO.

Un'altra situazione che rispecchia una modellazione esageratamente complessa della realtà viene presentata in Figura 6.61. Il primo errore è che le schede elettorali non sono numerate (e infatti nella descrizione dei requisiti non viene fatta menzione di questo attributo) e sono tutte identiche. Non c'è modo di distinguere una scheda dall'altra e l'unica possibilità è quella di contare le schede (quelle con il voto, quelle nulle e quelle bianche).

Altro errore piuttosto comune è quello sulle cardinalità dell'associazione FORMA tra PARTITO e COALIZIONE. Un partito non 'deve' appartenere per forza ad una coalizione come indicato dalla partecipazione minima uguale ad uno nella Figura 6.62, così come non può appartenere a più coalizione (cardinalità massima pari ad n). Dall'altro lato, una coalizione per essere formata deve avere un partito (ad essere precisi almeno due), altrimenti non ha senso di esistere.

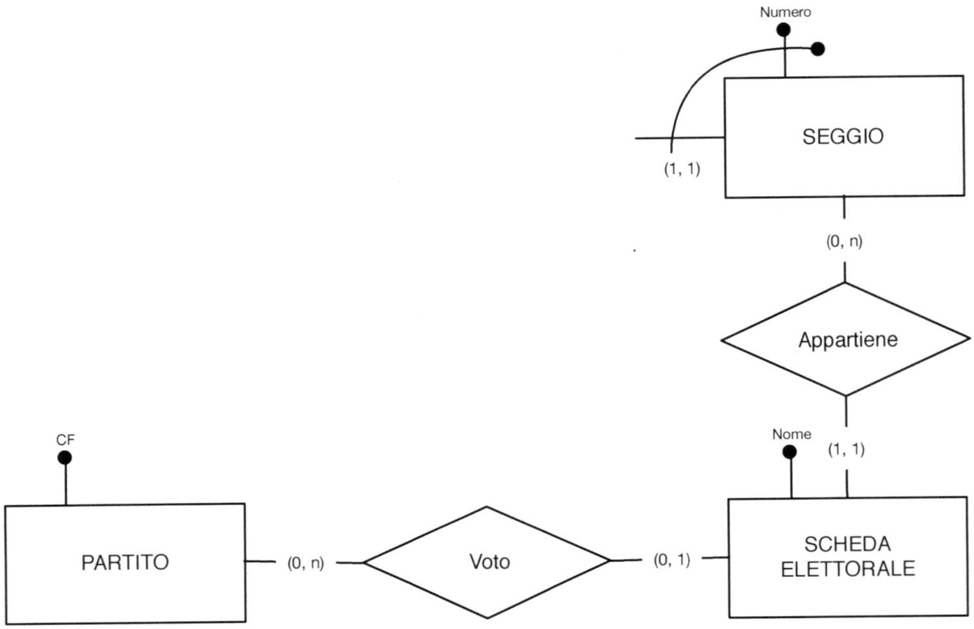

Figura 6.61: Entità SCHEDA ELETTORALE.

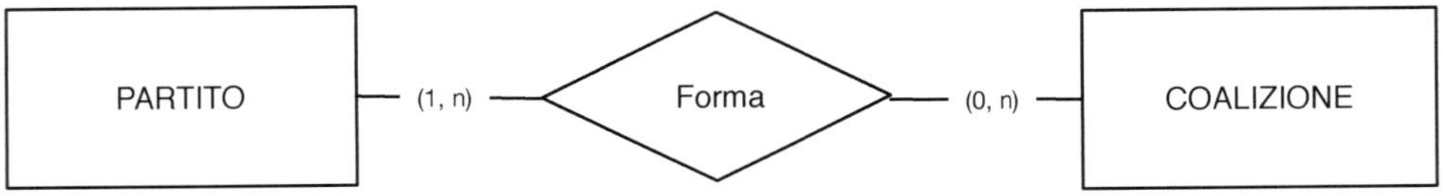

Figura 6.62: Errori sulle cardinalità della partecipazione all'associazione FORMA.

6.6.4 Schema relazionale

In questo esercizio è presente una generalizzazione che deve essere risolta prima di poter trasformare lo schema ER in uno schema relazionale. In questo caso, probabilmente la soluzione migliore è quella di mantenere le entità figlie separate dall'entità padre, considerandole come entità deboli rispetto al padre. Questa scelta complica leggermente lo schema relazionale ma permette di trovare molto più facilmente le informazioni dei vari componenti dei seggi.

Iniziamo con la traduzione del COMUNE, entità forte, e del SEGGIO, entità debole:

L'entità ELETTORE partecipa con cardinalità $(1, 1)$ sia all'associazione Risede che all'associazione Afferisce e va tradotta nel modo seguente:

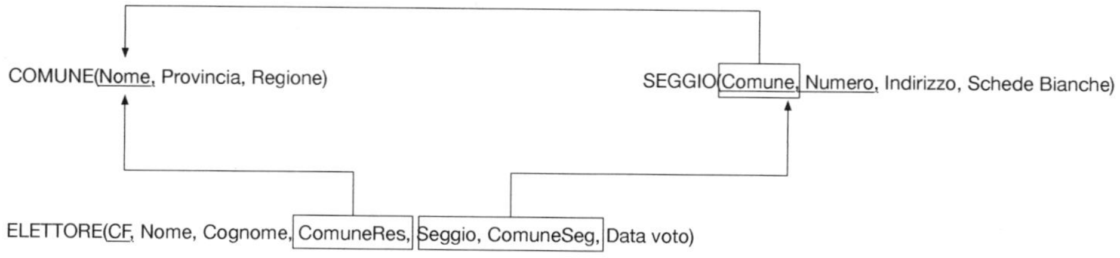

In questo caso particolare, abbiamo voluto mantenere l'informazione del comune due volte (una con l'attributo 'ComuneRes' e l'altra con l'attributo 'ComuneSeg') perché, sebbene i due attributi facciano riferimento alla stessa chiave primaria di COMUNE, il significato delle due associazioni è diverso come è diverso il valore che potrebbero assumere i i due attributi (un conto è la residenza, l'altra è l'afferenza ad un seggio che potrebbe essere diversa per vari motivi).

L'esito dell'elezione, con i partiti e le coalizioni, viene tradotto nel seguente schema:

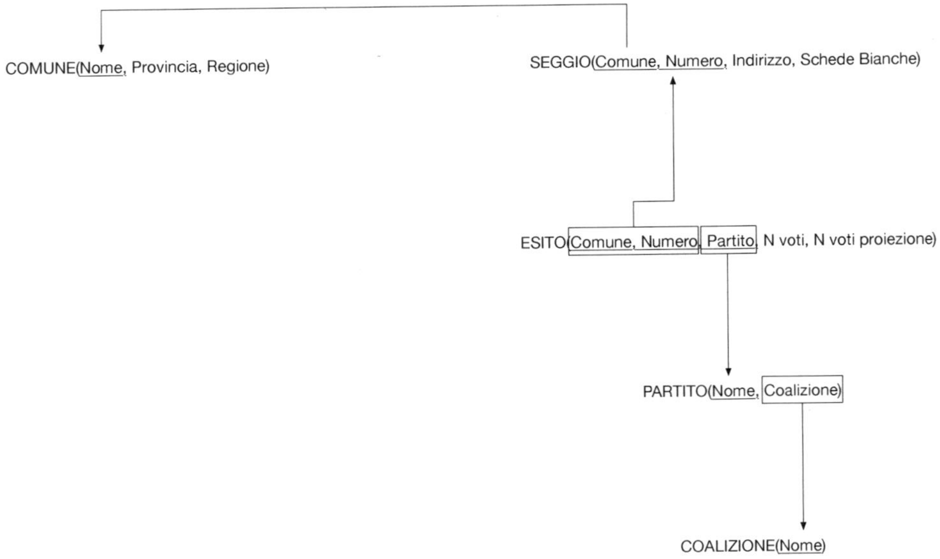

dove l'associazione Forma è stata incorporata in PARTITO poiché il numero di tuple di queste due relazioni è talmente ridotto che i valori NULL non creano problemi.

La ristrutturazione delle entità figlie di ELETTORE viene risolta nel seguente modo, aggiungendo anche l'informazione dell'associazione NOMINA all'interno della relazione RAPPRESENTANTE:

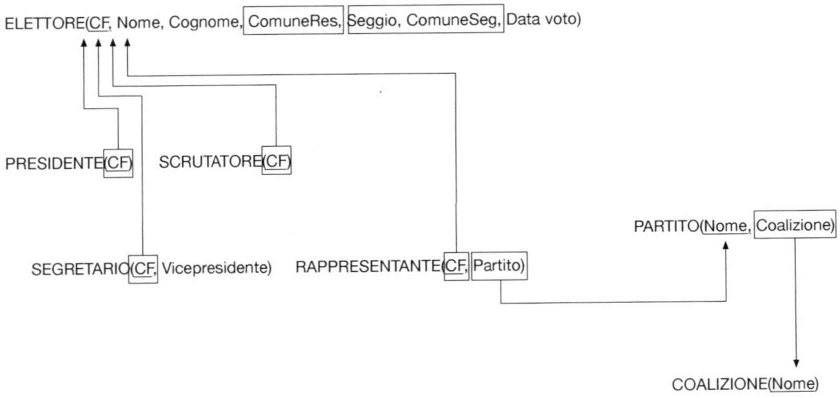

Lo schema finale viene mostrato in Figura 6.63.

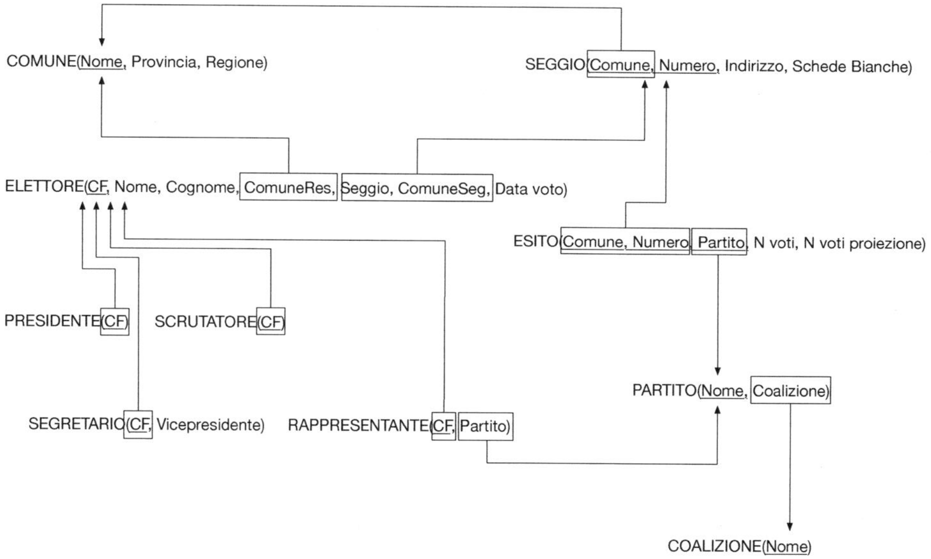

Figura 6.63: Traduzione dello schema ER in Figura 6.59

6.6.5 Algebra relazionale

Nella prima query viene chiesto di trovare quanti scrutatori non hanno votato. Questo corrisponde a fare un JOIN per poter prendere solo gli elettori che sono scrutatori e poi contare solo gli elementi che hanno valor nullo per l'attributo 'Data voto':

$$\mathcal{F}_{COUNT(*)}(\sigma_{Data\ voto\ IS\ NULL}(\text{ELETTORE} \bowtie \text{SCRUTATORE}))$$

La seconda query chiede la media dei voti di ciascun partito nei seggi della provincia di Padova. In questo caso, per recuperare tutti i comuni della provincia di Padova dobbiamo fare un JOIN tra la relazione COMUNE e la relazione ESITO:

$$_{Partito}\mathcal{F}_{AVERAGE(N\ voti)}(\text{ESITO} \bowtie_{Comune=Nome} \sigma_{Provincia='Padova'}(\text{COMUNE}))$$

L'ultima query chiede le proiezioni dei voti dei partiti che fanno parte di una coalizione su tutto il territorio nazionale. Questa query potrebbe risultare ambigua, infatti una interpretazione potrebbe essere quella di contare i voti di tutti i partiti che fanno parte di una coalizione (in generale):

$$_{Partito}\mathcal{F}_{SUM(N\ voti)}(\text{ESITO} \bowtie_{Partito=Nome} \sigma_{Coalizione\ IS\ NOT\ NULL}(\text{PARTITO}))$$

oppure, scelta una coalizione (nell'esempio utilizziamo un generico codice 'C1'), contare il numero delle proiezione dei soli partiti che fanno parte della proiezione

$$_{Partito}\mathcal{F}_{SUM(N\ voti)}(\text{ESITO} \bowtie_{Partito=Nome} \sigma_{Coalizione='C1'}(\text{PARTITO}))$$

6.7 Gestione ordini pizzeria

Compito d'esame del 2013.03.01

Alcuni giovani imprenditori vogliono aprire una nuova pizzeria a Padova e hanno deciso di puntare sulla gestione automatizzata delle ordinazioni e dei piatti. A questo scopo, hanno chiesto ad alcuni neo-laureati di Ingegneria di progettare la base di dati per la gestione delle comande e delle pietanze. I requisiti di questa base di dati sono i seguenti:

La pizzeria avrà un certo numero di tavoli (non è specificato un numero esatto visto che i tavoli si possono togliere e/o aggiungere a seconda della serata). I tavoli sono identificati da un numero, come di consueto, e possono essere liberi (ancora non è seduto nessuno), occupati, o in attesa del conto. Ad ogni tavolo è presente un solo cameriere che prende la comanda (per evitare confusione non ci possono essere due o più camerieri che prendono ordinazioni dallo stesso tavolo). La comanda deve avere come informazioni: un numero, una data, il tavolo e il cameriere che l'ha compilata. In ogni comanda c'è la lista delle pietanze che i clienti del tavolo hanno ordinato. Le pietanze sono suddivise in piatti e bevande. I piatti e le bevande possono appartenere ad una categoria (antipasti, pizze, pizze speciali, dolci, analcolici, birre, vini, ecc.), sono identificati da un numero, hanno un nome, una descrizione ed un prezzo. Ogni elemento della comanda ha anche la quantità del piatto o della bevanda corrispondente (ad esempio, due pizze margherita, tre birre medie, ecc.). Ciascun piatto è composto da alcuni ingredienti, solo per le pizze (non per gli antipasti o i dolci) è possibile fare delle aggiunte o eliminazioni di ingredienti (ad esempio, una capricciosa senza funghi con doppia mozzarella). Ogni ingrediente ha un prezzo che va contato nell'aggiunta. Quando alla fine del pasto i clienti del tavolo chiedono il conto, possono specificare se vogliono un semplice scontrino o una fattura. Nel primo caso lo scontrino dovrà contenere la lista delle pietanza scelte e il relativo prezzo, e una data di emissione dello scontrino. Per la fattura, c'è bisogno di un numero che identifica la fattura, della lista delle pietanze e di un codice fiscale o partita iva. In nessun caso viene aggiunto un sovrapprezzo per il coperto.

Rispondere alle seguenti interrogazioni:

- La somma delle birre e delle pizze che sono state ordinate il giorno 2013-03-01.
- La fattura numero 10, mostrare tutti i piatti ordinati e il prezzo (comprese le aggiunte/eliminazioni).
- La media dei conti del tavolo numero 5.

6.7.1 Individuazione delle entità principali

La parte complicata del compito è nella gestione delle aggiunte e delle modifiche delle pietanze offerte dalla pizzeria. Vediamo quindi di partire con la risoluzione delle parti più semplici, iniziando con il tavolo e le comande prese dai camerieri:

La pizzeria avrà un certo numero di tavoli (non è specificato un numero esatto visto che i tavoli si possono togliere e/o aggiungere a seconda della serata). I tavoli sono identificati da un numero, come di consueto, e possono essere liberi (ancora non è seduto nessuno), occupati, o in attesa del conto. Ad ogni tavolo è presente un solo cameriere che prende la comanda (per evitare confusione non ci possono essere due o più camerieri che prendono ordinazioni dallo stesso tavolo). La comanda deve avere come informazioni: un numero, una data, il tavolo e il cameriere che l'ha compilata. [...]

Una possibile soluzione di questa parte del problema viene mostrata in Figura 6.64. Le tre entità coinvolte dall'associazione SERVE hanno gli attributi richiesti dai requisiti. Il CAMERIERE può seguire diverse comande su tavoli diversi, una COMANDA può essere seguita solo da un cameriere su un tavolo, cardinalità $(1,1)$. L'unica parte che richiede un po' di attenzione è il lato del TAVOLO. La cardinalità della partecipazione di quest'entità è $(0,n)$ poiché un tavolo può avere più comande (si spera che la pizzeria serva più coperti al giorno e in giorni diversi per lo stesso tavolo), l'importante è che ci si ricordi che una comanda può essere associata ad un solo cameriere.

Una soluzione alternativa che prevede due associazioni binarie invece di una ternaria è mostrata in Figura 6.65. Questa soluzione è un po' meno corretta dal punto di vista concettuale, nel senso che la comanda è strettamente legata alla coppia cameriere-tavolo e non singolarmente ai singoli concetti, ma toglie il dubbio che ci possano essere più camerieri per la stessa comanda e lo stesso tavolo. Rimane però aperto un problema che è meglio risolvere dal punto dell'applicazione piuttosto che con una modellazione concettuale (o fisica) del database: non è possibile, in entrambi i casi, dire che 'non' ci possono essere più domande per lo stesso tavolo nello stesso momento (e magari con camerieri diversi). Questo tipo di controllo bisognerebbe farlo osservando lo 'Stato' di un tavolo prima di inserire una nuova comanda, cosa possibile via applicazione in maniera molto semplice.

Passiamo ora alla modellazione delle pietanze delle comande:

In ogni comanda c'è la lista delle pietanze che i clienti del tavolo hanno ordinato. Le pietanze sono suddivise in piatti e bevande. I piatti e le bevande possono appartenere ad una categoria (antipasti, pizze, pizze speciali, dolci, analcolici, birre, vini, ecc.), sono identificati da un numero, hanno un nome, una descrizione ed un prezzo. Ogni elemento della comanda ha anche la quantità del piatto o della bevanda corrispondente (ad esempio, due pizze margherita, tre birre medie, ecc.).

In Figura 6.66, viene mostrata la soluzione di questa parte del problema.

Passiamo ora a modellare la parte più complessa del compito: la gestione degli ingredienti e le modifiche ai piatti.

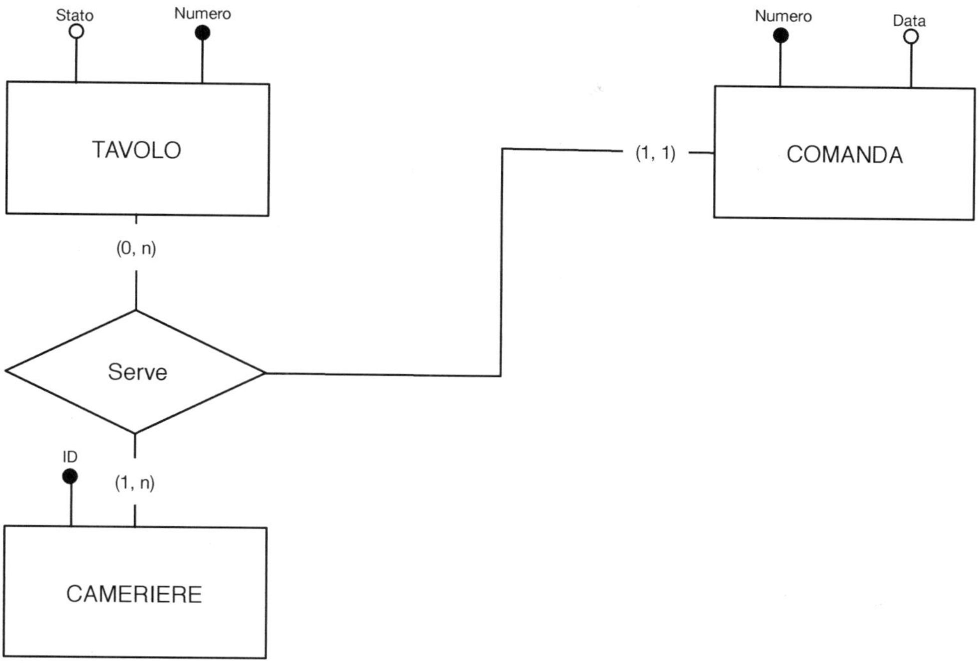

Figura 6.64: Entità TAVOLO e CAMERIERE associate alla COMANDA.

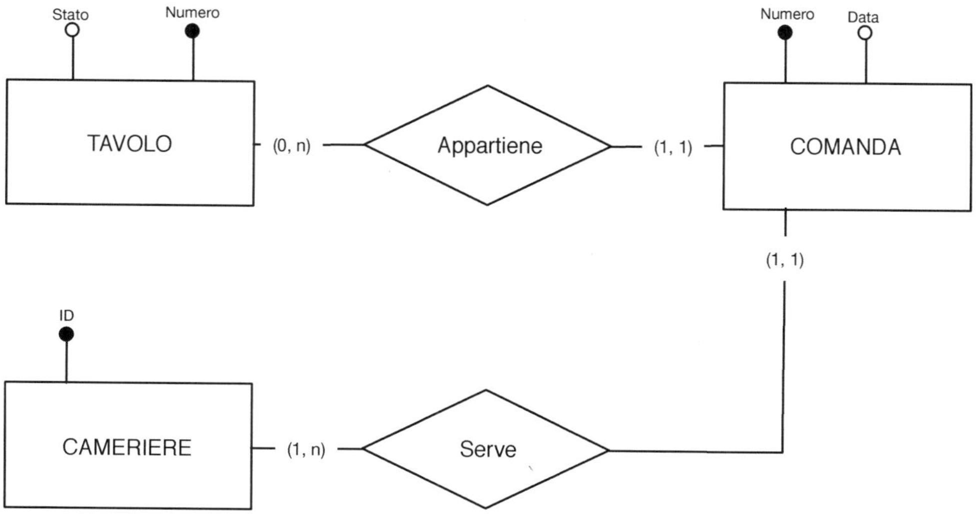

Figura 6.65: Entità TAVOLO e CAMERIERE con due associazioni binarie.

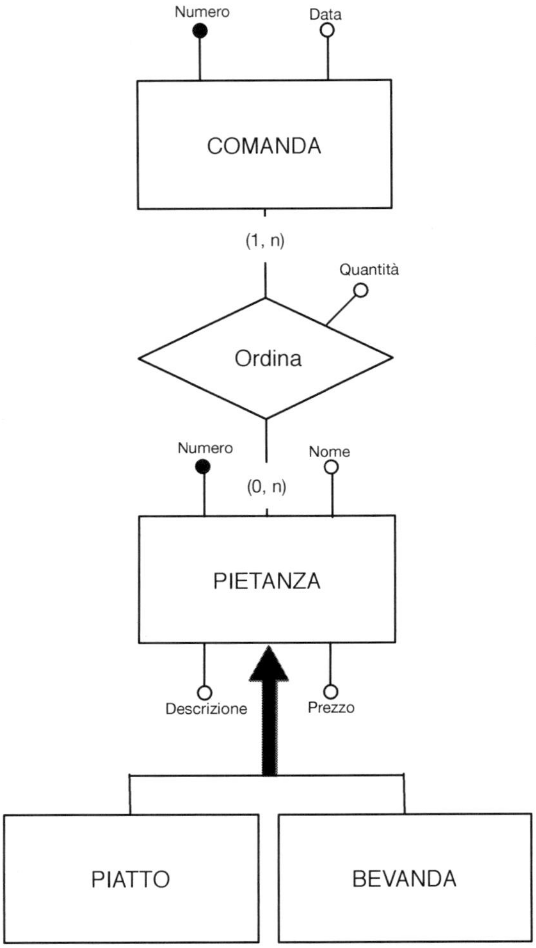

Figura 6.66: Modellazione dell'entità PIETANZA di una COMANDA.

[...] Ciascun piatto è composto da alcuni ingredienti, solo per le pizze (non per gli antipasti o i dolci) è possibile fare delle aggiunte o eliminazioni di ingredienti (ad esempio, una capricciosa senza funghi con doppia mozzarella). Ogni ingrediente ha un prezzo che va contato nell'aggiunta. [...]

Un piatto con i suoi ingredienti viene modellato semplicemente da una associazione binaria come mostrato in Figura 6.67

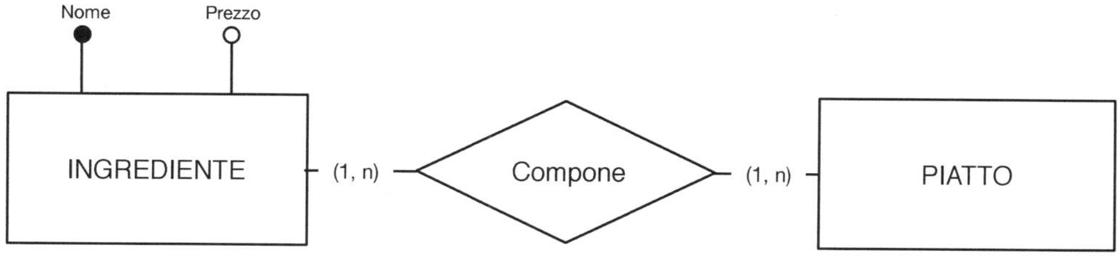

Figura 6.67: Entità PIATTO e INGREDIENTE.

Per gestire le modifiche di una pietanza (facciamo un discorso generale, sebbene nei requisiti sia richiesta la modifica solo della pizza) c'è bisogno di fare una modifica sostanziale allo schema precedente. Il problema nasce dal fatto che non possiamo fare una modifica ad una pietanza, poiché questa si ripercuoterebbe su tutte le ordinazioni fatte che contengono quel piatto. Per questo motivo c'è bisogno di una entità di supporto, che chiameremo PIETANZA ORDINATA, sulla quale poter fare le modifiche richieste dal cliente. La soluzione viene proposta in Figura 6.68. La pietanza ordinata è debole rispetto alla PIETANZA, stiamo comunque ordinando un piatto tra quelli disponibili, e in aggiunta ha come parte dell'attributo primario un 'ID' per poter distinguere tutte le variazioni di uno stesso piatto (ad esempio, due clienti dello stesso tavolo possono ordinare una margherita con due variazioni diverse). La pietanza ordinata può essere associata solo ad una comanda, non ci interessa memorizzare delle particolari combinazioni per poi presentarle ad altri tavoli. L'attributo 'Aggiunge/Toglie' sull'associazione MODIFICA può essere di tipo booleano per dire se quell'ingrediente è una aggiunta (vero) o una rimozione (falso).

Infine, dobbiamo modellare il conto del tavolo:

[...] Quando alla fine del pasto i clienti del tavolo chiedono il conto, possono specificare se vogliono un semplice scontrino o una fattura. Nel primo caso lo scontrino dovrà contenere la lista delle pietanza scelte e il relativo prezzo, e una data di emissione dello scontrino. Per la fattura, c'è bisogno di un numero che identifica la fattura, della lista delle pietanze e di un codice fiscale o partita iva. In nessun caso viene aggiunto un sovrapprezzo per il coperto.

Abbiamo scelto di modellare l'entità CONTO come una generalizzazione di SCONTRINO e FATTURA, come mostrato in Figura 6.69. Il dettaglio del conto (tutte le pietanze prese con le relative modifiche) viene recuperato dalla comanda associata ad esso.

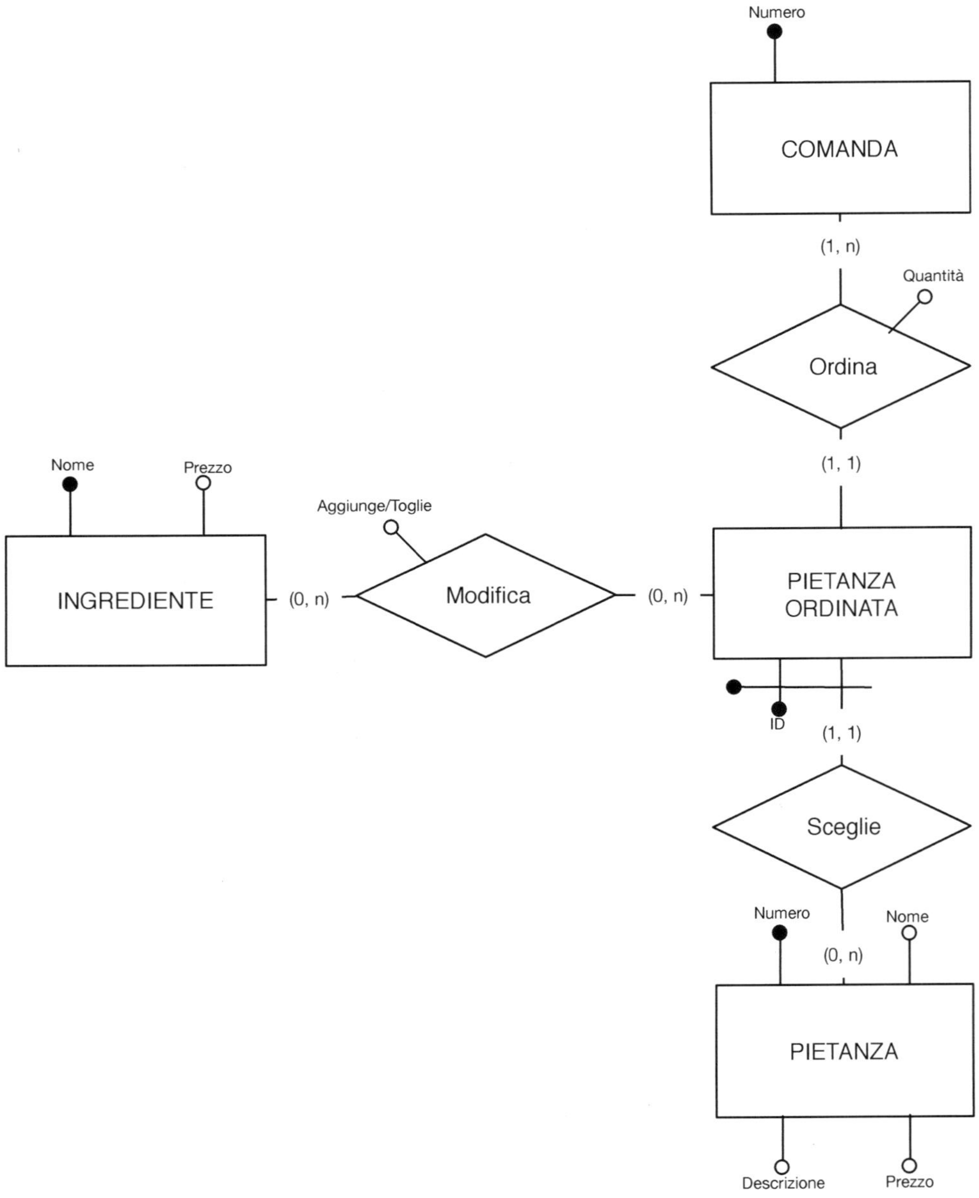

Figura 6.68: Entità PIETANZA ORDINATA debole rispetto a PIETANZA.

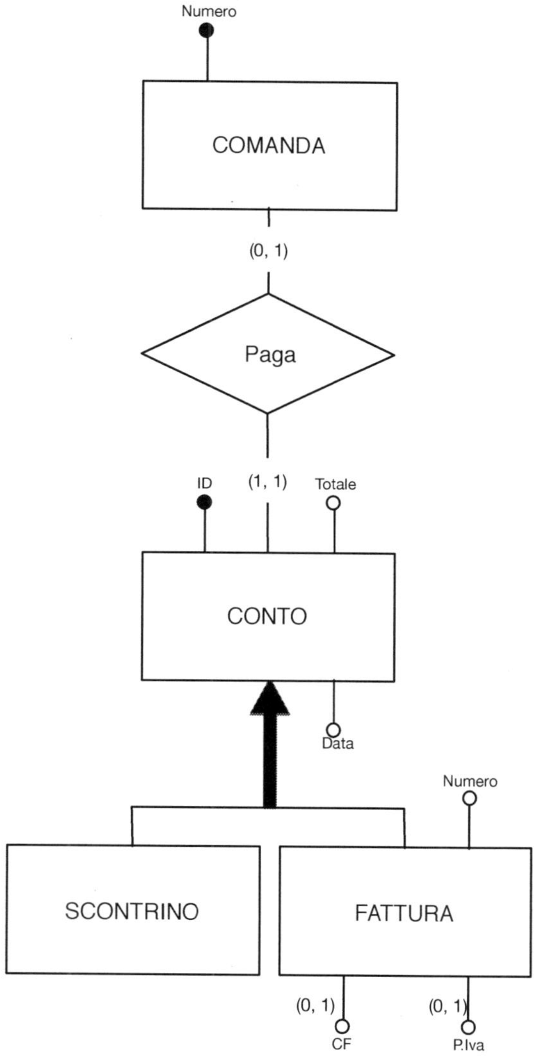

Figura 6.69: Generalizzazione CONTO.

6.7.2 Schema ER completo

La soluzione completa viene mostrata in Figura 6.70. Per motivi di spazio, abbiamo eliminato la generalizzazione dell'entità CONTO accorpando le entità figlie nel padre. Abbiamo inoltre aggiunto l'attributo 'Categoria' all'entità PIATTO per completezza, anche se avremmo potuto fare una generalizzazione in una prima bozza di schema per evidenziare le differenti categorie.

Verifichiamo che tutte le interrogazioni richieste siano risolvibili con questo schema:

- *La somma delle birre e delle pizze che sono state ordinate il giorno 2013-03-01.* Dall'entità COMANDA possiamo ricavare tutte le comande fatte quel giorno e sapere quali tra le PORTATE ORDINATE sono pizze e birre.
- *La fattura numero 10, mostrare tutti i piatti ordinati e il prezzo (comprese le aggiunte/eliminazioni).* Dall'entità CONTO possiamo recuperare il numero della fattura e, dalla comanda, tutti i piatti ordinati con i relativi prezzi e le modifiche.
- *La media dei conti del tavolo numero 5.* Partendo dall'entità TAVOLO possiamo recuperare tutte le comande del tavolo numero 5 e, per ciascuna comanda, ottenere il conto di ciascuna comanda.

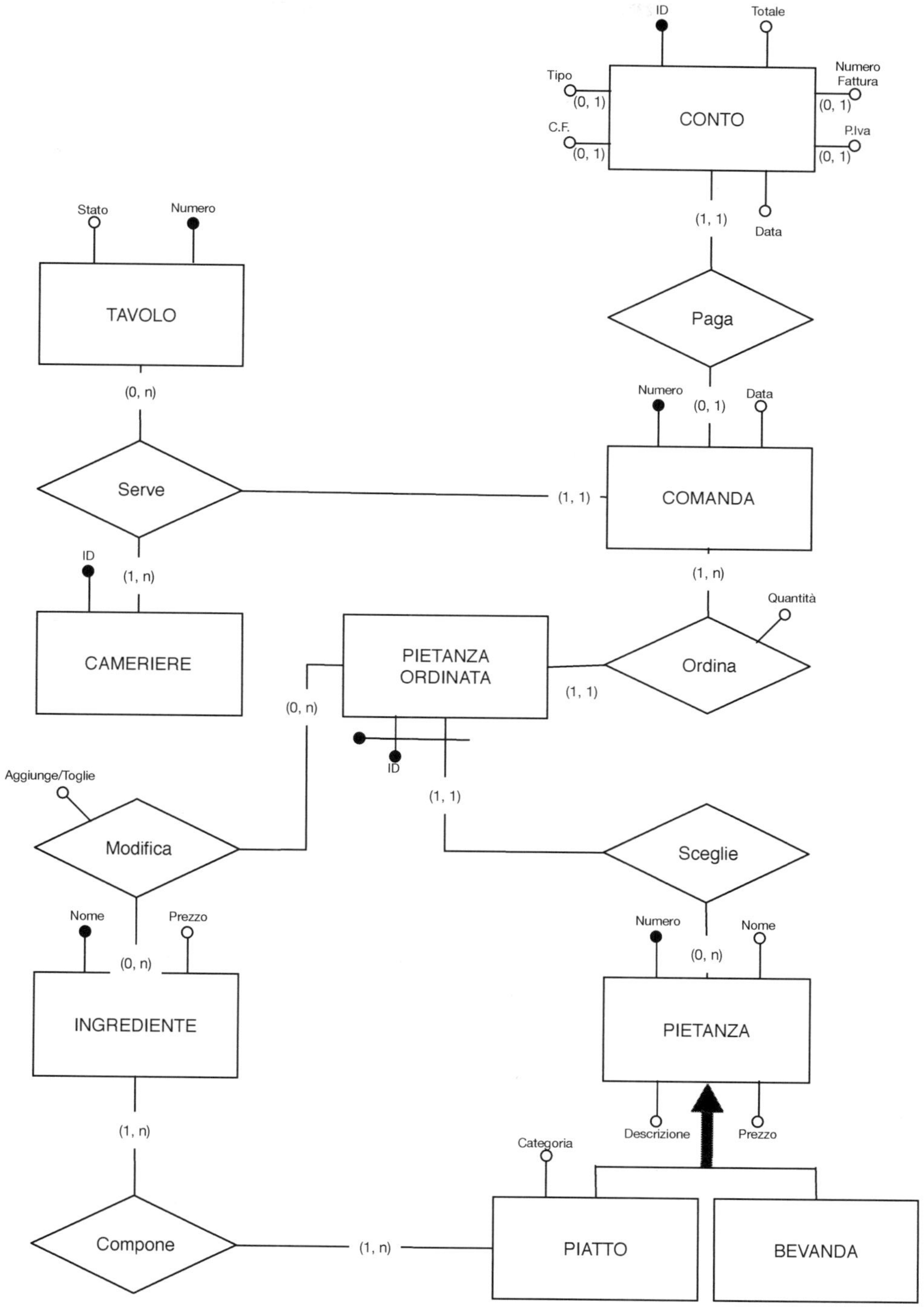

Figura 6.70: Possibile soluzione.

6.7.3 Errori comuni

L'errore più comune in assoluto è quello di associare direttamente le modifiche di un piatto alla pietanza stessa, come mostrato in Figura 6.71. Supponiamo che questo si possa fare per la prima comanda presa, cosa accade dalla seconda comanda in poi? Ad esempio, la pizza che era stata modificata con la comanda 1, ora come possiamo dire che per la comanda 2 vogliamo la pizza classica senza modifiche?

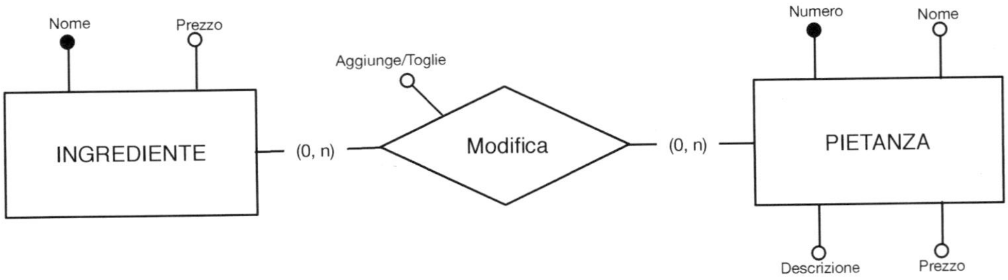

Figura 6.71: Modifica di una PIETANZA.

Un altro errore possibile è quello mostrato in Figura 6.72. In questo caso sappiamo che ad una COMANDA corrisponde un CAMERIERE, e che un cameriere ha vari tavoli, il problema è che non sappiamo quale è il tavolo relativo alla comanda del cameriere (visto che il cameriere segue più tavoli).

Attenzione anche a variazioni della modifica dei piatti. L'esempio raffigurato in in Figura 6.73 propone una soluzione non lontana dall'entità debole ma che presenta dei problemi. L'entità MODIFICA tiene conto delle possibili modifiche fatte alle pietanze di una comanda. La complicazione nasce sulla cardinalità della partecipazione dell'entità COMANDA all'associazione ORDINA. La cardinalità $(1, n)$ ci dice che per tutte le comande c'è sicuramente almeno una modifica. D'altra parte, se modificassimo la cardinalità minima e la ponessimo pari a zero, non potremmo più dire quali dono le pietanze della comanda.

6.7.4 Schema relazionale

Il primo passo della trasformazione di uno schema ER in schema relazionale è quello di ristrutturare eventuali generalizzazioni. In questo caso, scegliamo di accorpare nell'entità PIETANZA le due entità figlie PIATTO e BEVANDA aggiungendo degli attributi come mostrato di seguito:

PIETANZA(<u>Numero</u>, Nome, Descrizione, Prezzo, Tipo, Categoria)

in cui l'attributo 'Tipo' dice se la pietanza è un piatto o una bevanda, mentre l'attributo 'Categoria' è opzionale ed è presente solo per i piatti.

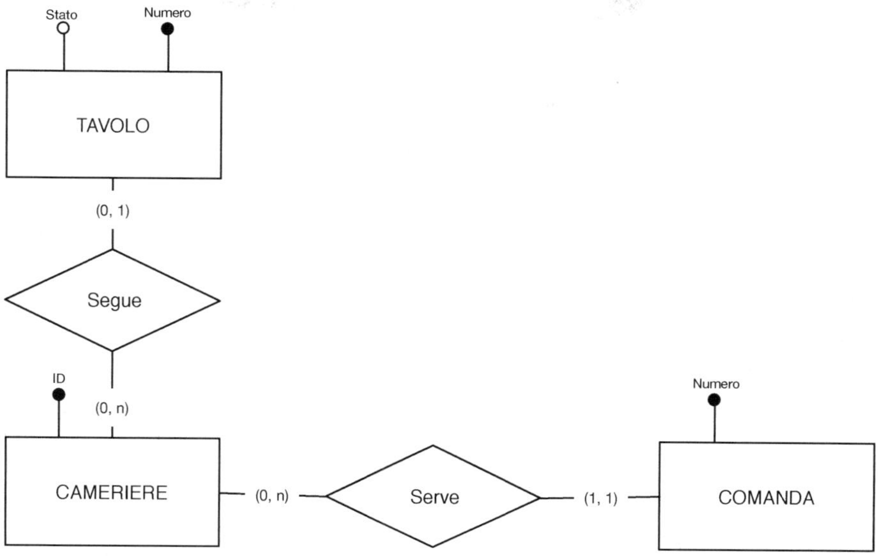

Figura 6.72: Un CAMERIERE che serve un TAVOLO diverso dalla COMANDA.

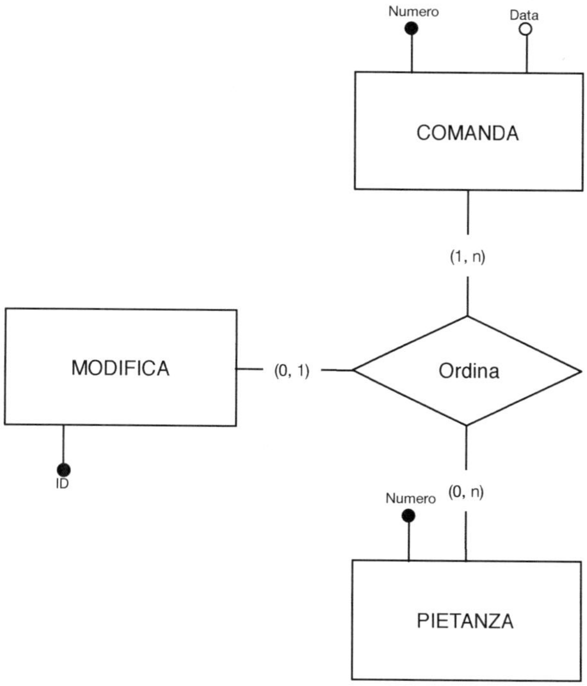

Figura 6.73: Alternativa di una MODIFICA ad un piatto.

Le altre entità forti dello schema ER che partecipano con cardinalità massima n alle associazioni sono:

INGREDIENTE(Nome, Prezzo)

TAVOLO(Numero, Stato)

CAMERIERE(ID)

Questo schema ha molte partecipazioni $(1,1)$ e richiede un po' di attenzione nell'ordine delle trasformazioni. Ad esempio, possiamo tradurre senza problemi l'entità INGREDIENTE, collegata a PIETANZA tramite l'associazione Compone:

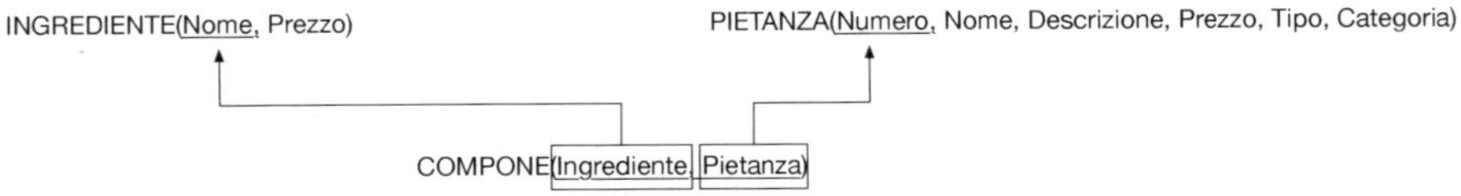

Prima di trasformare l'entità debole PIETANZA ORDINATA, dobbiamo risolvere la COMANDA che partecipa con cardinalità $(1,1)$ all'associazione Serve:

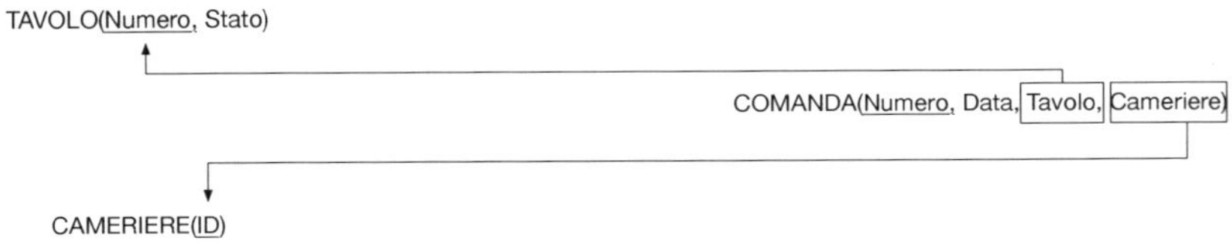

La PIETANZA ORDINATA è debole rispetto a PIETANZA e partecipa con cardinalità $(1,1)$ all'associazione Ordina:

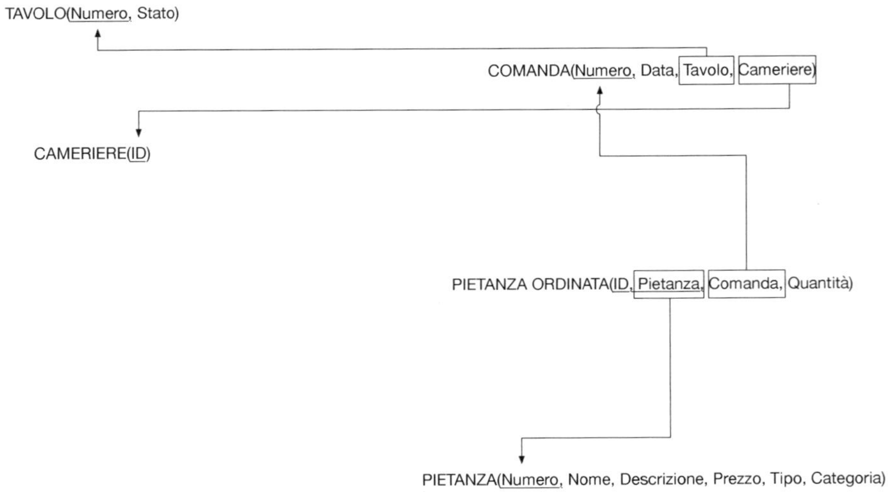

L'entità CONTO che è associata all'entità COMANDA tramite l'associazione Paga incorpora le informazioni della comanda in quanto partecipa con cardinalità $(1,1)$ all'associazione:

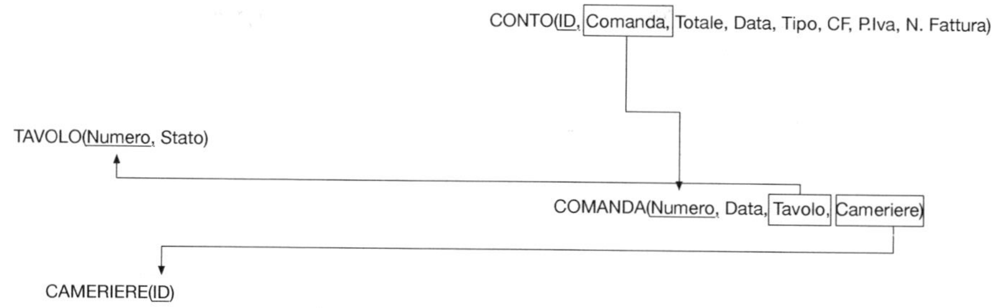

L'ultima associazione Modifica tra l'entità INGREDIENTE e PIETANZA ORDINATA viene mostrata nello schema completo di Figura 6.74.

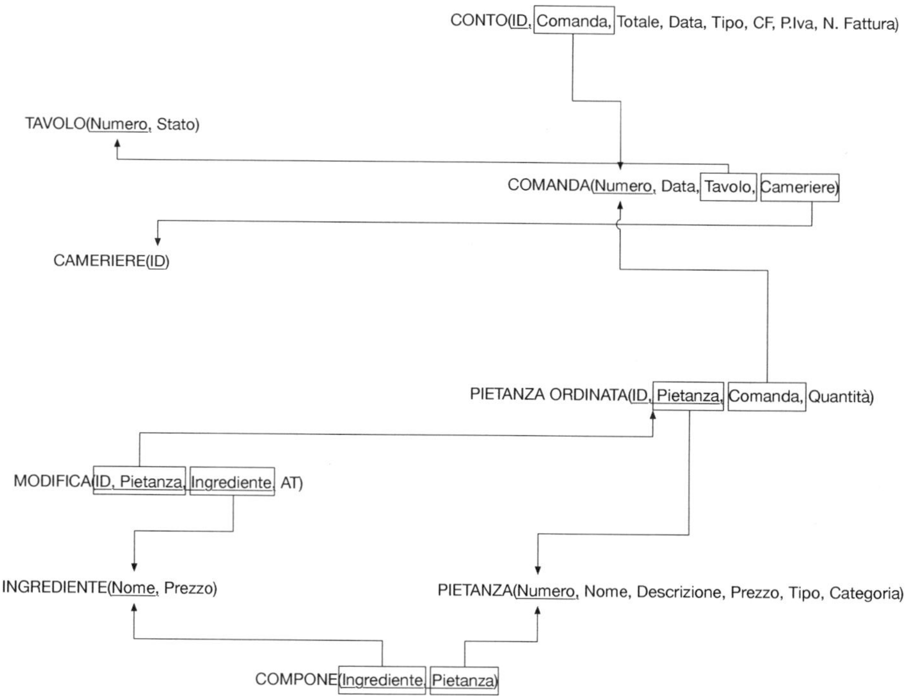

Figura 6.74: Traduzione dello schema ER mostrato in Figura 6.70.

6.7.5 Algebra relazionale

La prima query chiede di fare la somma delle birre e delle pizze che sono state ordinate il giorno 2013-03-01. Il primo passo è quello di prendere le comande del giorno richiesto:

$$\text{COM} \leftarrow \sigma_{Data='2013/03/01'}(\text{COMANDA}) \bowtie_{Numero=Comanda} \text{PIETANZA ORDINATA}$$

Per evitare ambiguità con i nomi degli attributi in uno dei passaggi successivi, proiettiamo la relazione del risultato precedente sugli attributi che ci interessano:

$$\text{COM} \leftarrow \pi_{ID,Pietanza,Comanda,Quantita}(\text{COM})$$

Per selezionare le pizze è sufficiente utilizzare l'attributo 'Categoria' (immaginando che ci sia il valore 'Pizza' in questo attributo per i piatti che sono effettivamente delle pizze), per la birra la soluzione non è immediata e bisognerebbe rivedere lo schema ER oppure leggere la documentazione della progettazione per verificare se, in caso di bevanda di tipo birra, la descrizione o il nome siano sufficienti per rispondere alla domanda. Per questo motivo, per evitare di cambiare lo schema a questo punto dell'esercizio, faremo un abuso dell'attributo 'Categoria' utilizzandolo per selezionare le birre:

$$\text{PIZZEBIRRE} \leftarrow \sigma_{Categoria=`Pizza' \ OR \ Categoria=`Birra'}(\text{PIETANZA})$$

A questo punto possiamo interpretare la query in due modi: uno è fare una somma totale che non distingue tra pizze e birre:

$$\mathcal{F}_{SUM(Quantita)}(\text{PIZZEBIRRE}) \bowtie_{ID=Pietanza} \text{COM}$$

oppure contare separatamente pizze e birre:

$$_{Categoria}\mathcal{F}_{SUM(Quantita)}(\text{PIZZEBIRRE}) \bowtie_{ID=Pietanza} \text{COM}$$

Nella seconda query, si chiede di mostrare tutti i piatti ordinati e il prezzo (comprese le aggiunte/eliminazioni) della comanda relativa alla fattura numero 10. Partendo dal CONTO facciamo tutti i passi necessari:

$$\text{PIETANZE10} \leftarrow \text{PIETANZA ORDINATA} \bowtie (\pi_{Comanda}((\sigma_{N \ Fattura=10}(\text{CONTO})))$$

Per recuperare le modifiche ad un piatto (se ne sono state fatte), è sufficiente fare un JOIN con MODIFICA ed un ultimo JOIN con PIETANZA per avere i nomi dei piatti:

$$\text{PIETANZE10} \bowtie \text{MODIFICA} \bowtie_{Pietanza=Numero} \text{PIETANZA}$$

Vogliamo far notare che, se si volesse calcolare anche il prezzo del singolo piatto, bisognerebbe ragionare su come utilizzare l'informazione dell'attributo 'AT' (aggiunge/toglie) con l'attributo 'Prezzo' dell'ingrediente. Un utilizzo di una proiezione generalizzata porterebbe al risultato in alcuni passi.

Nell'ultima query, bisogna calcolare la media dei conti del tavolo numero 5.

$$\mathcal{F}_{AVERAGE(Totale)}(\text{CONTO}) \bowtie_{Comanda=Numero} (\sigma_{Tavolo=5}(\text{COMANDA}))$$

6.8 Compagnia treni

Compito d'esame del 2013.06.17

La nuova compagnia di treni Romolo vuole inserirsi nel mercato dei trasporti civili. La compagnia avrà una nuovissima flotta di motrici e carrozze fornite da costruttori italiani. La gestione dei rifornimenti e della composizione dei treni verrà fatta attraverso una base di dati. I requisiti di tale base di dati sono i seguenti:

Ogni treno è composto da una o due motrici (in quest'ultimo caso una in testa e una in coda) e un certo numero di carrozze. Le motrici sono composte da un motore, da una strumentazione di guida e un numero di posizioni di guida, e da una lunghezza e un peso. Le carrozze hanno un certo numero di posti, un numero di bagni a disposizione, una disposizione su uno o due piano, una lunghezza e un peso. Ciascuna motrice e carrozza ha un tipo di attacco (non tutte le motrici si possono agganciare a tutte le carrozze). Ci sono vari fornitori, ciascuno con una partita iva che riforniscono la compagnia Romolo dei vari pezzi. Per ogni motrice vogliamo sapere qual è il fornitore che vende il motore e quello che fornisce la strumentazione di bordo. Per ogni carrozza vogliamo sapere il fornitore dei pezzi dei sedili e dei tavolini, quello dei bagni. Per motrici e carrozze, chi fornisce i pezzi delle ruote e chi quelli dei freni. Ogni fornitore può fornire più pezzi. Non è detto che un pezzo sia fornito da un solo fornitore. Ogni pezzo ha un prezzo diverso a seconda del fornitore. Oltre alla fornitura dei pezzi, vogliamo sapere la composizione di ciascun treno per ogni tratta coperta dalla compagnia, intesa come insieme di motrici e carrozze che verranno utilizzati per delle specifiche tratte. Ad esempio, ci potrebbe essere un treno con una motrice e due carrozze per la tratta Padova-Venezia, ed un altro con due motrici (una in testa e una in coda) e cinque carrozze per la tratta Milano-Venezia. Visto che la compagnia è nuova, si cerca di risparmiare e di utilizzare solo un treno (inteso come composizione) per ciascuna tratta. Pertanto, non ci saranno due treni per la stessa coppia (origine, destinazione). Inoltre, la compagnia è riuscita a fare dei contratti pluriennali con i fornitori per mantenere i prezzi costanti per un certo numero di anni (è possibile non affrontare il problema della modifica dei prezzi della fornitura di pezzi).

Le query che interessano sono le seguenti:

- Il fornitore che fornisce più pezzi degli altri.
- Il costo complessivo di ciascuna composizione.
- La tratta dei treni che hanno due motrici fornite dal fornitore 'f1' (almeno un pezzo per ciascuna motrice, non necessariamente tutti i pezzi).

6.8.1 Individuazione delle entità principali

A prima vista, questo compito sembra complesso, soprattutto per la quantità di testo. In realtà la risoluzione è abbastanza agevole se si ragiona per passi (come abbiamo sempre fatto e come si dovrebbe fare anche nelle progettazioni di DB di grandi dimensioni).

Iniziamo con modellare i veicoli del treno:

[...] Le motrici sono composte da un motore, da una strumentazione di guida e un numero di posizioni di guida, e da una lunghezza e un peso. Le carrozze hanno un certo numero di posti, un numero di bagni a disposizione, una disposizione su uno o due piano, una lunghezza e un peso. Ciascuna motrice e carrozza ha un tipo di attacco (non tutte le motrici si possono agganciare a tutte le carrozze). [...]

Scegliamo come soluzione una generalizzazione che raggruppa le due entità MOTRICE e CARROZZA, come mostrato in Figura 6.75.

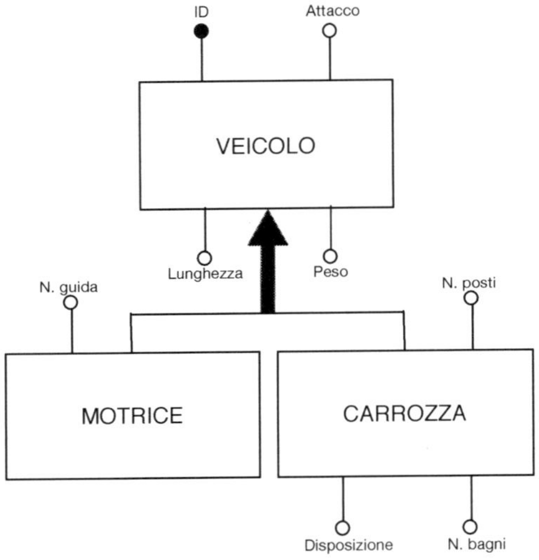

Figura 6.75: Generalizzazione VEICOLO.

Teniamo per un attimo da parte la composizione dei treni e occupiamoci della fornitura dei pezzi:

[...] Ci sono vari fornitori, ciascuno con una partita iva che riforniscono la compagnia Romolo dei vari pezzi. Per ogni motrice vogliamo sapere qual è il fornitore che vende il motore e quello che fornisce la strumentazione di bordo. Per ogni carrozza vogliamo sapere il fornitore dei pezzi dei sedili e dei tavolini, quello dei bagni. Per motrici e carrozze, chi fornisce i pezzi delle ruote e chi quelli dei freni. Ogni fornitore può fornire più pezzi. Non è detto che un pezzo sia fornito da un solo fornitore. Ogni pezzo ha un prezzo diverso a seconda del fornitore. [...] Inoltre, la compagnia è riuscita a fare dei contratti pluriennali con i fornitori per

mantenere i prezzi costanti per un certo numero di anni (è possibile non affrontare il problema della modifica dei prezzi della fornitura di pezzi).

Sebbene i requisiti siano molto specifici su quali siano i pezzi da rifornire per ogni motrice e carrozza, la soluzione più semplice in una prima bozza di schema è quella di considerare dei fornitori in grado di procurare dei pezzi per un qualsiasi tipo di veicolo, sarà sempre possibile raffinare questa soluzione oppure decidere di gestire a livello applicazione l'inserimento dei dati corretti (ad esempio, impedire che un fornitore venda dei bagni per una motrice). La soluzione mostrata in Figura 6.76 fa una distinzione tra ciò che offre un fornitore (il catalogo dei pezzi con il prezzo di ciascun pezzo) modellato con l'associazione OFFRE, e la fornitura di pezzi dei veicoli modellata con l'associazione VENDE. Questa ci sembra la soluzione migliore per poter gestire al meglio la scelta dei pezzi più convenienti tramite l'associazione binaria OFFRE; è anche vero che questa opzione potrebbe risultare eccessiva dal punto di vista della modellazione dal momento che stiamo chiedendo al database della compagnia Romolo di tenere i prezzi dei fornitori (non è detto che sia così nella realtà).

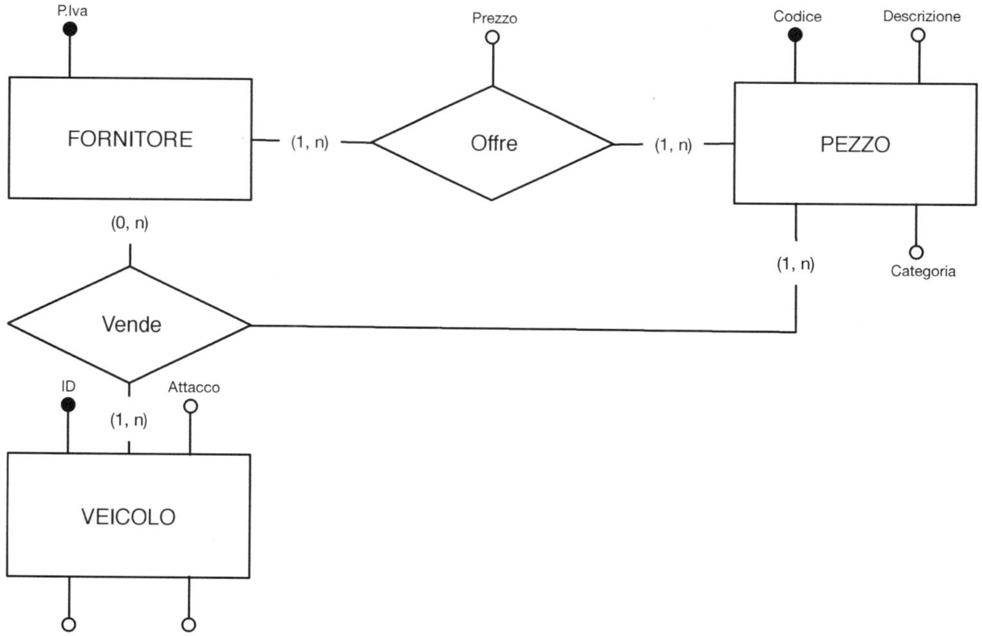

Figura 6.76: Entità FORNITORE.

Analizziamo ora la composizione di un treno:

Ogni treno è composto da una o due motrici (in quest'ultimo caso una in testa e una in coda) e un certo numero di carrozze. [...] Oltre alla fornitura dei pezzi, vogliamo sapere la composizione di ciascun treno per ogni tratta coperta dalla compagnia, intesa come insieme di motrici e carrozze che verranno utilizzati per delle specifiche tratte. Ad esempio, ci potrebbe essere un treno con una motrice e due carrozze per la tratta Padova-Venezia, ed un altro con due motrici (una in testa e una in coda) e cinque carrozze per la tratta Milano-Venezia. Visto che la compagnia è nuova, si cerca di risparmiare e di utilizzare solo un treno (inteso come composizione) per ciascuna tratta. Pertanto, non ci saranno due treni per la stessa coppia (origine, destinazione). [...]

La composizione di un treno viene mostrata in Figura 6.77. Una COMPOSIZIONE ha da una a due motrici, come richiesto, con l'aggiunta dell'attributo 'Testa' sull'associazione COM_MOT per sapere se la motrice è in testa o in coda al treno. Una MOTRICE o una CARROZZA non possono partecipare a più di una composizione, in alternativa possono anche non essere utilizzate (nel caso siano in riparazione o siano state appena costruite)

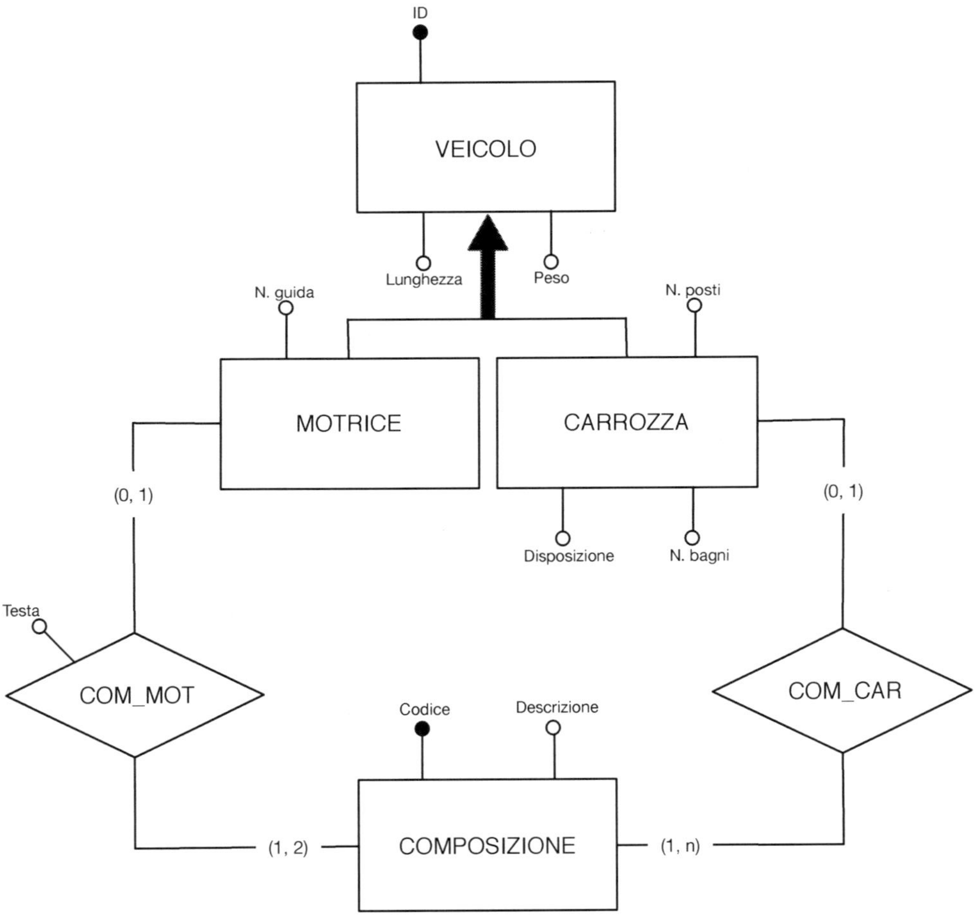

Figura 6.77: COMPOSIZIONE di un treno.

Infine, dobbiamo modellare il fatto che un treno (inteso come composizione) viaggi su una linea ferroviaria (con una stazione di partenza e una di arrivo). La soluzione proposta viene mostrata in Figura 6.78. Una TRATTA rappresenta il percorso di una linea ferroviaria, viene rappresentata come entità debole rispetto all'entità CITTÀ che sintetizza l'idea di stazione di partenza (e di arrivo). Bisognerà fare attenzione, aggiungere una regola di vincolo, a non duplicare la stessa linea (ad esempio avere sia Milano-Venezia che Venezia-Milano). Abbiamo scelto delle cardinalità minime pari a zero sia per l'entità TRATTA che per l'entità COMPOSIZIONE per permettere l'inserimento di tratte non ancora coperte da un treno e la creazione di una composizione senza dover necessariamente collegare quella composizione ad una tratta. Queste scelte sono plausibili ma non espresse chiaramente dal testo, in un caso reale richiederebbero un'ulteriore intervista al committente per capire le reali specifiche.

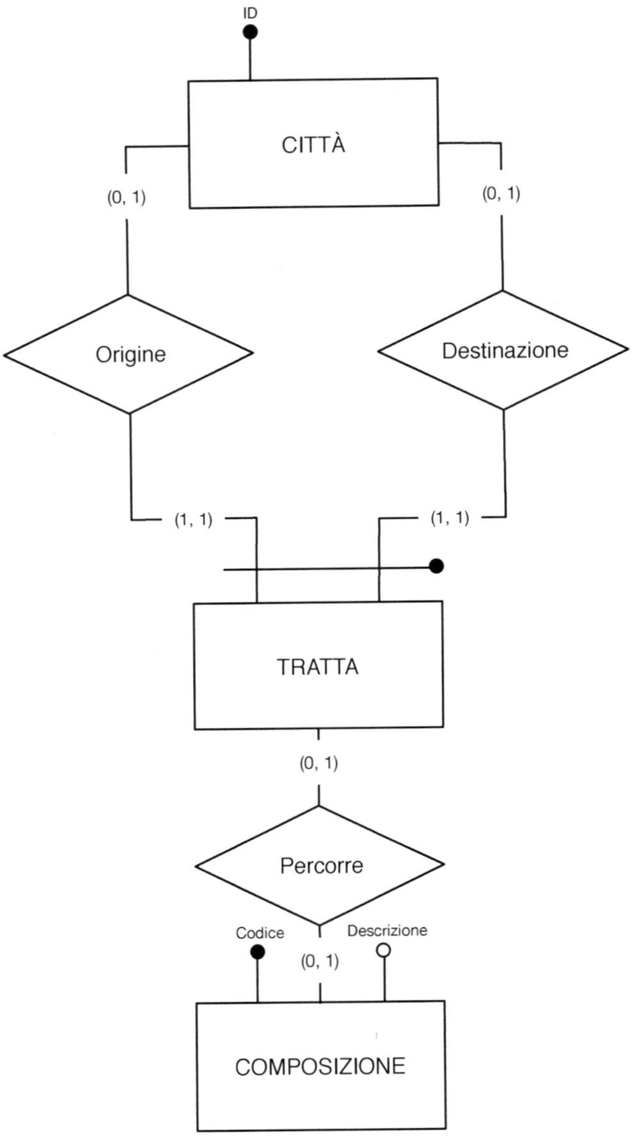

Figura 6.78: TRATTA di un treno.

6.8.2 Schema ER completo

Lo schema ER completo viene mostrato in Figura 6.79. Verifichiamo che le interrogazioni siano tutte risolvibili con questo diagramma:

- *Il fornitore che fornisce più pezzi degli altri.* L'associazione VENDE contiene tutte le informazioni di chi (fornitore) vende che cosa (i pezzi). Probabilmente, in una situazione un po' più realistica o con dei requisiti più articolati, ci sarebbe la necessità di un attributo 'Quantità' sull'associazione per sapere esattamente quanti pezzi vengono forniti da quel fornitore.

- *Il costo complessivo di ciascuna composizione.* A partire dalla composizione del treno, possiamo ricavare quante e quali sono le motrici e le carrozze che formano quella composizione, per ciascun veicolo sappiamo il fornitore che ha fornito il pezzo e quale è il prezzo di quel pezzo. Questo è un caso in cui l'aggiunta di un attributo 'Costo composizione' sull'entità COMPOSIZIONE aiuterebbe moltissimo la risoluzione (e il costo computazionale) di questa query. Ricordatevi sempre di giustificare la presenza di un attributo ridondante.

- *La tratta dei treni che hanno due motrici fornite dal fornitore 'f1' (almeno un pezzo per ciascuna motrice, non necessariamente tutti i pezzi).* Dato il fornitore, possiamo sapere quali sono tutti i pezzi che ha fornito per una motrice. Dalla motrice possiamo risalire alla composizione dei treni. Per le composizioni che hanno due motrici che hanno almeno un pezzo fornito da 'f1' possiamo recuperare la tratta su cui corre quel treno. In questo caso non è possibile l'aggiunta di attributi ridondanti riguardanti il fornitore per semplificare la query (che è oggettivamente complessa). Il motivo è dovuto al fatto che, al contrario della query precedente in cui il prezzo di una composizione è fisso una volta composto il treno, la query è parametrica rispetto al fornitore (abbiamo cioè una risposta diversa per ciascun fornitore). Tuttavia, sarebbe opportuno aggiungere l'attributo 'Due motrici' sulla entità COMPOSIZIONE per avere immediatamente le composizioni che ci interessano.

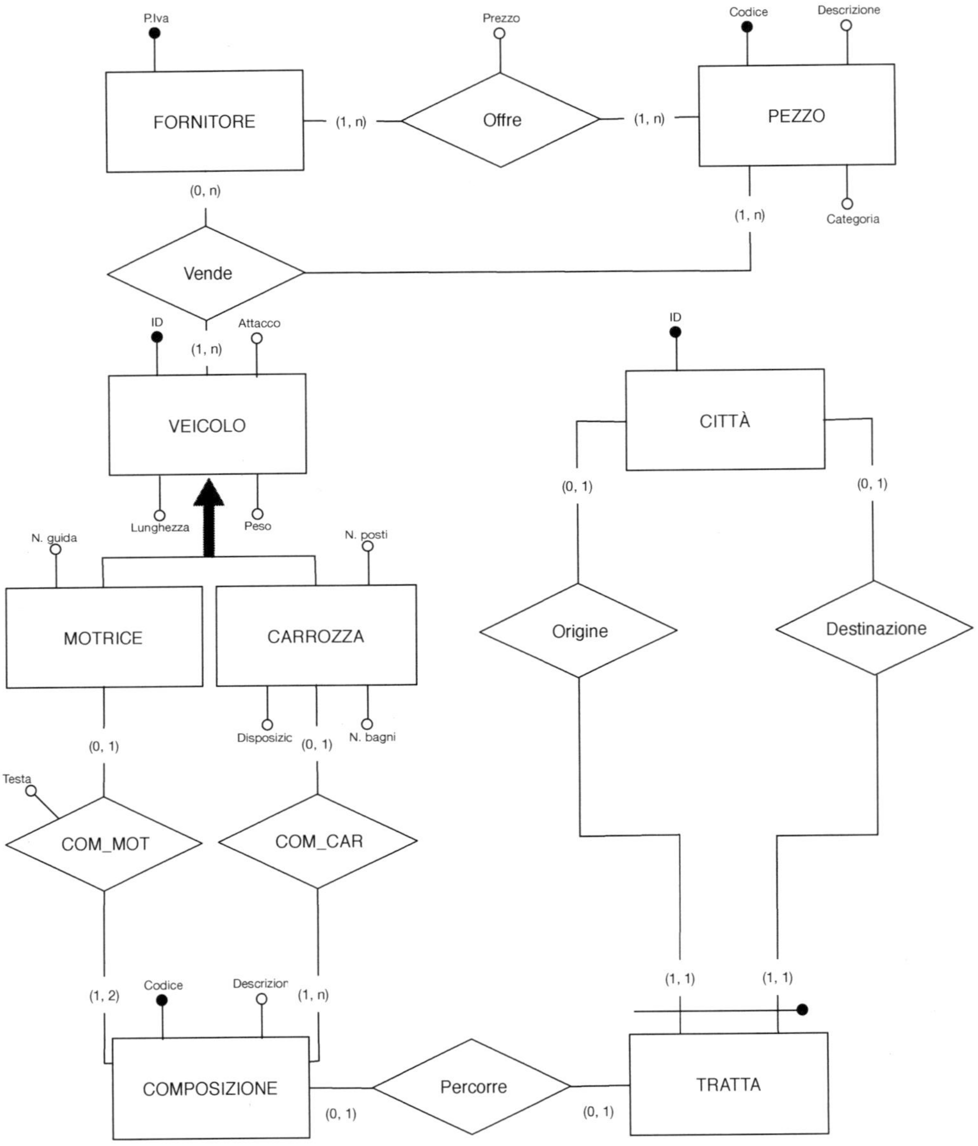

Figura 6.79: Possibile soluzione.

6.8.3 Errori comuni

Una scelta di modellazione che può portare a delle imprecisioni e anche ad errori è quella di costruire una generalizzazione sui pezzi e associare la fornitura di pezzi di un fornitore alle singole parti. In Figura 6.80 mostriamo una possibile generalizzazione di PEZZO con alcune entità figlie che rappresentano le singole parti. Da notare il fatto che il PEZZO non ha più l'attributo 'Categoria' utilizzato in precedenza (l'attributo corrisponde esattamente alla scelta di accorpare tutte le entità figlie nel entità padre). Le imprecisioni (o gli errori) che possono derivare da questo schema nascono dal fatto di avere uno schema ER esternamente complesso, con tre o quattro associazioni che collegano l'entità motrice e l'entità carrozza al fornitore e al pezzo rendendo quasi impossibile disegnare lo schema su un foglio A4 (provate ad immaginate durante un compito).

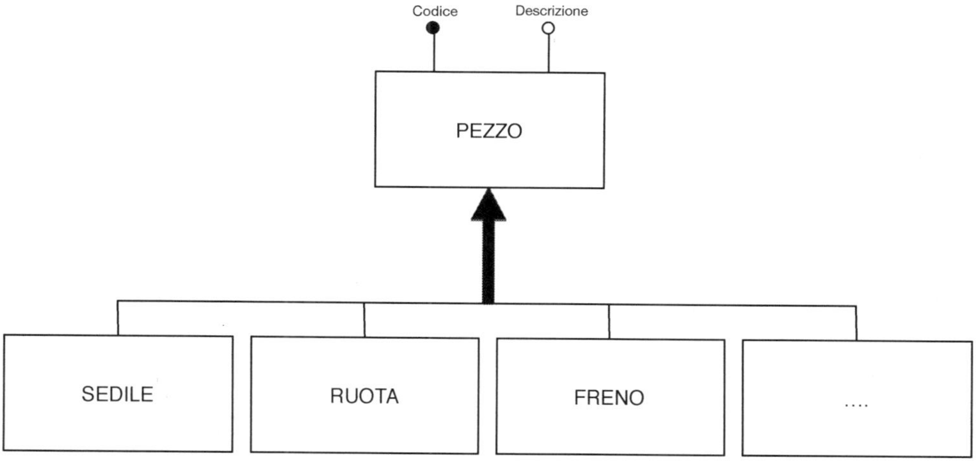

Figura 6.80: Generalizzazione dell'entità PEZZO.

Un'altra imprecisione è quella di considerare l'entità tratta debole rispetto alla composizione, come mostrato in Figura 6.81. In questo caso la 'debolezza' permette, in teoria, di associare alla stessa tratta (Milano-Venezia) composizioni diverse (Mi-Ve-C1, Mi-Ve-C2). Questo va contro le specifiche del problema che richiedono esplicitamente una sola composizione per tratta.

Un errore molto comune è quello di tradurre una associazione ternaria in cui tutte le entità partecipano con cardinalità massima pari ad n con due associazioni binarie. L'esempio in questione riguarda l'associazione VENDE che viene modellata con due associazioni binarie come mostrato in Figura 6.82. Sappiamo da quali pezzi è formato un veicolo, sappiamo chi vende i pezzi, ma non sappiamo chi ha venduto quel pezzo per quel particolare veicolo.

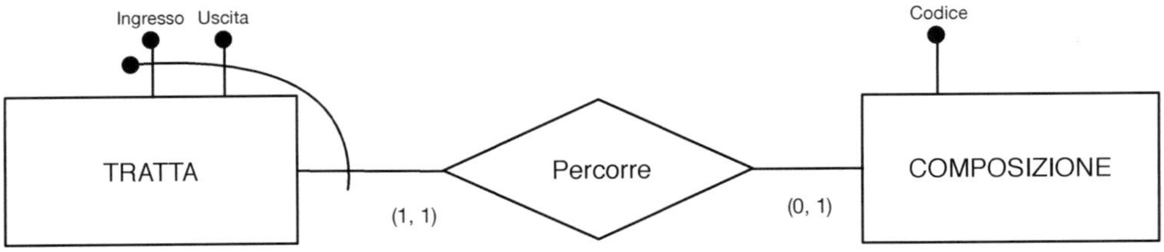

Figura 6.81: Entità TRATTA debole rispetto a COMPOSIZIONE.

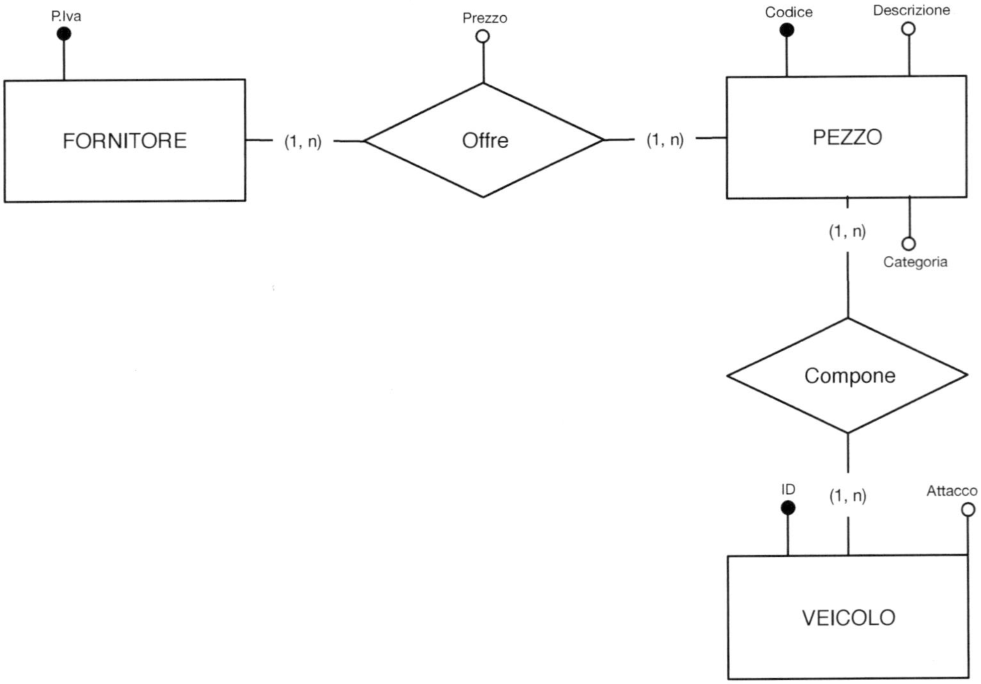

Figura 6.82: Due associazioni binarie per l'entità PEZZO.

6.8.4 Schema relazionale

Le due entità forti che possono essere immediatamente tradotte in schemi relazionali sono PEZZO e FORNITORE

PEZZO(Codice, Descrizione, Categoria)

FORNITORE(PI)

Riguardo la generalizzazione dell'entità VEICOLO ci sono alcune scelte importanti da discutere. La prima è come ristrutturare la generalizzazione e la seconda è come considerare la partecipazione $(0, 1)$ delle entità figlie (e della relativa ristrutturazione). In questa soluzione sceglieremo una strada semplice in base alle query a disposizione (in una situazione più realistica con un'analisi del volume di dati e della frequenza di operazioni non è detto che questa scelta sia la migliore):

VEICOLO(ID, Attacco, Lunghezza, Peso, Composizione, Testa, Tipo, N, Guida, N Posti, N. Bagni, Disposizione)

COMPOSIZIONE(Codice, Descrizione)

La relazione VEICOLO avrà di sicuro moltissimi valori NULL, ad esempio per un'istanza di veicolo che riguarda una motrice gli attributi relativi alla carrozza saranno tutti nulli, oppure se il veicolo non partecipa a nessuna composizione. Da notare che le due associazioni Com_mot e Com_car sono diventate un'unica associazione e pertanto abbiamo un unico attributo 'Composizione' nello schema VEICOLO.

La parte relativa alla TRATTA, l'entità debole di questo schema, può essere tradotta nel modo seguente:

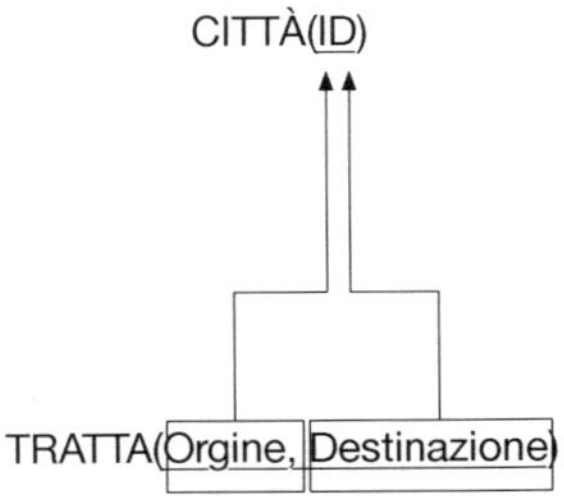

e l'associazione Percorre tra la TRATTA e la COMPOSIZIONE viene tradotta con uno schema relazionale a parte, una delle scelte possibili dal momento che entrambe le entità partecipano con cardinalità $(0, 1)$:

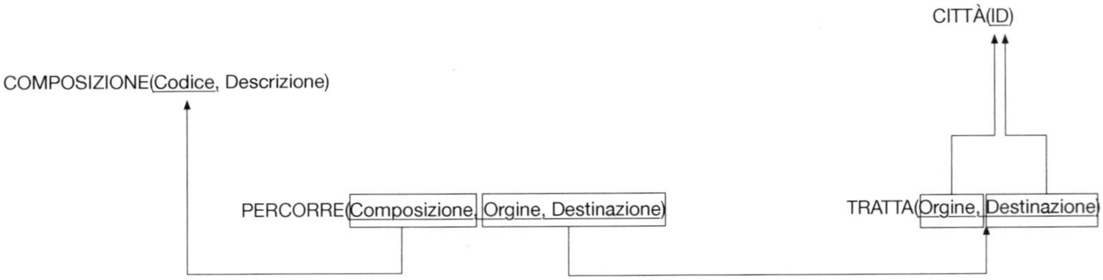

L'associazione binaria Offre e la ternaria Vende (entrambe con partecipazione massima n da parte di tutte le entità coinvolte) si trasformano nel seguente schema relazionale:

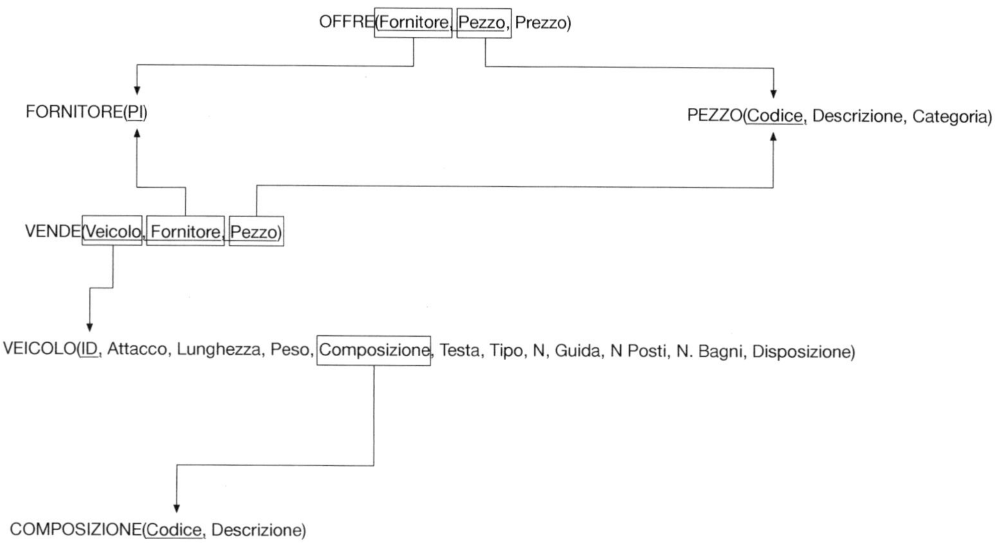

La soluzione completa viene mostrata in Figura 6.83.

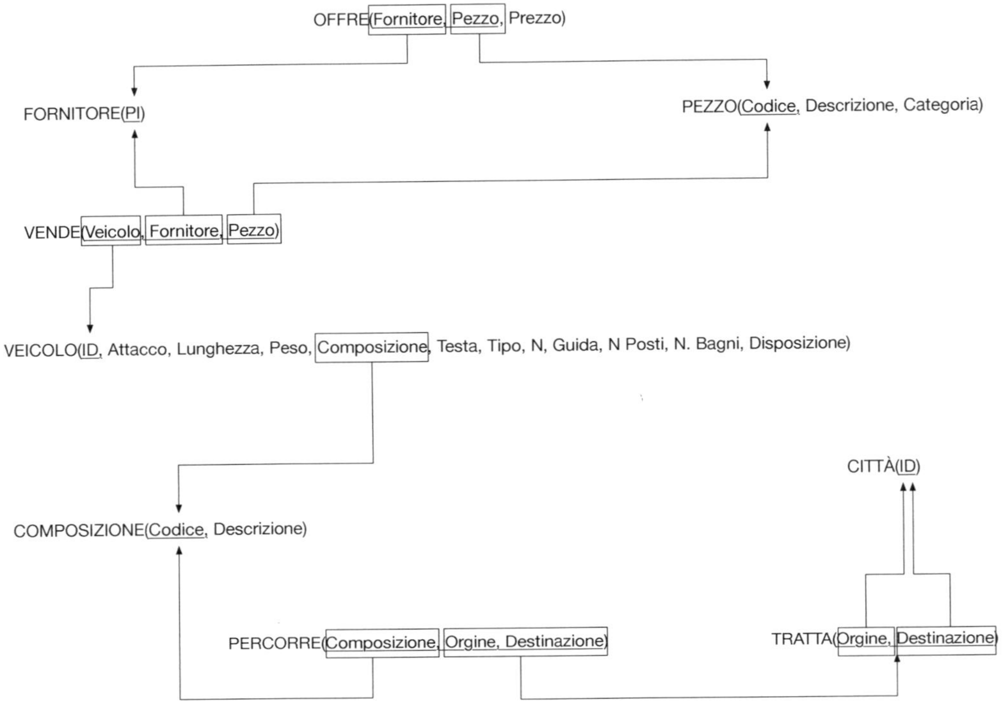

Figura 6.83: Traduzione dello schema ER mostrato in Figura 6.79.

6.8.5 Algebra relazionale

Nella prima query si chiede Il fornitore che fornisce più pezzi degli altri. Abbiamo già visto in un compito precedente come si può trovare il massimo (o il minimo) di un insieme facendo un JOIN e un'operazione di differenza. In questo caso vogliamo dare una soluzione alternativa più semplice, anche se meno standard in termini di algebra relazionale, e più simile a quella che può essere l'implementazione in SQL. Per prima cosa calcoliamo quanti sono i pezzi offerti da ciascun fornitore:

$$\text{FORNITURA} \leftarrow \rho_{(Fornitore, NPezzi)}({}_{Fornitore}\mathcal{F}_{COUNT(*)}(\text{OFFRE}))$$

Da questa tabella possiamo estrarre il massimo numero di pezzi:

$$\text{MAXF} \leftarrow \rho_{(MaxPezzi)}(\mathcal{F}_{MAX(NPezzi)}(\text{FORNITURA}))$$

Il risultato è salvato nella relazione MAXF che in realtà è composta da una tupla con un solo valore. Vogliamo estendere il significato dell'operatore di confronto θ della condizione di selezione ammettendo anche l'operatore di appartenenza ad un insieme. In questo modo possiamo confrontare i valori di un campo di una tupla con un insieme di valori (cioè una relazione) come nel modo seguente:

$$\sigma_{NPezzi \in \text{MAXF}}(\text{FORNITURA})$$

in cui la condizione $NPezzi \in$ MAXF è vera se il valore del numero di pezzi offerti da un fornitore è presente nell'insieme MAXF.

La seconda query chiede il costo complessivo di ciascuna composizione. La soluzione si potrebbe trovare facendo una serie di JOIN per trovare tutti prezzi di tutti i pezzi di una composizione e poi sommare raggruppando per composizione. Come discusso nella sezione precedente, una piccola modifica:

COMPOSIZIONE(<u>Codice</u>, Descrizione, Prezzo)

che prevede l'aggiunta di un attributo derivato 'Prezzo' alla relazione COMPOSIZIONE, la query risulta immediata poiché si tratta di visualizzare la tabella COMPOSIZIONE senza dover fare alcuna operazione.

L'ultima query richiede la tratta dei treni che hanno due motrici fornite dal fornitore 'f1' (almeno un pezzo per ciascuna motrice, non necessariamente tutti i pezzi). Seguendo il suggerimento indicato nella sezione precedente, aggiungiamo l'attributo derivato 'Due motrici' sulla entità COMPOSIZIONE per recuperare immediatamente le composizioni che ci interessano:

COMPOSIZIONE(<u>Codice</u>, Descrizione, Prezzo, Due motrici)

Inoltre, essendo 'f1' un fornitore generico, immaginiamo che la query sia in qualche modo parametrica e debba essere eseguita per fornitori diversi, non possiamo aggiungere ulteriori attributi derivati per poter semplificare la query. Proviamo a seguire un ordine per la soluzione, ad esempio trovando i veicoli delle composizioni che hanno sicuramente due motrici:

$$\text{VEICOLI} \leftarrow \sigma_{Due\ motrici=TRUE}(\text{COMPOSIZIONE}) \bowtie_{Composizione=Codice} \text{VEICOLO}$$

da questo selezioniamo solo le motrici e facciamo un ulteriore JOIN per prendere solo i pezzi del fornitore 'f1':

$$\text{MOTRICI} \leftarrow \sigma_{Fornitore='f1'\ AND\ Tipo='motrice'}(\text{VENDE} \bowtie_{Veicolo=ID} \text{VEICOLI})$$

Riassumendo, nella tabella MOTRICI abbiamo tutte le composizioni con due motrici con tutti pezzi forniti dal solo fornitore 'f1'. Quello che dobbiamo verificare è se il fornitore ha dato i pezzi per entrambe le motrici, come richiesto dalla query, e non solo ad una delle due. Per fare questo, proiettiamo la tabella solo sugli attributi che ci interessano per eliminare elementi ripetuti e per poter contare:

$$\text{MOT} \leftarrow \pi_{Composizione,Veicolo,Fornitore}(\text{MOTRICI})$$
$$\text{NUMFOR} \leftarrow \rho_{(Composizione,Fornitori,NumF)}(_{Composizione,Fornitori}\mathcal{F}_{COUNT(*)}(\text{MOT}))$$

Ora possiamo selezionare solo le composizioni che hanno un numero fornitori uguale a 2, e completare la query facendo un JOIN per ottenere la tratta:

$$\pi_{Composizione,Origine,Destinazione}(\sigma_{NumF=2}(\text{NUMFOR}) \bowtie \text{PERCORRE})$$

6.9 Gare ciclistiche

Compito d'esame del 2013.09.20

La società ciclistica BraccioForte è una associazione sportiva di ciclisti amatoriali che si è formata recentemente. Tra i suoi iscritti ci sono dei giovani ingegneri che vorrebbero informatizzare il sistema di gestione delle gare e dei trofei, sistema che attualmente viene amministrato con dei semplici fogli excel, e nel fine settimana iniziano a raccogliere i requisiti per la progettazione di nuova base di dati. Dopo varie interviste con i colleghi ciclisti, i requisiti sono i seguenti:

Ai ciclisti che partecipano alle gare, sia interni che esterni all'associazione, viene assegnato un numero di gara valido per tutto l'anno ciclistico. Di ogni gara è richiesto di memorizzare la società sportiva organizzatrice (non è detto che sia la società BraccioForte), la denominazione, il luogo e la data di svolgimento. Le gare ciclistiche sono di norma associate a un trofeo o a un campionato e a queste partecipano i ciclisti amatori suddivisi nei corrispettivi gruppi. Un ciclista rimane nello stesso gruppo per un anno intero, poi può decidere di cambiare gruppo (e associazione). Pertanto un ciclista può appartenere solo ad un gruppo per una gara. Le gare differiscono per la lunghezza del percorso; non è detto che ad ogni gara partecipino tutti i gruppi di tutte le associazioni. Di ogni gara vengono registrati gli ordini di arrivo dei ciclisti e in più eventuali abbuoni vinti dai ciclisti. Gli abbuoni vengono assegnati in vari momenti della gara e di norma ai primi tre in testa. Per ogni gara inoltre vengono registrati: la lunghezza del percorso, il tempo impiegato per completare la gara da ciascun ciclista, l'ora di partenza e la media oraria di ciascun gruppo partecipante.

Rispondere alla seguenti interrogazioni:

- Quanti abbuoni ha collezionato in totale ciascun ciclista.
- Quanti ciclisti ha avuto il gruppo 'G1' per ciascuna gara.
- La lista dei corridori che hanno vinto almeno una gara.

6.9.1 Individuazione delle entità principali

Iniziamo la risoluzione del compito con la modellazione del ciclista come atleta iscritto ad un gruppo (o società ciclistica):

Ai ciclisti che partecipano alle gare, sia interni che esterni all'associazione, viene assegnato un numero di gara valido per tutto l'anno ciclistico. [...] Un ciclista rimane nello stesso gruppo per un anno intero, poi può decidere di cambiare gruppo (e associazione). [...]

Il dubbio che può nascere su questo punto è se il numero assegnato al ciclista cambia ogni anno oppure se viene mantenuto per ciascun ciclista. La seconda opzione è sicuramente quella più semplice e la soluzione viene proposta in Figura 6.84.

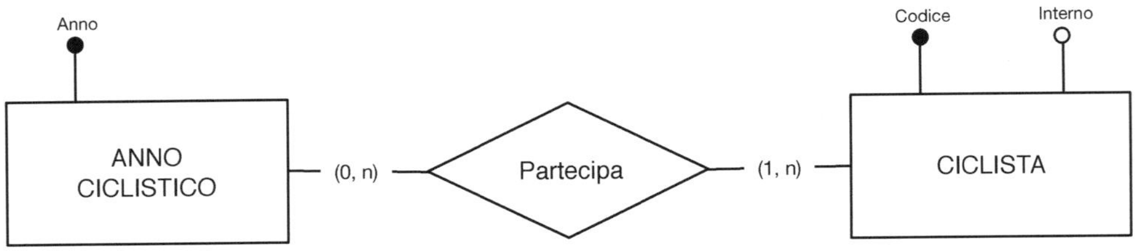

Figura 6.84: Partecipazione di un CICLISTA all'ANNO CICLISTICO.

L'afferenza di un ciclista ad un gruppo, per un certo anno, può essere modellata dall'associazione ternaria mostrata in Figura 6.85. In questa soluzione è necessario aggiungere una regola di vincolo per la quale durante un anno un ciclista può partecipare ad un solo gruppo. Infatti, la partecipazione $(1, n)$ sta ad indicare il fatto che un ciclista può partecipare in varie annate (anche per lo stesso gruppo) ma, in teoria, la stessa cardinalità permetterebbe la partecipazione di un ciclista durante lo stesso anno a gruppi diversi.

L'iscrizione di un ciclista ad una competizione viene mostrata in Figura 6.86. Abbiamo cambiato la scelta di modellazione della partecipazione di un ciclista ad un gruppo per rendere più semplice il diagramma ER. L'entità GRUPPO è debole rispetto all'ANNO CICLISTICO, in questo modo semplifichiamo l'iscrizione di un CICLISTA ad una competizione (l'associazione ISCRIVE sarebbe dovuta essere una quaternaria collegata all'anno ciclistico). Anche l'entità COMPETIZIONE è debole rispetto all'anno ciclistico (ad esempio il trofeo 'Giro dei Colli' può essere organizzato in vari anni). L'associazione ISCRIVE deve contenere degli elementi coerenti con quelli dell'associazione PARTECIPA2.

Passiamo ora alla modellazione delle gare:

[...] Di ogni gara è richiesto di memorizzare la società sportiva organizzatrice (non è detto che sia la società BraccioForte), la denominazione, il luogo e la data di svolgimento. Le gare ciclistiche sono di norma associate a un trofeo o a un campionato e a queste partecipano i ciclisti amatori suddivisi nei corrispettivi gruppi. [...] Pertanto un ciclista può appartenere solo ad un gruppo per una gara. Le gare differiscono per la lunghezza del percorso; non è detto che ad ogni gara

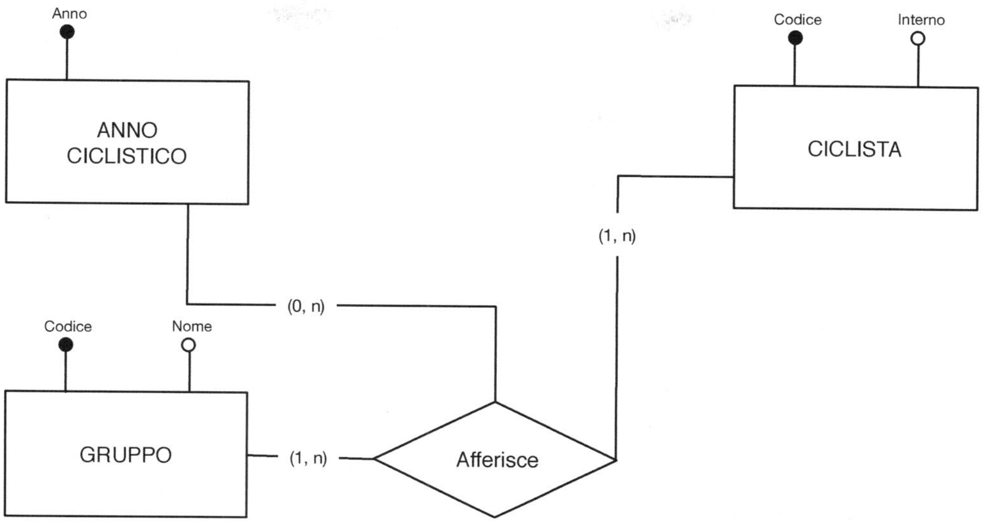

Figura 6.85: Associazione ternaria AFFERISCE.

partecipino tutti i gruppi di tutte le associazioni. Di ogni gara vengono registrati gli ordini di arrivo dei ciclisti e in più eventuali abbuoni vinti dai ciclisti. Gli abbuoni vengono assegnati in vari momenti della gara e di norma ai primi tre in testa. Per ogni gara inoltre vengono registrati: la lunghezza del percorso, il tempo impiegato per completare la gara da ciascun ciclista, l'ora di partenza e la media oraria di ciascun gruppo partecipante.

Cominciamo col risolvere la definizione di gara e l'appartenenza di una gara ad una competizione, come mostrato in Figura 6.87. Abbiamo aggiunto un'ipotesi semplificativa: una GARA può essere organizzata solo per una competizione.

La partecipazione di un CICLISTA ad una gara viene mostrata in Figura 6.88. L'associazione CORRE collega anche il GRUPPO per sapere per quale gruppo il ciclista ha corso quella gara.

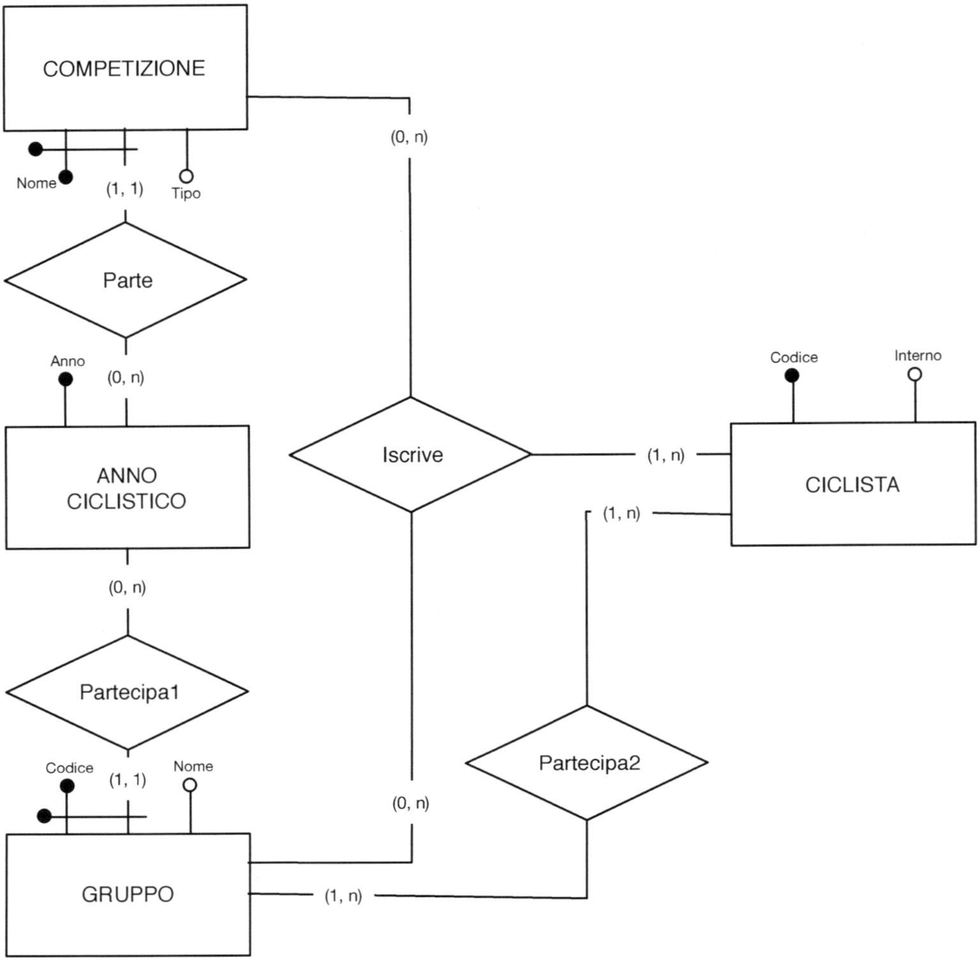

Figura 6.86: Entità COMPETIZIONE.

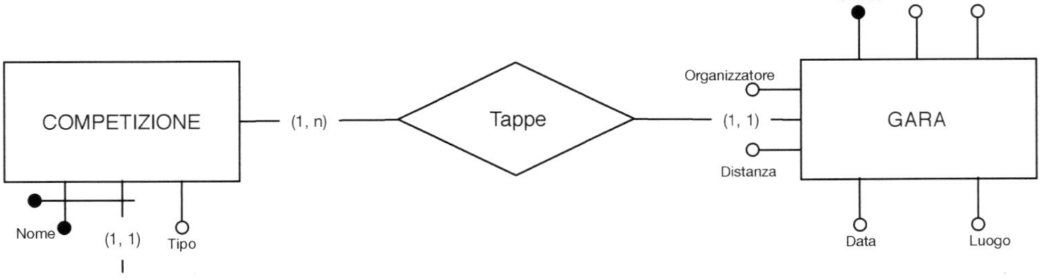

Figura 6.87: Entità GARA.

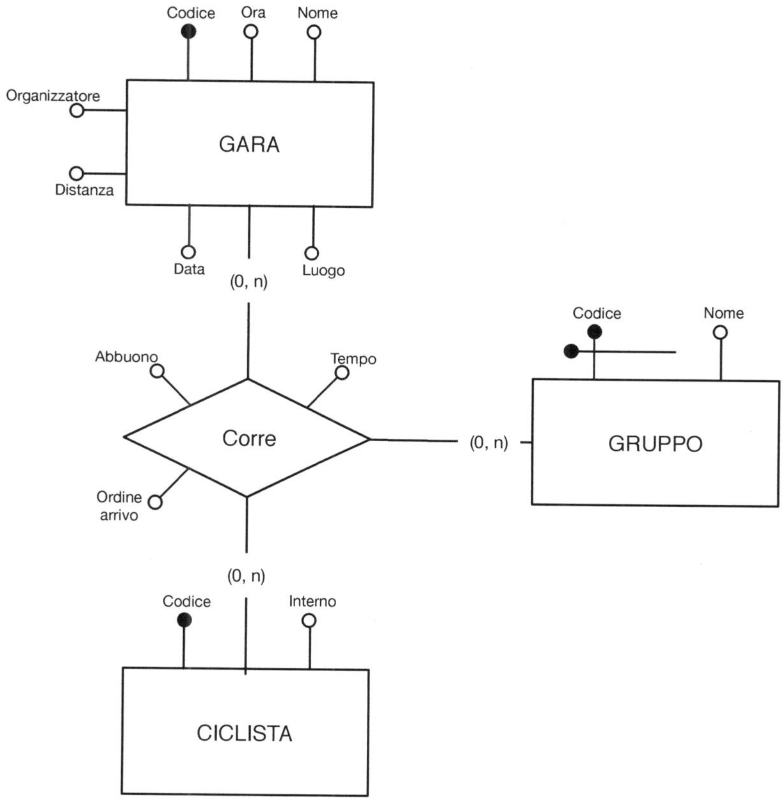

Figura 6.88: Partecipazione di un CICLISTA ad una GARA.

6.9.2 Schema ER completo

Lo schema ER completo della base di dati delle gare ciclistiche è presentato in Figura 6.89. La parte complessa di questo schema è quella relativa alle informazioni del ciclista e del gruppo per il quale ha corso (in un anno, in un gruppo, o per una competizione). Questo è un esempio che permette di riflettere sull'importanza e/o la necessità dei dati ridondanti: questa soluzione punta sulla ripetizione dell'anno ciclistico e sul controllo (a livello fisico) dell'esistenza di elementi già presenti in altre associazioni (ad esempio, se un corridore corre per un gruppo in un certo anno, vuol dire che quel corridore è già iscritto per quell'anno ciclistico). Alternativamente si potrebbe scegliere di gestire tutto tramite le date: se un ciclista corre una gara, bisognerà vedere la data di quella gara e verificare per quale gruppo partecipa il ciclista in quell'anno.

Controlliamo che le query siano tutte risolvibili:

- *Quanti abbuoni ha collezionato in totale ciascun ciclista.* L'associazione CORRE contiene i dati degli abbuoni (supponendo che siano dei semplici interi che ci dicono quanti abbuoni ha preso ciascun ciclista in una corsa). Sarà sufficiente fare, per ciascun ciclista, la somma degli abbuoni ottenuti in tutte le gare.

- *Quanti ciclisti ha avuto il gruppo 'G1' per ciascuna gara.* L'associazione CORRE collega il gruppo ai corridori e alle gare che sono state fatte. Guardando tutte le corse in cui il gruppo 'G1' ha partecipato, si può raggruppare per corsa e contare quanti ciclisti ci sono per ciascuna gara.

- *La lista dei corridori che hanno vinto almeno una gara.* Ancora una volta, l'associazione CORRE contiene il risultato di questa interrogazione. Selezionando solo gli elementi che contengono il valore pari ad 1 (o 'primo') sull'attributo 'Ordine arrivo' si otterrà la lista di tutti i corridori che hanno vinto almeno una volta una gara.

Per completezza, il testo chiede anche la 'media oraria di ciascun gruppo partecipante' ad una gara. In teoria, sarebbe possibile calcolare questo tempo come media di tutti i corridori che hanno partecipato per quel gruppo ad una gara. Se questa interrogazione fosse molto frequente, sarebbe meglio aggiungere un'associazione tra GRUPPO e GARA con un attributo 'Media oraria'.

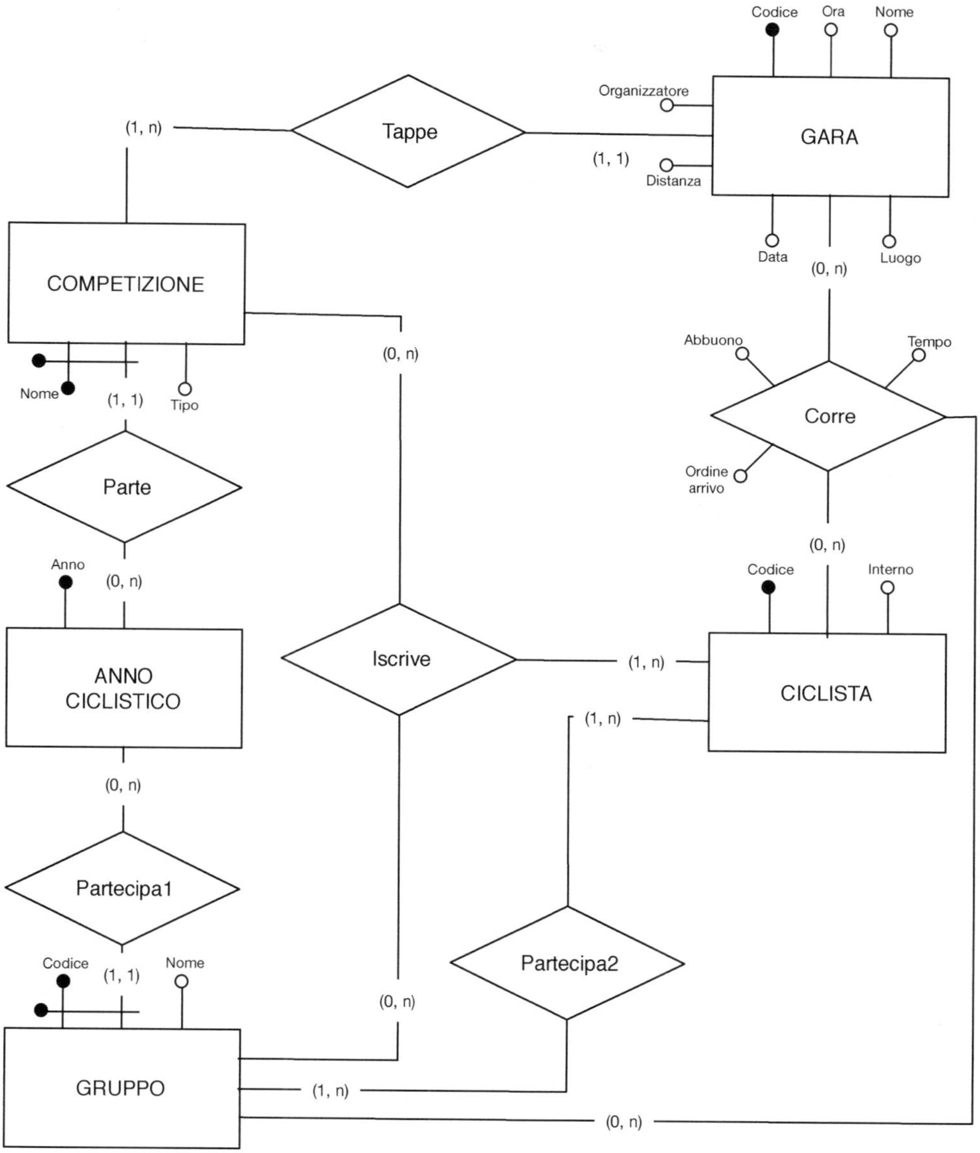

Figura 6.89: Possibile soluzione.

6.9.3 Errori comuni

Uno degli errori comuni, se non documentato, è quello di far partecipare un ciclista ad un solo gruppo, come mostrato in Figura 6.90. Questa è una delle classiche situazioni in cui la cardinalità della partecipazione di un'entità $(1,1)$ diventa un vincolo molto forte. In questo caso, possiamo sapere solo quale è l'ultimo gruppo al quale il ciclista appartiene (oppure il primo, a seconda delle scelte fatte in fase di modifica e salvataggio dei dati) e non possiamo avere la storia dei gruppi per i quali il ciclista ha corso.

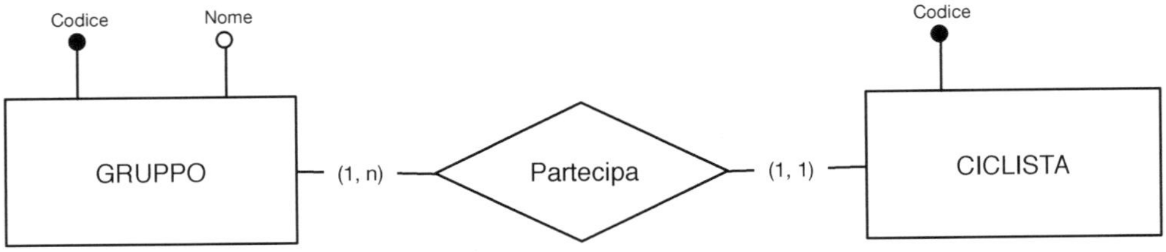

Figura 6.90: Un CICLISTA appartenente ad un solo GRUPPO.

Un altro esempio di modellazione poco chiara viene mostrato in Figura 6.91. La scelta che porta a dei dubbi è sull'attributo 'Lunghezza' che viene posto sull'associazione TAPPA invece che sull'entità stessa. Questo vuol dire che un elemento dell'entità Gara ha tutti le informazioni tranne quella della lunghezza che viene reso noto solo quando quella gara viene inserita come tappa in un campionato. Ad esempio, la gara 'Colli Euganei' avrà le indicazioni del luogo e la data dello svolgimento e il numero di chilometri viene della tappa viene espresso solo quando associata al 'Campionato Amatori Veneto'.

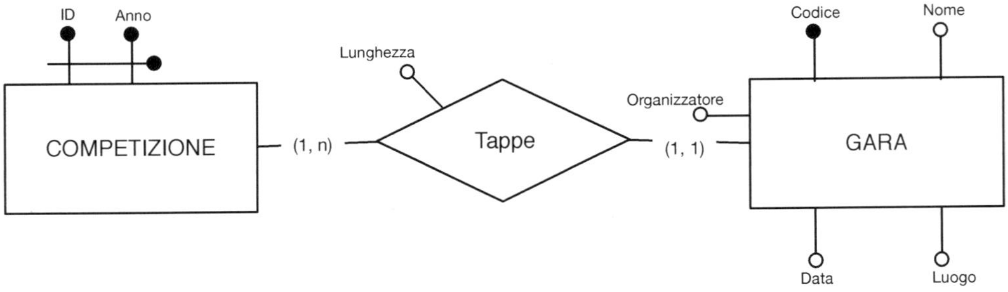

Figura 6.91: Entità GARA e COMPETIZIONE.

Un errore piuttosto grave viene mostrato in Figura 6.92. L'entità CICLISTA è allo stesso tempo un'entità forte con un attributo chiave 'ID' (del ciclista) e un'entità debole, con un attributo chiave formato da 'N. Gara', 'Anno', e l'attributo chiave dell'entità SOCIETÀ. A parte la poca chiarezza del significato di quest'ultima combinazione di attributi, ricordiamo che se un'entità è forte allora non è debole (in altre parole, se riusciamo a trovare un attributo chiave che appartiene solo all'entità e che la rende forte, non c'è la necessità di trovare altre combinazioni di attributi con altre entità).

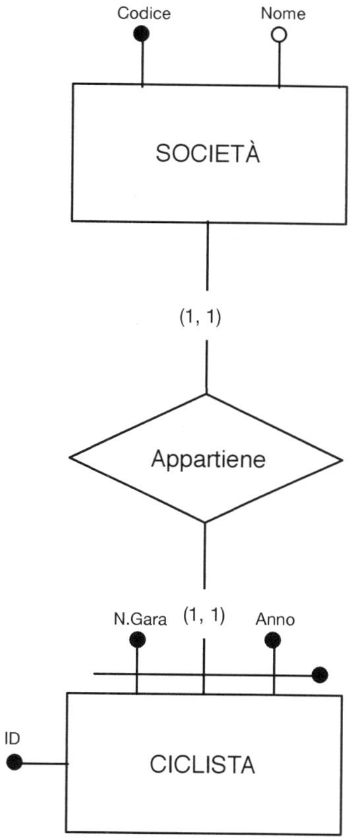

Figura 6.92: Entità CICLISTA come entità forte e debole allo stesso tempo.

6.9.4 Schema relazionale

Le due entità forti che possono essere immediatamente tradotte in schemi relazionali sono CICLISTA e ANNO CICLISTICO. Anche l'entità GARA è forte ma ha una partecipazione $(1, 1)$ verso l'associazione Tappe che però è collegata all'entità debole COMPETIZIONE. Per questo motivo potrebbe essere più utile iniziare a trasformare la parte di schema ER relativa alle competizioni, ai gruppi e all'anno ciclistico:

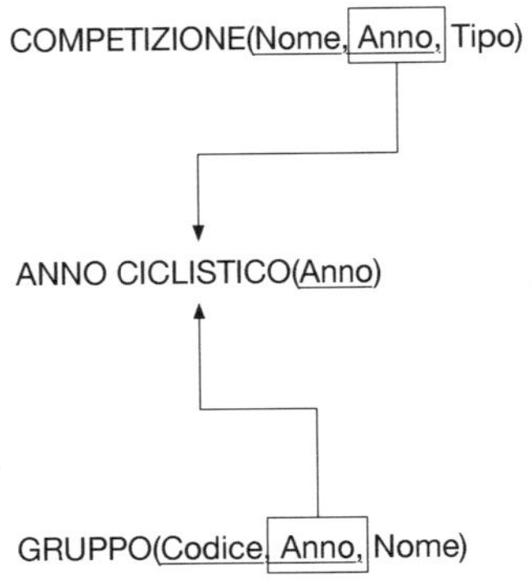

A questo punto possiamo connettere la relazione GARA con COMPETIZIONE e tradurre l'associazione Iscrive aggiungendo anche l'entità CICLISTA:

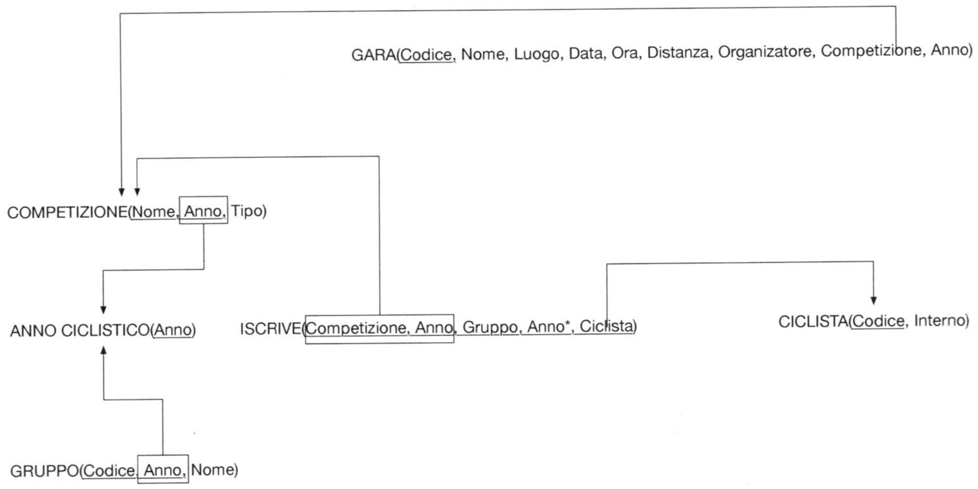

Rimangono solo le associazioni Corre e Partecipa2 che vengono aggiunte nella soluzione completa mostrata in Figura 6.93.

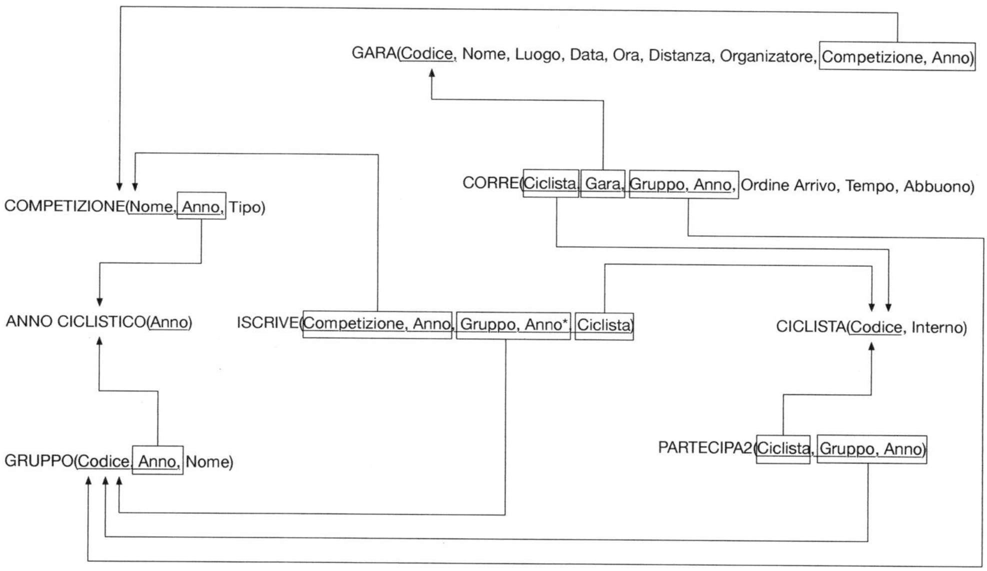

Figura 6.93: Traduzione dello schema ER mostrato in Figura 6.89.

6.9.5 Algebra relazionale

La prima query richiede il calcolo del totale degli abbuoni che ha preso ciascun ciclista. La query può essere risolta utilizzando la relazione CORRE raggruppando per l'attributo 'Ciclista' e calcolando la somma degli abbuoni:

$$\rho_{(Ciclista, Totale\ abbuoni)}({}_{Ciclista}\mathcal{F}_{SUM(Abbuono)}(\text{CORRE}))$$

Nella seconda query si vuole sapere il numero di corridori che ha avuto il gruppo denominato 'G1' per ciascuna gara. Anche in questo caso, possiamo risolvere la query utilizzando solo la relazione CORRE facendo attenzione al raggruppamento:

$$\rho_{(Gruppo, Anno, Gara, Totale\ ciclisti)}({}_{Gruppo, Anno, Gara}\mathcal{F}_{COUNT(Ciclista)}(\text{CORRE}))$$

È infatti necessario raggruppare anche per l'attributo 'Anno' per evitare che vengano contati ciclisti che hanno partecipato ad una gar ache si è ripetuta in anni diversi.

L'ultima query richiede la lista dei corridori che hanno vinto almeno una gara. In questo caso occorre una selezione sull'attributo 'Ordine Arrivo' della relazione CORRE ed una proiezione sull'attributo 'Ciclista' che rimuoverà automaticamente tutti i duplicati (e cioé ciclisti che sono arrivati primi più di una volta):

$$\pi_{Ciclista}(\sigma_{OrdineArrivo=1}(\text{CORRE})$$

6.10 Dieta specializzata

Compito d'esame del 2014.01.24

Il centro benessere "Tutti in forma con Davide" offre ai suoi clienti dei programmi di dieta molto efficaci (praticamente non si mangia) e, a partire dal 2014, ha scelto di fornire ai propri esperti dietologi un software per la gestione dei programmi alimentari dei clienti. A seguito di una lunga e tediosa intervista con i medici ed il proprietario del centro benessere, sono stati raccolti i seguenti requisiti:

"Ci interessa suddividere gli alimenti in sette gruppi fondamentali: 1) carne, pesci e uova; 2) latte e derivati; 3) cereali e derivati, tuberi; 4) legumi; 5) grassi e oli da condimento; 6) ortaggi e frutta fonti di vitamina A; 7) ortaggi e frutta fonti di vitamina B. I gruppi hanno una descrizione dettagliata e una lista di alimenti, tenendo conto che un alimento può essere solo in un gruppo fondamentale. Per ogni alimento, identificato dal proprio nome, vogliamo sapere qual è l'apporto energetico (in kilocalorie), i grammi di proteine, di lipidi (grassi), e di glucidi (carboidrati) per 100 grammi di prodotto. Vogliamo inoltre sapere i grammi (molto spesso frazioni di grammo) di vitamine per ciascun alimento e, per ogni vitamina, la sua descrizione. I medici, per i quali dobbiamo tenere le informazioni principali (ad esempio, nome cognome, e codice fiscale) devono avere la possibilità di creare una dieta personalizzata per ciascun cliente scegliendo per ogni pasto principale della giornata (colazione, pranzo e cena) gli alimenti consigliati (o obbligatori, in caso di dieta ferrea). La dieta viene suddivisa sui sette giorni della settimana e ogni giorno può avere alimenti diversi in quantità."

Rispondere alle seguenti domande:

- La media delle calorie per ciascun gruppo alimentare.
- Gli alimenti del lunedì di tutte le diete prescritte dal dott. Davide (di cui conosciamo l'identificatore).
- La quantità di lipidi per ciascuna dieta.

6.10.1 Individuazione entità principali

L'inizio del compito suggerisce subito una generalizzazione di un'entità, che chiameremo GRUPPO ALIMENTARE, in sette entità figlie:

"Ci interessa suddividere gli alimenti in sette gruppi fondamentali: 1) carne, pesci e uova; 2) latte e derivati; 3) cereali e derivati, tuberi; 4) legumi; 5) grassi e oli da condimento; 6) ortaggi e frutta fonti di vitamina A; 7) ortaggi e frutta fonti di vitamina B. I gruppi hanno una descrizione dettagliata e una lista di alimenti, [...]

La generalizzazione viene mostrata in Figura 6.94 (l'organizzazione delle entità figlie è stata modificata per renderla più adatta alla pagina del libro).

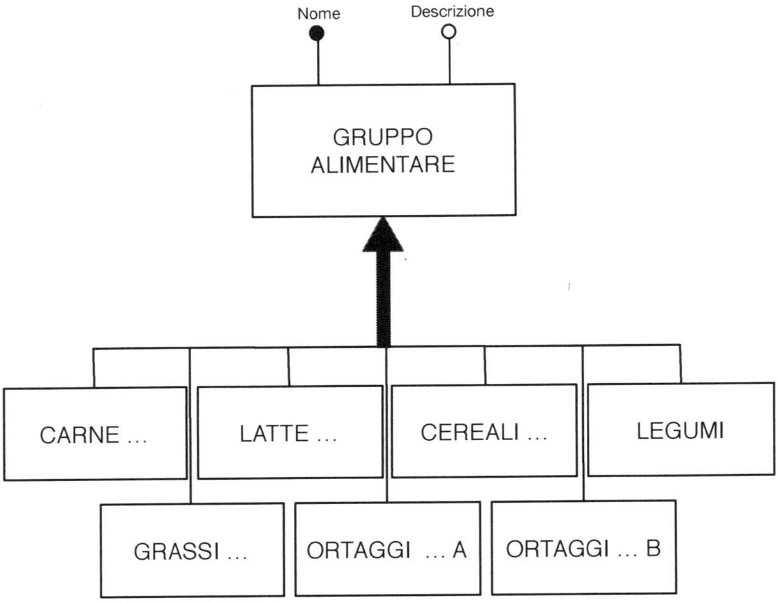

Figura 6.94: Entità GRUPPO ALIMENTARE come generalizzazione.

Passiamo ora alla descrizione iniziale dell'alimento come parte di un gruppo alimentare:

"[...] I gruppi hanno una descrizione dettagliata e una lista di alimenti, tenendo conto che un alimento può essere solo in un gruppo fondamentale. Per ogni alimento, identificato dal proprio nome, vogliamo sapere qual è l'apporto energetico (in kilocalorie), i grammi di proteine, di lipidi (grassi), e di glucidi (carboidrati) per 100 grammi di prodotto. [...]

La modellazione dell'alimento rispetto al gruppo viene mostrata in Figura 6.95. Gli attributi 'Proteine', 'Glucidi' e 'Grassi' sono da intendersi come grammi per 100 grammi di prodotto.

I requisiti per le vitamine degli alimenti sono i seguenti:

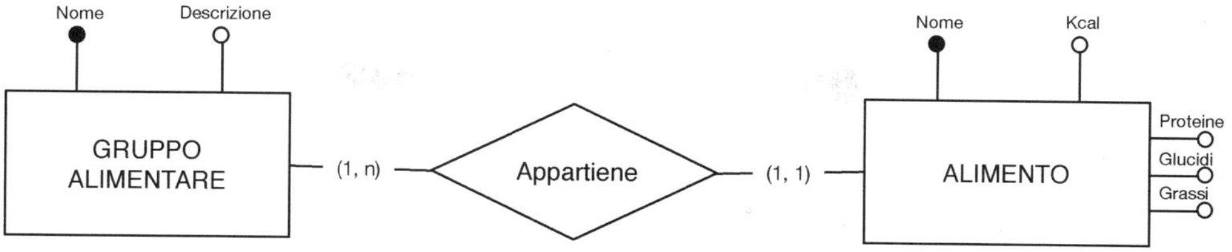

Figura 6.95: Entità ALIMENTO in relazione con il GRUPPO ALIMENTARE.

"[...] Vogliamo inoltre sapere i grammi (molto spesso frazioni di grammo) di vitamine per ciascun alimento e, per ogni vitamina, la sua descrizione. [...]

L'associazione che collega la VITAMINA all'ALIMENTO viene mostrata in Figura 6.96. L'attributo 'Milligrammi' sull'associazione CONTIENE rappresenta i milligrammi di vitamina per 100 grammi di prodotto.

La parte più complessa del compito è quella relativa alla preparazione delle diete per ciascun cliente del centro benessere:

[...] I medici, per i quali dobbiamo tenere le informazioni principali (ad esempio, nome cognome, e codice fiscale) devono avere la possibilità di creare una dieta personalizzata per ciascun cliente scegliendo per ogni pasto principale della giornata (colazione, pranzo e cena) gli alimenti consigliati (o obbligatori, in caso di dieta ferrea). La dieta viene suddivisa sui sette giorni della settimana e ogni giorno può avere alimenti diversi in quantità."

Proviamo a ragionare per passi iniziando dalla modellazione del medico che prescrive una dieta ad un paziente, come mostrato in Figura 6.97. Una DIETA, essendo personalizzata, viene creata apposta da un MEDICO per un PAZIENTE (non ci saranno quindi diete riutilizzate per più clienti). Medici e clienti sono stati raggruppati in una entità padre che abbiamo chiamato PERSONA, dal momento che molto probabilmente le due entità figlie condividono molti attributi riguardo le generalità di una persona (codice fiscale, nome, cognome, ecc.).

A questo punto è possibile modellare i vari pasti della dieta personalizzata, la scelta ricade su una entità debole rispetto a DIETA che permette di tenere conto dei giorni della settimana e dei tre pasti di ogni giorno, come mostrato in Figura 6.98. Pertanto, per ogni combinazione Dieta-Pasto-Giorno è possibile associare degli alimenti con una certa 'Quantità' in grammi, alcuni dei quali possono essere 'Obbligatori' nel caso di dieta ferrea.

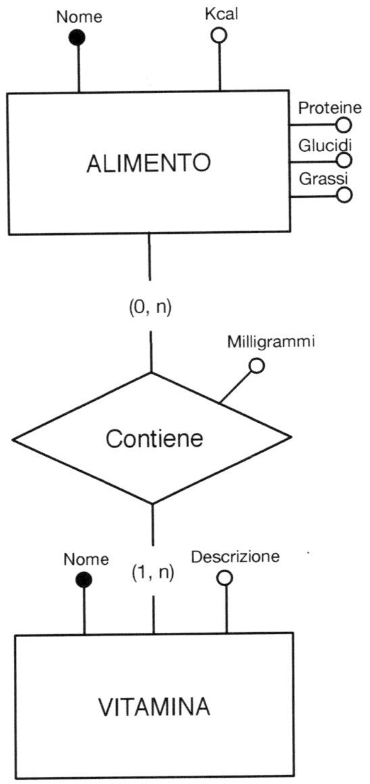

Figura 6.96: Entità VITAMINA.

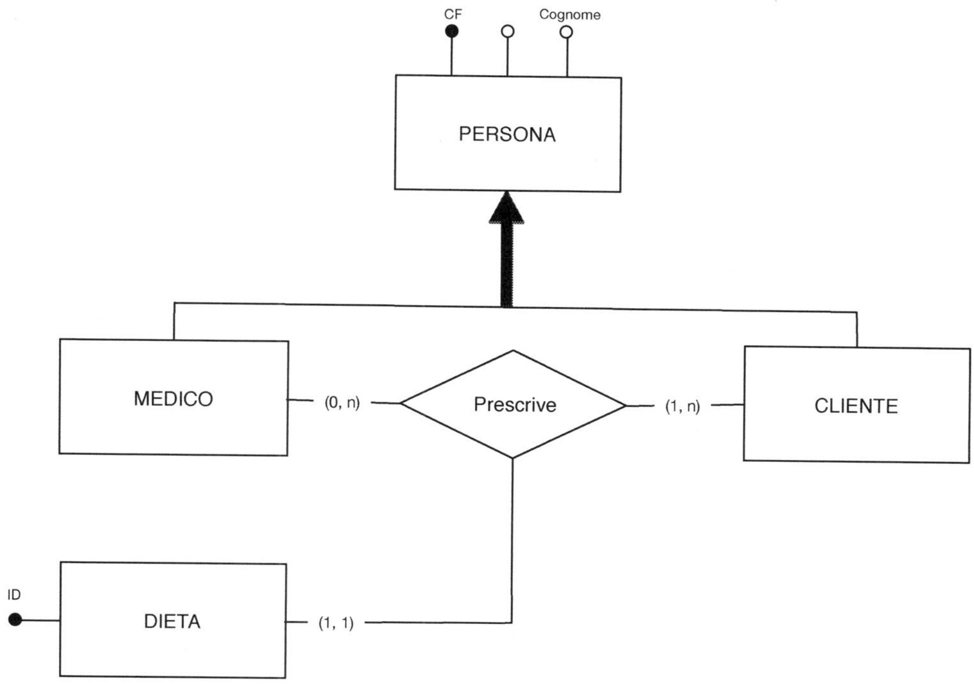

Figura 6.97: Entità DIETA prescritta da un MEDICO per un PAZIENTE.

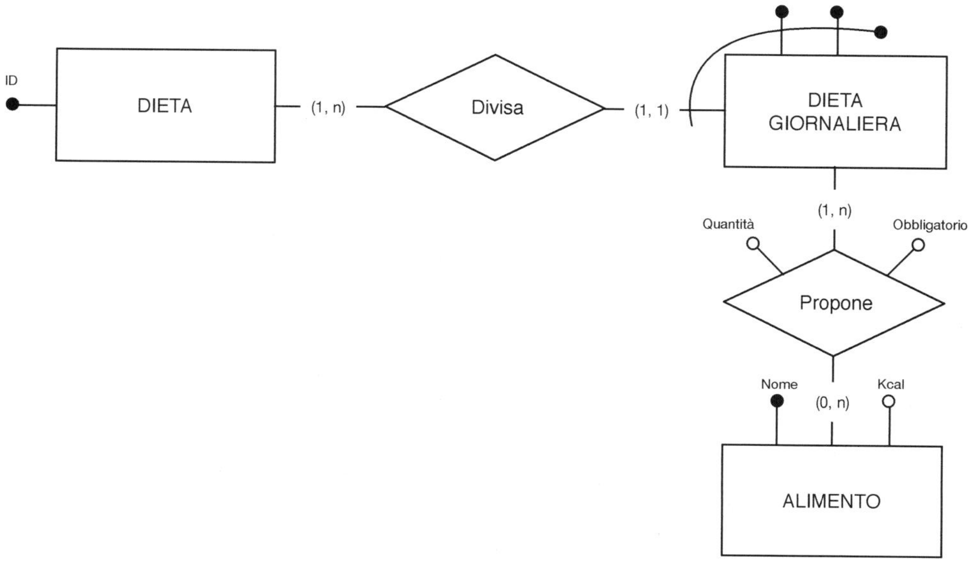

Figura 6.98: Dettagli della DIETA GIORNALIERA.

6.10.2 Schema ER completo

Lo schema ER completo viene mostrato in Figura 6.99. Per motivi di spazio, abbiamo risolto la generalizzazione del gruppo alimentare accorpando le entità figlie nel padre e aggiungendo l'attributo 'Categoria'. Verifichiamo che tutte le query siano risolvibili con questo schema:

- *La media delle calorie per ciascun gruppo alimentare.* Partendo dal GRUPPO ALIMENTARE recuperiamo tutti gli alimenti ad esso associato. Per ciascun gruppo fare la media delle 'Kcal' degli alimenti.
- *Gli alimenti del lunedì di tutte le diete prescritte dal dott. Davide (di cui conosciamo l'identificatore).* Partendo dall'entità MEDICO, prendiamo tutte le diete prescritte dal dott. Davide, da queste recuperiamo gli elementi della DIETA GIORNALIERA ad esse associate. Per gli elementi che hanno il 'Giorno' uguale a lunedì prendere tutti gli alimenti dell'associazione PROPONE.
- *La quantità di lipidi per ciascuna dieta.* Per ogni DIETA, prendere tutti gli alimenti del dettaglio della DIETA GIORNALIERA e sommare i valori dell'attributo 'Lipidi' moltiplicati per la quantità prevista (attributo 'Quantità' dell'associazione PROPONE) diviso 100 grammi.

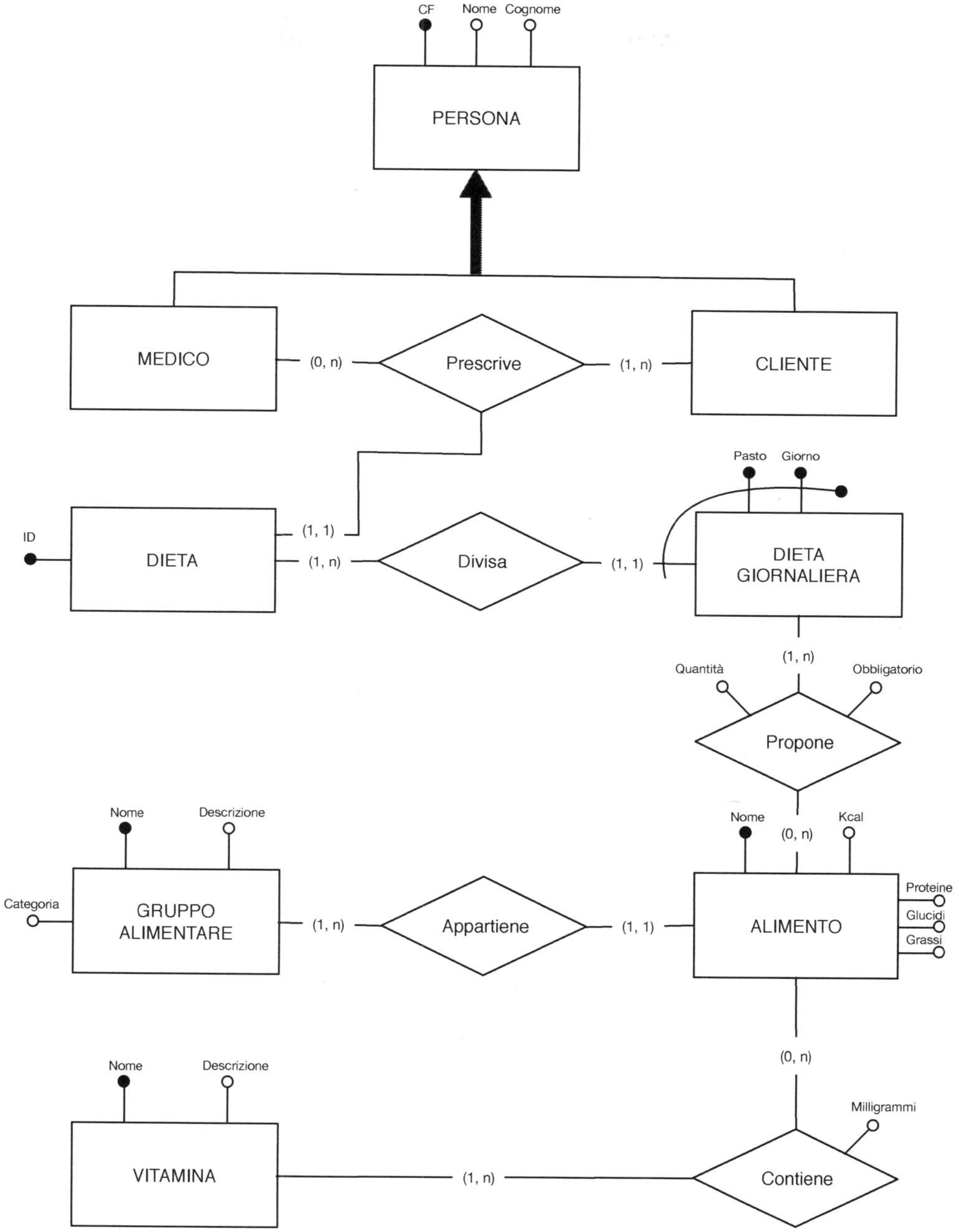

Figura 6.99: Possibile soluzione.

6.10.3 Errori comuni

Un possibile errore di modellazione dell'entità DIETA viene mostrato in Figura 6.100. In questo caso la dieta viene prescritta da un solo medico ma viene seguita da più clienti, venendo meno ad uno dei requisiti (dieta personalizzata). Oltretutto, in questo schema non è chiaro se il medico che ha preparato la dieta è anche lo stesso che segue il cliente. Infine, la partecipazione dell'entità CLIENTE all'associazione SEGUE non sarebbe corretta. Primo, il valore pari a zero implica che un cliente può non seguire alcuna dieta, secondo, il valore massimo pari ad uno vincola un cliente a seguire una sola dieta (oppure a mantenere nel database solo l'ultima dieta seguita e perdere la storia della cura del cliente).

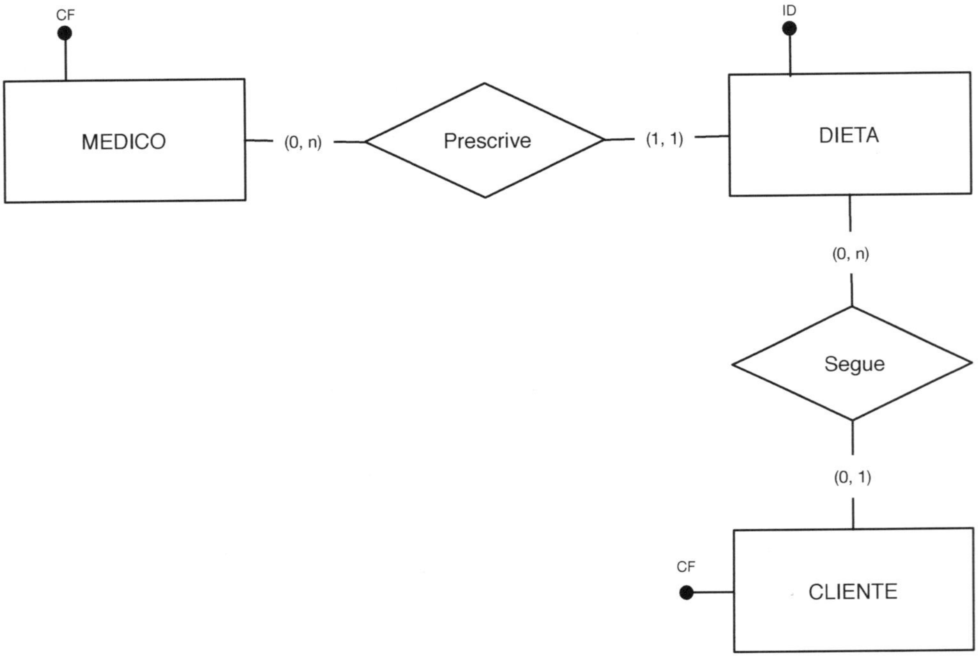

Figura 6.100: Entità DIETA con due associazioni binarie.

In Figura 6.101, mostriamo un esempio scorretto dell'utilizzo del concetto di entità debole. Se l'entità DIETA diventa debole rispetto al CLIENTE, potrà esistere solo una combinazione Cliente-Giorno-Pasto ed il cliente non potrà seguire più di una dieta (poiché, ad esempio, per il 'Pranzo' del 'Lunedì' il Sig. Rossi può essere associato una volta sola).

Attenzione anche alla scelta degli attributi che fanno parte dell'identificatore dell'entità DIETA GIORNALIERA come mostrato in Figura 6.102. Se l'attributo 'Pasto' non fa parte dell'identificatore, non sarà possibile prescrivere lo stesso alimento più volte in una giornata.

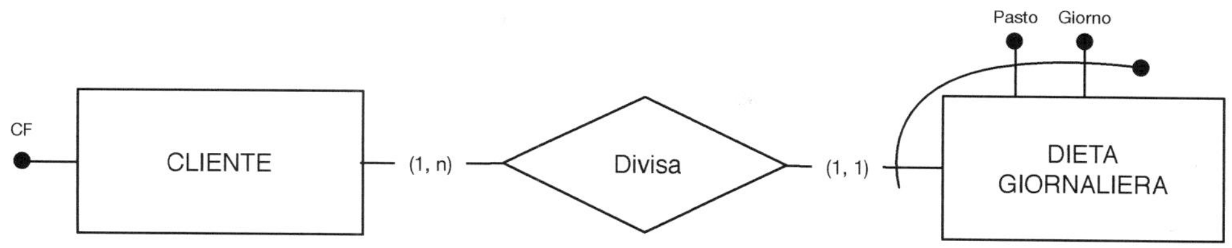

Figura 6.101: Entità DIETA debole rispetto al CLIENTE.

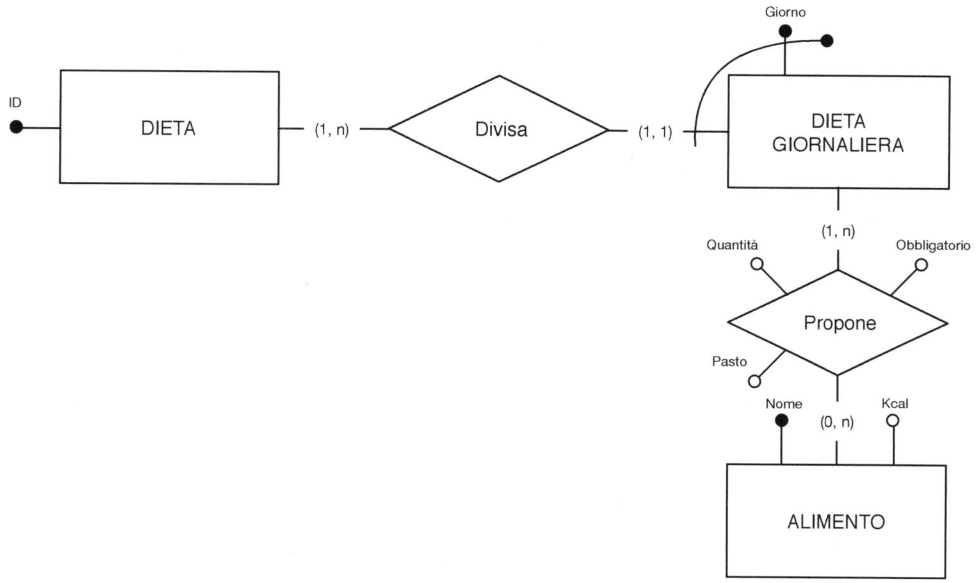

Figura 6.102: Entità DIETA debole senza attributo 'Pasto'.

6.10.4 Schema relazionale

Ipotizzando di voler eliminare la generalizzazione dell'entità persona mantenendo le due entità MEDICO e CLIENTE separate, le quattro entità forti che possono essere immediatamente tradotte in schemi relazionali sono MEDICO, CLIENTE, GRUPPO ALIMENTARE, e VITAMINA:

MEDICO(CF, Nome, Cognome)

CLIENTE(CF, Nome, Cognome)

GRUPPO ALIMENTARE(Nome, Categoria, Descrizione)

VITAMINA(Nome, Descrizione)

La parte dello schema relativa alla prescrizione della dieta può essere realizzata traducendo l'entità forte DIETA e quella debole DIETA GIORNALIERA nel modo seguente:

La seconda metà dello schema che riguarda gli alimenti, le categorie alimentari e le vitamine contenute negli alimenti viene trasformata aggiungendo le relazioni CONTIENE e l'entità ALIMENTO agli schemi relazionali delle entità forti già tradotte:

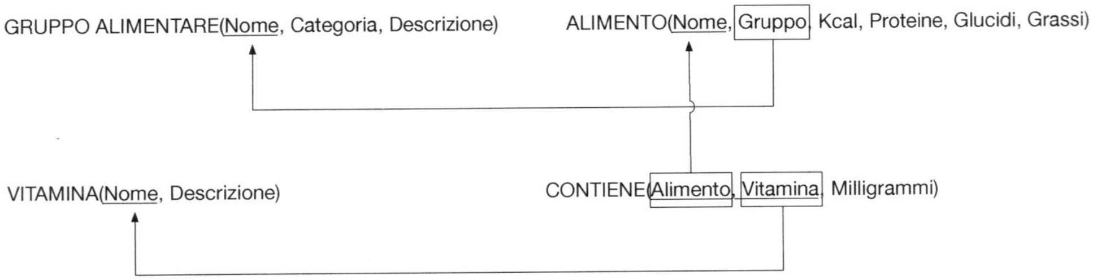

L'elemento mancante che unisce le due metà è l'associazione Propone che viene mostrata tradotto nello schema relazionale completo mostrato in Figura 6.103.

6.10.5 Algebra relazionale

Nella prima query si chiede la media delle calorie per ciascun gruppo alimentare. Questa query può essere risolta utilizzando la relazione ALIMENTO raggruppando per l'attributo 'Gruppo' e calcolando la media delle 'Kcal':

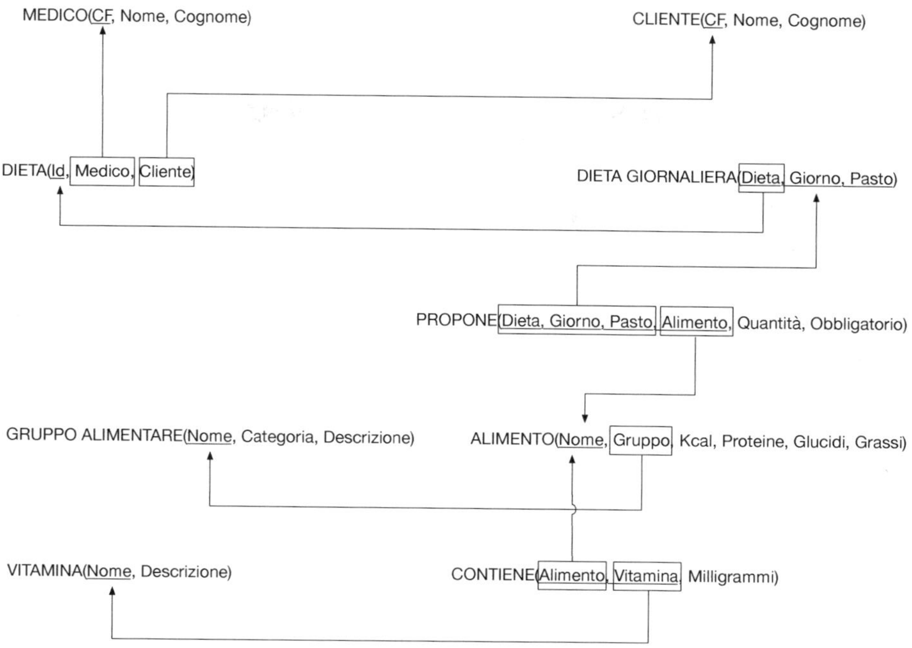

Figura 6.103: Traduzione dello schema ER mostrato in Figura 6.99.

$$\rho_{(Gruppo, Mediacalorie)}({}_{Gruppo}\mathcal{F}_{AVG(Kcal)}(\text{ALIMENTO}))$$

Nella seconda query si vogliono conoscere tutti gli alimenti del lunedì prescritti dalla dieta preparata dal Dott. Davide di cui conosciamo l'identificatore. Cerchiamo prima quali sono tutte le diete prescritte dal dottore, ipotizzando che il codice sia 'id1':

$$\text{DIETE} \leftarrow \sigma_{Medico='id1'}(\text{DIETA})$$

A questo punto si può fare il JOIN direttamente con la tabella PROPONE selezionando solo il giorno lunedì e proiettando sugli alimenti:

$$\pi_{Alimento}(\sigma_{Giorno='lunedi'}(\text{DIETE}) \bowtie_{Id=Dieta} \text{PROPONE})$$

Per la terza query, viene richiesta la quantità di lipidi per ciascuna dieta. Per ricavare questa informazione, possiamo decidere di fare due passaggi: nel primo calcoliamo quanti grassi ci sono per in ogni alimento di una dieta, nel secondo calcoliamo il totale dei grassi per ciascuna dieta. Nel primo passaggio dobbiamo fare un'operazione per riportare la giusta proporzione di lipidi, che nella tabella ALIMENTO è calcolata per 100 grammi di prodotto:

$$\text{TOTALE\_LIPIDI} \leftarrow \rho_{Dieta,G,P,A,Lipidi}(\pi_{Dieta,Giorno,Pasto,Alimento,Quantita/100*Grassi}$$
$$(\text{PROPONE} \bowtie_{Alimento=Nome} \text{ALIMENTO}))$$

Abbiamo ridenominato 'Lipidi' il risultato dell'operazione $Quantita/100*Proteine$ e salvato il risultato nella tabella TOTALE_LIPIDI. Ora possiamo raggruppare per 'Dieta' e sommare il totale dei grassi:

$$\rho_{(Dieta,Grassi)}({}_{Dieta}\mathcal{F}_{SUM(Lipidi)}(\text{TOTALE\_LIPIDI}))$$

Made in United States
Orlando, FL
05 November 2026

90229674R00168